中国人事科学研究院
·学术文库·

乡村人力资源开发

李志更 等著

中国社会科学出版社

图书在版编目（CIP）数据

乡村人力资源开发 / 李志更等著. —北京：中国社会科学出版社, 2023.6
（中国人事科学研究院学术文库）
ISBN 978 – 7 – 5227 – 1876 – 7

Ⅰ.①乡… Ⅱ.①李… Ⅲ.①农村—人力资源开发—研究—中国 Ⅳ.①F323.6

中国国家版本馆 CIP 数据核字（2023）第 076400 号

出 版 人	赵剑英
责任编辑	孔继萍
责任校对	周　昊
责任印制	郝美娜

出　　版	中国社会科学出版社
社　　址	北京鼓楼西大街甲 158 号
邮　　编	100720
网　　址	http://www.csspw.cn
发 行 部	010 – 84083685
门 市 部	010 – 84029450
经　　销	新华书店及其他书店
印　　刷	北京君升印刷有限公司
装　　订	廊坊市广阳区广增装订厂
版　　次	2023 年 6 月第 1 版
印　　次	2023 年 6 月第 1 次印刷
开　　本	710×1000 1/16
印　　张	20.5
插　　页	2
字　　数	326 千字
定　　价	128.00 元

凡购买中国社会科学出版社图书，如有质量问题请与本社营销中心联系调换
电话：010 – 84083683
版权所有　侵权必究

目 录

绪 论 ……………………………………………………………… (1)
  第一节　选题背景 ………………………………………………… (1)
  第二节　概念界定 ………………………………………………… (11)
  第三节　研究基础工作和主要方法 ……………………………… (14)
  第四节　主要内容、观点与局限 ………………………………… (16)

第一章　乡村振兴战略实施中的人力资源开发机制优化 ………… (23)
  第一节　乡村人力资源开发的总体定位 ………………………… (23)
  第二节　乡村人力资源开发的政策成效与现状 ………………… (35)
  第三节　乡村人力资源开发亟待解决的主要问题 ……………… (43)
  第四节　优化乡村人力资源开发机制的主要路径 ……………… (51)

第二章　乡村振兴背景下的乡村劳动力就业 ……………………… (59)
  第一节　乡村劳动力就业的理论依据 …………………………… (59)
  第二节　乡村劳动力就业的内涵和发展历程 …………………… (62)
  第三节　乡村劳动力就业的现状 ………………………………… (65)
  第四节　乡村劳动力就业存在的问题和挑战 …………………… (70)
  第五节　促进乡村劳动力就业的对策建议 ……………………… (75)

第三章　乡村振兴背景下的乡村劳动力技能培养与提升 ………… (81)
  第一节　乡村劳动力职业素质状况 ……………………………… (81)
  第二节　乡村劳动力技能培养与提升的现状与成效 …………… (88)
  第三节　乡村劳动力职业技能培养与提升存在的问题 ………… (95)

第四节　促进乡村劳动力职业技能提升的对策建议 …………（106）

第四章　乡村振兴背景下的乡村人力资源社会保险制度完善 ……（112）
　　第一节　我国社会保险制度现状与成效 ………………………（113）
　　第二节　完善乡村人力资源社会保险制度面临的新形势
　　　　　　新要求 …………………………………………………（118）
　　第三节　乡村人力资源参保存在的问题 ………………………（122）
　　第四节　强化乡村人力资源社会保险的对策建议 ……………（131）

第五章　乡村振兴背景下的返乡入乡创业发展 ………………（138）
　　第一节　返乡入乡创业的实践特征 ……………………………（138）
　　第二节　返乡入乡创业政策供给 ………………………………（147）
　　第三节　返乡入乡创业存在的问题 ……………………………（157）
　　第四节　推进返乡入乡创业的对策建议 ………………………（166）

第六章　乡村振兴背景下的乡村治理人才队伍建设 …………（172）
　　第一节　乡村治理人才的基本状况 ……………………………（172）
　　第二节　村干部队伍的建设现状 ………………………………（181）
　　第三节　村干部队伍建设面临的挑战 …………………………（191）
　　第四节　加强村干部队伍建设展望 ……………………………（196）

第七章　乡村振兴背景下的基层卫生人才队伍建设 …………（200）
　　第一节　基层卫生人才队伍建设总体进展 ……………………（201）
　　第二节　不同省份基层卫生人才队伍建设状况 ………………（204）
　　第三节　基层卫生人才发展面临的主要问题 …………………（211）
　　第四节　基层卫生人才政策创新 ………………………………（215）
　　第五节　基层卫生人才政策创新案例 …………………………（218）
　　第六节　基层卫生人才队伍建设的国际经验 …………………（222）
　　第七节　基层卫生人才建设展望 ………………………………（229）

第八章　乡村振兴背景下的乡村教育人才队伍建设 (232)
  第一节　乡村教师队伍总量与结构分布 (232)
  第二节　乡村教师的价值和社会责任 (233)
  第三节　乡村教师队伍建设面临的挑战 (240)
  第四节　乡村教师队伍建设展望 (247)

第九章　激励引导人才向基层流动的政策分析 (256)
  第一节　政策供给总体情况 (256)
  第二节　各类政策工具的具体内容 (260)
  第三节　政策供给的主要特点 (272)

第十章　先发国家乡村人力资源开发的典型经验及其启示 (277)
  第一节　美国 (277)
  第二节　德国 (284)
  第三节　日本 (290)
  第四节　韩国 (298)
  第五节　对我国乡村人才培育与促进乡村人才回流的启示 (303)

参考文献 (309)

后记 (320)

中国人事科学研究院学术文库已出版书目 (322)

绪　　论

第一节　选题背景

实施乡村振兴战略，是我国全面建设社会主义现代化国家的重大历史任务。乡村人才振兴是乡村振兴的重要组成部分，乡村人力资源开发是乡村人才振兴的主要内容和重要基础。在实施乡村振兴战略背景下，加强乡村人力资源开发，优化乡村人力资源结构布局，提升乡村人力资源质量，比任何时候都要紧迫。

一　新时代乡村振兴战略全面推进

就文明进程而言，农业农村农民（以下简称"三农"）的现代化是个必然过程，是一个国家现代化的重要任务和重要组成部分。根据我国的发展实际，"三农"问题是关系国计民生的根本性问题，过去、当前乃至今后很长一个时期，解决好"三农"问题在国家现代化的过程中，都具有"重中之重"的地位。从1982年至1986年连续五年、从2004年至2021年连续18年的中央一号文件均聚焦"三农"问题。

（一）更好实施乡村振兴战略是十分紧迫的重要任务

经过长期努力，我国的"三农"工作已经取得了举世瞩目的成就，特别是党的十八大以来，"三农"工作取得了历史性成就和变革。新时代脱贫攻坚目标任务如期完成，创造了人类减贫史上的奇迹，广大农村与全国同步实现全面建成小康社会目标。但是，我们也必须清醒地看到，全面建设社会主义现代化国家，实现中华民族伟大复兴，最艰巨最繁重的任务依然在农村；解决好发展不平衡不充分的问题，重点难点在"三农"；构建新发展格局，潜力后劲在"三农"；应对国内外各种风险挑战，基础支撑在"三农"。正因如此，没有乡村振兴以及基于此的农业农村农民的现代化，就不可能实现平衡充分发展和共同富裕，就不可能形成总供给和总需求在更高水平上的动态平衡，就不可能稳住经济社会发展的基本盘，就不可能有整个国家的现代化。因此，实施乡村振兴战略是我国立足新发展阶段、贯彻新发展理念、构建新发展格局的重要任务。

（二）乡村振兴战略体系加速健全完善

我国在现阶段实施乡村振兴战略不仅具有必然性，更具有紧迫性。从2017年在党的十九大报告中习近平总书记首次提出实施乡村振兴战略以来，我国实施乡村振兴战略的政策供应不断强化，政策体系加速健全。《中共中央 国务院关于实施乡村振兴战略的意见》（以下简称"2018年中央一号文"）出台后，相继出台了一系列政策文件，实施乡村振兴战略的部署安排日益完善，政策工具不断增加和优化，基于此的乡村振兴的管理体制和运行机制逐步健全。比如，党的十九大之后出台了一系列有关实施乡村振兴战略的顶层设计与部署文件：2018年9月，中共中央，国务院印发《乡村振兴战略规划（2018—2022年）》，这是我国第一个推进乡村振兴战略的五年规划；2020年12月，《中共中央 国务院关于实现巩固拓展脱贫攻坚成果同乡村振兴有效衔接的意见》印发；2021年4月，《中华人民共和国乡村振兴促进法》由第十三届全国人民代表大会常务委员会第二十八次会议审议通过；2021年1月，中共中央 国务院印发《关于全面推进乡村振兴加快农业农村现代化的意见》（以下简称"2021年中央一号文"）。

与此同时，乡村振兴的相关专项文件也陆续出台。比如，中共中央印发于2018年12月28日起实施的《中国共产党农村基层组织工作条例》；中共中央印发于2019年8月19日起施行的《中国共产党农村工作条例》；2020年6月，生态环境部办公厅、农业农村部办公厅、国务院扶贫办综合司联合印发《关于以生态振兴巩固脱贫攻坚成果 进一步推进乡村振兴的指导意见（2020—2022年）》；2020年7月，农业农村部印发《全国乡村产业发展规划（2020—2025年）》；2021年4月，中共中央办公厅 国务院办公厅印发《关于加快推进乡村人才振兴的意见》；2021年12月，农业农村部印发《"十四五"农业农村人才队伍建设发展规划》；2022年3

月，文化和旅游部、教育部、自然资源部、农业农村部、国家乡村振兴局、国家开发银行联合印发《关于推动文化产业赋能乡村振兴的意见》；2022年5月，中共中央办公厅 国务院办公厅印发《乡村建设行动实施方案》。

二 强化乡村人力资源开发是乡村振兴战略的重要安排

习近平总书记高度重视乡村人才振兴和乡村人力资源开发，对此有很多重要论述，涉及乡村人才振兴和乡村人力资源开发的方方面面。比如，关于乡村人才振兴和乡村人力资源开发的地位与作用，2017年12月，总书记指出："乡村振兴要靠人才、靠资源。"① 2018年3月，总书记指出："要推动乡村人才振兴，把人力资本开发放在首要位置，强化乡村振兴人才支撑。"② 同年6月，总书记指出："乡村振兴，人才是关键。"③ 同年9月，总书记指出："人才振兴是乡村振兴的基础。"④ 再如，关于乡村人才振兴和乡村人力资源开发的体制机制创新，2013年11月，总书记指出："推进城乡要素平等交换和公共资源均衡配置。"⑤ 2015年5月，总书记指出："要加快推进户籍制度改革，完善城乡劳动者平等就业制度，逐步让农业转移人口在城镇进得来、住得下、融得进、能就业、可创业，维护好农民工合法权益，保障城乡劳动者平等就业权利。"⑥ 2018年9月，总书记指出："要创新乡村人才工作体制机制，充分激发乡村现有人才活力，把更多城市人才引向乡村创新创业。"⑦ 此外，总书记对促进乡村人才聚集、提升乡村人力资源素质技能、促进乡村劳动力就业、强化乡村人力资源社会保障等都有很多具体论述。总书记的重要论述为乡村人才振兴和乡村人力资源开发提供了根本遵循。

---

① 习近平，《论"三农工作"》，中央文献出版社2022年版，第242页。
② 习近平，《论"三农"工作》，中央文献出版社2022年版，第369页。
③ 关于乡村振兴，总书记这样强调，http：//www.dangjian.cn/shouye/sixianglilun/xuexiyuandi/202103/t20210317_5981966.shtml。
④ 习近平，《论"三农工作"》，中央文献出版社2022年版，第281页。
⑤ 习近平，《论"三农工作"》，中央文献出版社2022年版，第40页。
⑥ 习近平论"三农"工作和乡村振兴战略（2015年），http：//www.wenming.cn/wmcz_53697/xl/zyjs_54586/202207/t20220706_6422209.shtml。
⑦ 习近平，《论"三农工作"》，中央文献出版社2022年版，第281页。

（一）乡村优质人力资源不足是各国一直着力解决的难题

无论是从人力资源发展与产业发展的互动关系角度观察，还是从城乡人力资源发展比较优势角度观察，在自然状态下，乡村在人力资源更好实现职业发展、提升自身价值方面都缺乏竞争优势。因此，我国乃至经济先发国家，乡村地区人力资源集聚能力不足且存在明显的优质人力资源外流现象，构建乡村优质人力资源良性供应机制、推动城乡统筹发展一直是各国促进乡村发展的重要政策选择。对此，先发国家已经形成了一些有参考价值的典型案例，我国近年来也逐步探索出了很多符合自身特色的有效做法。

（二）我国促进乡村人力资源开发的政策不断健全完善

我国一直高度重视促进乡村人力资源开发，具体举措主要集中在如下三类政策中：一是农业农村发展政策。比如，在近年来的中央一号文件和脱贫攻坚、乡村振兴政策中，都有关于乡村人力资源开发的相关要求与安排。二是激励引导人才向基层流动政策，这是党和国家人才政策体系的重要组成部分，具体举措主要反映在如下三方面政策中：综合性人才政策、部门人才政策、引导人才到艰苦边远地区和基层的专项政策。近年来，在打赢脱贫攻坚战和实施乡村振兴战略背景下，从中央到地方出台了一系列激励引导人才向艰苦边远地区和基层流动的相关政策。三是乡村人力资源开发专项政策，比如，2021年4月中共中央办公厅 国务院办公厅印发的《关于加快推进乡村人才振兴的意见》（以下简称"中办发2021年9号文"）。

（三）党中央对加快推动乡村人才振兴作出了系统部署

综合上述三类政策，在我国乡村人力资源开发的政策体系中，无论是从主体权威性、政策对象覆盖范围等角度看，还是从政策内容的全面性与系统性、政策措施的创新性与适用性等角度看，尤其是从政策目的与目标角度看，"中办发2021年9号文"都具有重要地位，对推动乡村人力资源开发，促进乡村人才发展都具有重要而深远的意义。

具体而言"中办发2021年9号文"由九个部分四十一条内容组成，涉及农村人才振兴的总体要求、加强乡村各类人才培养的主要举措、乡村人才振兴的体制机制创新保障等方面。

一是总体要求包括指导思想、目标任务和工作原则。其中，指导思想明确了加快推进乡村人才振兴的基本遵循、总体思路和核心追求；目标任务则从人才工作和人才队伍效能两个层面，定位了到2025年加快推进乡村人才振兴的整体样态：乡村人才振兴制度框架和政策体系基本形成，乡村振兴各领域人才规模不断壮大、素质稳步提升、结构持续优化，各类人才支持服务乡村格局基本形成，乡村人才初步满足实施乡村振兴战略基本需要。工作原则具体概括为五个坚持：坚持加强党对乡村人才工作的全面领导；坚持全面培养、分类施策；坚持多元主体、分工配合；坚持广招英才、高效用才；坚持完善机制、强化保障。

二是加强乡村人才培养主要涉及五类重点人才。不仅明确了五类人才的总体构成，还坚持大视角培养观，提出了各类人才培养的主要路径措施。这五类重点人才包括：农业生产经营人才、农村二三产业发展人才、乡村公共服务人才、乡村治理人才、农业农村科技人才。在各类人才培养中均涉及数量不等的相关具体领域的多支人才队伍建设。比如，在加快培养乡村公共服务人才部分，分别就加强乡村教师队伍、乡村卫生健康人才队伍、乡村文化旅游体育人才队伍、乡村规划建设人才队伍建设作出部署安排；加快培养农业农村科技人才部分，分别就培养农业农村高科技领军人才、农业农村科技创新人才、农业农村科技推广人才和发展壮大科技特派员队伍作出部署安排。

三是乡村人才振兴的体制机制创新保障包括三个维度。整合资源，有效发挥各类培养主体的作用，这些主体涉及高等教育、职业教育、干部教育、农业广播电视学校等培训机构、企业等。健全完善制度体系，更好释放各项制度的人才培养效能，具体涉及健全农村工作干部培养锻炼制度、完善乡村人才培养制度、建立各类人才定期服务乡村制度、健全鼓励人才向艰苦地区和基层一线流动激励制度、建立县域专业人才统筹使用制度、完善乡村高技能人才职业技能等级制度、建立健全乡村人才分级分类评价体系、提高乡村人才服务保障能力等八个方面。多措并举，加大政策落实落地力度，主要涉及加强组织领导、强化政策保障、搭建引才聚才平台、制定乡村人才专项规划、营造良好环境等五个方面。

三　乡村人力资源开发研究有待进一步加强

乡村人力资源开发的研究成果，主要以著作、论文等方式呈现。考虑到成果的集中度、时效性等因素。本书聚焦中国知网平台的相关学术论文，梳理分析研究现状。具体而言，我们在中国知网总库中以"乡村人力资源开发"为主题进行综合检索，截至2022年5月20日，共有175篇文章。从研究成果发表的时间轴分布看，2018年以后研究热度明显提升。从研究成果的内容构成看，点位比较全面，涉及乡村人力资源开发的作用与意义、现状与困境、路径与对策等。

（一）关于乡村人力资源开发的界定

就上述研究成果，大多数学者将乡村人力资源开发的对象聚焦在与城镇劳动人口相对应的农村劳动人口，但对开发行为与活动关注的侧重点有一定差异：有些学者更关注人力资本含量提升。认为乡村人力资源开发是综合运用医疗保健、教育培训等手段，促进农村劳动力资源整体素质提升和全面发展，提高农村生产力，更好为乡村发展做贡献。[①] 因此，乡村人力资源开发更多关注基于个体层面的素质能力提升及其外化与物化。

有些学者坚持人力资本含量提升和配置优化并重。认为农村人力资源开发是指通过教育、学习、培训等方式方法，提高农村劳动力素质以及促进合理流动，完善组织管理，充分挖掘其体能智能，为农村发展发挥更大作用。[②] 因此，乡村人力资源开发不仅关注个体层面的素质能力提升，还关注宏观层面的结构调整和效能优化，更关注开发体制机制的健全完善。

（二）关于乡村人力资源开发的重要性和作用

涉及此问题的论文较多，主要围绕乡村振兴内涵进行阐述。综合相关观点，关于乡村人力资源开发的重要性主要体现在如下几个方面。

一是提升乡村劳动力素质。乡村人力资源开发可以促进农村劳动力整体素质提升，有助于吸引更多农村出身的青年人才返乡回乡。[③]

[①] 储节旺、刘秉玉：《乡村振兴战略背景下农村人力资源开发研究》，《理论建设》2019年第6期；齐义山：《乡村振兴战略背景下江苏乡村人力资源差异化开发研究》，《科技创业》2020年第12期。

[②] 卢珊：《浅谈农村人力资源开发低效的成因及应对策略》，《农业经济》2019年第6期；浮永梅：《乡村振兴战略背景下农村人力资源开发策略分析》，《乡村科技》2019年第3期（上）。

[③] 储节旺、刘秉玉：《乡村振兴战略背景下农村人力资源开发研究》，《理论建设》2019年第6期；李胜利：《乡村振兴背景下我国农村人力资源开发研究》，《农村经济与科技》2021年第23期。

二是促进乡村产业振兴。乡村人力资源开发可以培养农村致富能手，带领更多农民生产更多更好的产品，推动农村产业结构调整转型；可以满足乡村振兴中农村对高端产业链人才的需求，促进农村"三产"融合；①可以发掘许多擅长各个方面传统技能的人才，促进新的农村产业的产生发展。②

三是有助于农民摆脱贫困和增收。通过乡村人力资源开发，积累优质人力资本，优化农村人力资源结构，提高生产效率，推动农村经济发展，增加农民收入水平，推进农民生活水平的显著提升。尤其是通过乡村人力资源开发，提高贫困劳动力的素质，挖掘其发展潜能，为其从根本上摆脱贫困并实现更好发展创造条件。③

四是促进乡村宜居生态环境建设。打造宜居乡村，需要培养农村人力资源的环保理念和生态循环理念，因此，导入这些理念是乡村振兴背景下乡村人力资源开发的题中应有之义。④

五是强化文明传承。乡村振兴既要做好对特色文化的保护和传承，又要加上与时俱进的新兴元素。如何更好地传承和保护乡村的珍贵历史文化，有人才是关键。⑤

六是有助于提升农村治理水平。乡村有效治理是实现乡村振兴的基础。目前，农村治理缺乏优秀人才且队伍老化，严重影响了乡村治理效果，乡村治理人才的法治意识和创新意识亟待提升。⑥

---

① 浮永梅：《乡村振兴战略背景下农村人力资源开发策略分析》，《乡村科技》2019年第3期（上）。

② 储节旺、刘秉玉：《乡村振兴战略背景下农村人力资源开发研究》，《理论建设》2019年第6期。

③ 邵珂硕、范衬衬：《农村人力资源开发助推乡村振兴：实践困境与治理路径》，《中国成人教育》2020年第1期；萧鸣政、张睿超：《中国后扶贫时代中的返贫风险控制策略——基于风险源分析与人力资源开发视角》，《中共中央党校（国家行政学院）学报》2021年第2期；李胜利：《乡村振兴背景下我国农村人力资源开发研究》，《农村经济与科技》2021年第23期。

④ 浮永梅：《乡村振兴战略背景下农村人力资源开发策略分析》，《乡村科技》2019年第3期（上）。

⑤ 储节旺、刘秉玉：《乡村振兴战略背景下农村人力资源开发研究》，《理论建设》2019年第6期。

⑥ 浮永梅：《乡村振兴战略背景下农村人力资源开发策略分析》，《乡村科技》2019年第3期（上）。

（三）关于乡村人力资源开发的主要成效

相对而言，现有成果中系统梳理总结此问题的著述不多，有关观点散见在其他问题的分析论述中。总体而言，乡村人力资源开发，尤其是推进农业农村人才队伍建设，为保障农业农村经济、社会发展提供了有力支撑。[①] 与此同时，有些成果对相关具体成效做了总结分析：[②] 除了身体素质的不断强化，乡村人力资源开发使乡村人力资源的整体素质、职业水平和专业能力明显提高，产业结构也持续优化。比如：初中学历的农村劳动力明显增多，受过高中、中专教育的劳动力占比较小，但增长较快；农村劳动力的职业技能和职业水平进一步提升，特别是农村劳动力的专业化程度显著提升，具备一技之长的技术型农民和专家型农民逐渐成为农村发展和振兴的主要力量；农村劳动力的产业布局呈现出从传统的第一产业脱离出来，以第二产业为载体向第三产业转移的态势。

（四）关于乡村人力资源开发面临的问题与困境

在现有成果中，大多数成果对此都有论述，相关观点主要集中在如下几个方面。

一是乡村人力资源素质总体偏低、优质人力资源向城市流动的主体趋势没有实质改变。有学者以全国农业普查结果数据为依据，[③] 有学者以典型地区的相关数据为依据，[④] 认为乡村劳动力受教育水平相对较低。与此同时，相当一部分学者用国家宏观数据和典型地区的调研数据论证了乡村人力资源尤其是青年人力资源流入城市的现象，[⑤] 其主要途径有进城务工

[①] 胡永万：《统筹推进农业农村人才队伍建设 聚力乡村人才振兴》，《农民科技培训》2018年第12期。

[②] 于震：《乡村振兴战略背景下农村人力资源开发途径研究》，《乡村科技》2019年6月（中）。

[③] 邵珂硕、范衬衬：《农村人力资源开发助推乡村振兴：实践困境与治理路径》，《中国成人教育》2020年第1期。

[④] 肖无双、安阿彪、倪治铭：《浅谈安徽省农村人力资源开发》，《金融经济》2019年第14期。

[⑤] 张婷、尹健：《农业现代化视角下乡村人力资源开发探究》，《现代农业装备》2020年第6期；李胜利：《乡村振兴背景下我国农村人力资源开发研究》，《农村经济与科技》2021年第23期。

和进城上学等。①

二是高素质人力资源不足且聚集高素质人力资源乏力。大部分学者均用相关数据说明新农村建设需要大量高素质的人力资源，但当前乡村高学历人才和懂技能的人力资源非常缺乏，尤其是自主创业、公共服务、乡村治理以及新业态方面的优质人才稀缺。②与此同时，外出务工和上学的青年人力资源多数不愿重新回到乡村从事与农业相关的工作，③城市人才到乡村干事创业者数量有限；④相当一部分返乡入乡工作和就业的高素质人力资源缺乏长期留在乡村的计划与考虑。⑤

三是乡村人力资源结构性失衡日趋严重，女性化、老龄化与知识老化、技能缺乏并存。很多学者依据普查数据和调研数据对此进行了系统描述。比如，有学者提出，农村留守妇女、儿童、老人已经成为农村生产经营的主力军。而且这些人中，相关一部分文化程度不高，参与培训较少，没有学习过系统的农业知识，接受新知识、新工具、新方法的效率较低。⑥

四是乡村人力资源开发体制机制亟待优化。很多学者从城乡管理与服务的二元差异角度进行分析，总的看法是，优质人力资源外流是必然现象，人才返乡入乡以及城乡人才环流存在制度障碍，⑦现有农村人力资源缺乏素质与技能提升的动能支持。与此同时，有学者提出，乡村人力资源开发的资源动员机制还有待强化；⑧具体措施的精准性、技术方法的适用性都有待提高。

---

① 储节旺、刘秉玉：《乡村振兴战略背景下农村人力资源开发研究》，《理论建设》2019年第6期。

② 张婷、尹健：《农业现代化视角下乡村人力资源开发探究》，《现代农业装备》2020年第6期。

③ 浮永梅：《乡村振兴战略背景下农村人力资源开发策略分析》，《乡村科技》2019年6月（中）。

④ 李小静：《乡村振兴战略视角下农村人力资源开发探析》，《农业经济》2018年第7期。

⑤ 李胜利：《乡村振兴背景下我国农村人力资源开发研究》，《农村经济与科技》2021年第23期。

⑥ 邵珂硕、范衬衬：《农村人力资源开发助推乡村振兴：实践困境与治理路径》，《中国成人教育》2020年第1期。

⑦ 李小静：《乡村振兴战略视角下农村人力资源开发探析》，《农业经济》2018年第7期。

⑧ 浮永梅：《乡村振兴战略背景下农村人力资源开发策略分析》，《乡村科技》2019年6月（中）。

（五）关于乡村人力资源开发的对策

现有成果对此都有论及，主要观点涉及如下几个方面。

一是关于开发方式。现有成果中，出现频率比较多的措施包括：加强教育培训，提高乡村人力资源素质技能水平，提高农村人力资本含量，具体内容涉及专业设置、办学模式、教育方式等；[1] 激励人才向乡村流动，主要涉及引导人才返乡入乡创业、支持人才到基层一线等；[2] 推动农村劳动力有序流动和合理配置，主要涉及农业农村劳动力转移；[3] 健全农村社会保险机制，主要涉及实现全覆盖、提高待遇水平等。

二是关于开发重点。有学者提出，乡村人力资源开发应以新型职业农民为依托。因为新型职业农民不仅是农业生产的新主体，而且一批高素质的新型职业农民正在成为专业大户、家庭农场主、农民合作社领办人和农业企业骨干，为现代农业发展注入了新鲜血液。[4]

三是关于开发保障。[5] 相当一部分专家提出，要强化资源动员能力，加大投入；[6] 要改善公共设施，提高公共服务水平；要强化政策创新，健全完善制度体系，为人才返乡入乡创造条件，优化农村创业干事环境；[7] 要调整农村产业结构，用科技赋能，壮大农村经济，拓展人力资源特别是高层次人才发展空间；[8] 要创新技术方法，强化数字赋能。[9]

---

[1] 储节旺、刘秉玉：《乡村振兴战略背景下农村人力资源开发研究》，《理论建设》2019年第6期。

[2] 李胜利：《乡村振兴背景下我国农村人力资源开发研究》，《农村经济与科技》2021年第23期；申小芳：《乡村振兴背景下农村人力资源开发策略探究》，《贵州广播电视大学学报》2020年第3期。

[3] 储节旺、刘秉玉：《乡村振兴战略背景下农村人力资源开发研究》，《理论建设》2019年第6期。

[4] 李小静：《乡村振兴战略视角下农村人力资源开发探析》，《农业经济》2018年第7期。

[5] 李小静：《乡村振兴战略视角下农村人力资源开发探析》，《农业经济》2018年第7期。

[6] 浮永梅：《乡村振兴战略背景下农村人力资源开发策略分析》，《乡村科技》2019年6月（中）。

[7] 浮永梅：《乡村振兴战略背景下农村人力资源开发策略分析》，《乡村科技》2019年6月（中）。

[8] 李胜利：《乡村振兴背景下我国农村人力资源开发研究》，《农村经济与科技》2021年第23期。

[9] 陶厚永、陈邵嘉：《数字化赋能乡村人力资源开发利用的思考》，《山西农经》2022年第3期。

（六）关于相关成果的特点与深化研究

一是对乡村人力资源开发理解的主要理论依据是人力资本理论，但对照乡村振兴发展愿景和相关政策文件要求，大多数研究成果对乡村人力资源和人力资源开发行为范围理解的视野还需要拓展，未能将乡村教师、基层卫生人才等公共服务人群都包括进来，对基于教育培训的乡村人力资源素质能力提升关注比较充分，对人力资源的社会保障、职业化和职业发展等方面内容的关注与研究还需要进一步深化。

二是现有成果涉及内容比较全面，但对乡村人力资源开发存在问题检视和对策措施设计的契合度有待提高。很多成果将乡村人力资源开发存在问题归因于城乡二元体制，但在具体对策措施的设计与选择方面，对城乡融合一体化、城乡人力资源顺畅环流机制关注仍然不足。现行对策措施突出问题导向，更关注对标城市水平补短板，对发展导向以及基于城乡关系重构的制度创新设计还需要进一步拓展。

三是现有成果更关注制度增量供应，而对新老制度融通等问题的研究需要加大力度。总的来看，现有成果关注开发对策设计，对策建议立足于解决具体问题的制度创新和政策健全完善，但对增量制度和政策的适用性分析以及基于此的基本制度优化、新老制度兼容统合的研究亟待关注。

正因如此，本书在现有成果基础上，进一步拓展视野，尽量全面把握乡村人力资源现状，对标乡村振兴战略目标定位，总结分析国内外相关实践经验，遵循人力资源开发和人才发展规律，在关注增量制度与政策的同时，关注基本制度设计，聚焦城乡一体化，推动城乡协同互动发展，促进城乡平衡发展，优化乡村人力资源开发的制度设计，致力于提供整体性解决方案，在探索基于乡村振兴的制度创新安排与现行制度体系的有机衔接与镶嵌方面下功夫。

第二节　概念界定

一　乡村人力资源

根据相关政策和相关研究领域的一般理解，本书研究的对象群体为"乡村人力资源"，主要涉及进入劳动市场和处于各种劳动状态的农村存量劳动力、基层治理人才、乡村公共服务人才、返乡入乡创业者、农业农村技术技能人才等。其中，基层治理人才重点关注村干部群体；基层公共服务人才重点关注乡镇卫生院工作人员、乡村医生、乡村中小学教师等群体；返乡入乡创业人员重点关注注册地在本地和有关市场主体在本地设立的分支机构的创办者。

二 人力资源开发

对"人力资源开发"概念的理解有不同视角和范围，其主要差异在于对"开发"一词的理解。综合研究文献和政策文献，根据"开发"指向的具体行为或活动，"人力资源开发"可有大、中、小范围三种理解：

其一，大范围。人力资源开发包括录用招聘、教育培训、考核评价、选拔任用、流动配置、薪酬福利、奖励惩戒等，基本上与人力资源管理统一。这是人力资源开发专业教科书的典型理解。

其二，小范围。人力资源开发仅指人力资源教育培训。比如，2010年中共中央 国务院发布的《国家中长期人才发展规划纲要（2010—2020年）》，更倾向于这种理解。在《规划》的"体制机制创新"部分，关于"创新人才工作机制"涉及五大机制。其中，第一个机制是"人才培养开发机制"，不仅明确了创新人才培养开发机制的目标要求，也明确了创新人才培养开发机制的主要任务。在目标要求中强调："坚持以国家发展需要和社会需求为导向，以提高思想道德素质和创新能力为核心，完善现代国民教育和终身教育体系，注重在实践中发现、培养、造就人才，构建人人能够成才、人人得到发展的人才培养开发机制。"在主要任务中，对完善现代教育制度和终身教育体系作出了具体安排和部署：优化教育学科专业、类型、层次结构和区域布局；全面推进素质教育；坚持因材施教；改革高等学校招生考试制度；建立社会参与的人才培养质量评价机制；改革职业教育模式；完善在职人员继续教育制度；构建网络化、开放式、自主性终身教育体系。

其三，中范围。人力资源开发主要指的是人力资源的教育培训、职位（务）晋升、流动配置等活动或行为。此理解在实际工作层面和理论研究层面都有体现。比如，在实际工作层面，政府人力资源社会保障系统内设机构中，负责人才（员）调配、人才引进、人力资源市场管理等职责的部门往往被称为"人力资源开发处（司、科）"；在企业管理服务部门中，负责人力资源配置、人才引进等职责的部门很多被称为"人力资源开发部"。再如，在相关理论研究成果中，人力资源的教育培训、职位轮转和职位职级晋升、工作方式改变调整、就职就业单位变化等均视为人力资源开发行为。

在中范围的理解中，相关界定也有一定差异。比如，有的成果从个人发展角度关注，往往范围偏大，有的成果从组织发展角度关注，往往范围相对较小，此处不再一一赘述。

三 乡村人力资源开发

基于上述三种对"人力资源开发"的理解，本书对"人力资源开发"的理解介于"大范围"和"中范围"之间，在"中范围"基础上，增加"社会保险"等相关内容。在此，要特别说明的是，在"教育培训"方面，以"培训"为重点，对"教育"的分析仅限于教育资源配置、学科与专业设置的宏观取向分析，未涉及具体布局与结构设计；在"社会保险"方面，主要涉及养老保险、工伤保险、失业保险，未涉及医疗保险。

具体而言，本书所言之"乡村人力资源开发"指的是提升乡村人力资源素质能力、拓展乡村人力资源职业发展通道和空间、强化乡村人力资源社会保险、提高乡村人力资源作用发挥效率效能等方面的行为与活动的总称。

其一，乡村人力资源开发的主体。从宏观层面看，乡村人力资源开发主体可分为三类：包括党委政府相关部门，比如，政府人力资源社会保障部门、行业主管部门等；用人主体，比如，各类机关企事业单位；人力资源开发实施和服务机构，比如，教育培训机构、人力资源服务机构、相关行业协会等。

其二，乡村人力资源开发的目标追求。基于上述理解，乡村人力资源开发总体指向具体开发对象人力资本含量的保持、提升及其充分有效的外化与转化，其衡量的重要指标是乡村人力资源的保值增值，主要体现在如下三个方面：乡村人力资源收入和报酬的保持和增加；乡村人力资源职业发展机会的保持与增加、发展空间的保持与拓展；乡村人力资源对组织和经济社会发展贡献的保持和提升。

其三，乡村人力资源开发的主要机制。总体而言，乡村人力资源开发遵循资源配置的一般规律，即市场在资源配置中起决定性作用和更好地发挥政府作用。具体而言，包括组织领导机制，如坚持党的领导，充分发挥各方主体积极性；创新开发方式，如强化法律法规供应；就业入职与晋升机制，如降低职业准入资质、拓宽就业渠道、拓展职业发展通道与机会等；素质能力提升机制，如强化教育培训；发展保障机制，如提供发展资源与支持、完善社会保险等。

第三节 研究基础工作和主要方法

本书研究的基础工作主要集中在如下几个方面，相关方法贯穿其中。需要特别说明的是，大多数相关数据、政策文件、调研资料总体截至2020年年底，但限于具体情况，个别数据和资料截至2019年年底，有些数据延展到2021年。知网等数据库的研究文献总体截至2022年5月。

一 文献分析

本书重点关注如下几类文献：乡村振兴与人力资源开发的相关政策文献、理论研究文献和实践工作文献。通过文献分析，重点把握乡村振兴战略实施过程中乡村人力资源开发的战略部署、主要任务和具体政策安排；梳理乡村振兴战略实施过程中乡村人力资源开发工作的重要主体、基本内容和总体进展、主要成效与存在问题；了解相关理论研究的总体状况、热度热点和基本看法。

二 实地调研

本书内容以相关课题成果为基础。在具体研究过程中，开展了比较系统的实地调研。调研兼顾东中西部地区差异，调研内容涉及市（州）、市（县）乡村人力资源开发的基本情况、存在问题以及在实施乡村振兴战略背景下，加强和推动乡村人力资源开发的主要需求和对策建议。调研对象主要为市（州）、市（县）有关部门和各类人力资源群体代表。其中，有关部门主要涉及党委组织部门和政府人力资源社会保障、农业、科技、教育、卫生、发改、财政等部门；人力资源群体代表主要涉及乡村能人、返乡入乡创业者、农业科技人才、基层服务人员和志愿者、农业职业经理人、乡村工匠、文化能人、基层党员干部等。调研主要采取召开座谈会、典型访谈和实地考察等方式进行，努力客观、真实、全面地把握乡村振兴战略实施过程中乡村人力资源开发的基本情况。通过实地调研，主要了解各地乡村人力资源的素质能力状况、结构分布特征以及乡村人力资源开发的政策供应、工作进展及其主要成效、存在问题和主要建议。

三 数据分析

本书的数据主要来源于普查数据、统计数据、调研数据。具体而言，本书相当一部分乡村人力资源规模及其结构分布、乡村治理人才、返乡入乡创业、乡村职业开发、乡村劳动力素质能力提升等方面的数据主要从中国统计年鉴、全国人口普查、中国劳动统计年鉴、麦可思—中国应届大学毕业生培养质量跟踪评价和麦可思—中国大学生毕业三年后职业发展跟踪评价、中华人民共和国职业分类大典等方面的数据中分离提取或进一步计算而来。力图从典型数据视角，系统准确把握乡村人力资源及其开发的基本现状与演变发展情况、当前加强乡村人力资源开发的必要性与紧迫性。

四 国外案例分析

主要以美国、德国、日本、韩国四个国家为分析对象，对其农业农村农民现代化实践特别是农业职业教育和新农民培养的发展情况进行分析梳理，主要涉及法律法规体系、投融资体系、基础设施与公共服务体系、人力资源吸聚体系和教育培训体系等方面。通过对典型国家政策发展和实践发展的梳理分析，总结提炼对我国在实施乡村振兴战略过程中，加强乡村人力资源开发的主要启示。

五 座谈访谈

依托课题研究召开专家座谈会并进行个别访谈。专家主要来自有关部门、研究机构、高校。座谈会重点关注当前促进乡村劳动力就业、乡村劳动力职业分类和素质能力提升、推动返乡入乡创业发展、乡村卫生人才队伍建设、乡村教育人才队伍建设、乡村干部队伍建设、加强乡村劳动力社会保障的基本状况、存在问题以及回应乡村振兴战略实施的对策措施选择等。个案访谈主要针对如下问题进行：乡村人力资源开发的成效、机遇挑战和发展态势，乡村人力资源开发的基本规律、理论动态，乡村人力资源开发的政策供应特点与发展沿革。

通过座谈访谈，了解研究领域关于乡村振兴战略实施背景下强化乡村人力资源开发需求和对策的主要观点；把握实践领域落实党和国家实施乡村振兴战略过程中关于乡村人力资源开发的总体部署和政策安排、典型做法、主要经验；研判乡村人力资源开发的政策绩效和政策优化完善的基本取向和重点安排。

第四节　主要内容、观点与局限

本书的基本思路是在把握乡村振兴战略实施背景下乡村人力资源开发必要性和紧迫性、政策供应状况、相关国家典型实践的基础上，分析乡村振兴战略实施背景下乡村人力资源开发的总体定位，梳理乡村人力资源开发的现状与成效，发现乡村人力资源开发亟待解决的问题，提出加强乡村人力资源开发的具体路径。基于此逻辑，为了更立体深入地剖解研究主题，本书采取总分结合、重点开发活动与重点开发群体兼顾、相关政策对标与典型国家实践参照并重的内容呈现方式。

一　主要内容

本书由绪论和十章具体内容组成，尽管每章涉及的具体内容有一定差异，但总体状况、存在问题和对策思考是基本构成要素。如果将绪论和十章具体内容再做归类，本书可分为如下四个部分。

（一）总论部分

包括绪论和第一章。

绪论主要涉及如下内容。选题背景：从我国的现代化进程、乡村人力资源开发的实践规律、习近平总书记的重要论述和指示要求、党中央国务院的政策部署、理论界的研究基础等角度，说明乡村振兴战略实施背景下乡村人力资源开发的必然性和必要性；概念界定：解析了乡村人力资源、人力资源开发以及乡村人力资源开发的基本含义和构成要素；研究工作与方法：介绍相关各部分内容观点的主要依据基础和认识问题、解决问题的各项主要工作；主要内容与局限：介绍本书各部分的内容布局并明确本书的主要不足。

第一章是本书的主要内容总结和基本观点呈现。明确了乡村振兴战略实施背景下乡村人力资源开发的总体定位，涉及乡村人力资源开发在乡村振兴战略布局中的地位、目标追求和体制机制选择；从体制格局、政策体系和发展支撑等方面梳理了当前乡村人力资源开发的基本现状与主要成效；从城乡二元体制层面分析了乡村振兴战略实施背景下乡村人力资源开发亟待解决的主要问题；从城乡一体融合角度阐述了乡村振兴战略实施背景下优化乡村人力资源开发机制的主要路径。

（二）重点活动部分

包括第二章、第三章、第四章、第五章，其核心内容依据总体状况、存在问题和对策建议的框架展开，相关内容各有特色。

第二章以乡村振兴战略实施背景下的乡村劳动力就业为主题，在分析了乡村劳动力就业的理论依据基础上，从乡村劳动力就业总量和就业形态两个层面梳理了乡村劳动力就业的现状；从就业管理与服务、就业供需匹配、创业与新就业形态发展等方面分析了乡村劳动力就业存在的问题；对标城乡就业一体化、实现更加充分更高质量就业的需求，提出了促进乡村劳动力就业的具体对策。

第三章聚焦乡村振兴战略实施背景下农村劳动力的技能培育与提升，在全面呈现乡村劳动力职业素质基本状况的基础上，从目标定位、制度体系和工作机制、基础保障等方面梳理了乡村劳动力技能培养与提升的现状与主要成效；从职业体系建设、素质能力提升政策质量和工作机制建设等方面分析了乡村劳动力技能培养与提升存在的主要问题；对标国家职业体系建设和乡村劳动力职业化建设需求，提出了促进乡村劳动力职业技能提升的对策建议。

第四章聚焦乡村振兴战略实施背景下的乡村人力资源社会保险制度建设，从制度创新与制度成效两个层面，梳理了乡村人力资源社会保险的基本现状；在分析新形势新要求的基础上，检视了乡村人力资源社会保险存在的主要问题，提出了优化完善乡村人力资源社会保险制度的对策建议。

第五章以乡村振兴战略实施背景下的返乡入乡创业为主题，从返乡创业的具体态势和政策供应状况两个层面梳理分析了返乡创业的现状与成效、存在的主要问题，提出了促进返乡入乡创业的对策措施。

(三) 重点群体部分

包括第六章、第七章、第八章，与重点开发活动部分一样，其核心内容依据总体状况、存在问题和对策建议的框架展开。

第六章专论乡村振兴战略实施背景下的乡村治理人才队伍建设。首先在国家职业分类的大视野下分析了乡村治理人才的基本状况，然后聚焦村干部队伍建设：从村干部群体和管理体制机制两个层面，梳理了村干部队伍建设的基本状况和存在的主要问题，回应乡村振兴需要，从创新完善体制机制层面提出了加强村干部队伍建设的主要措施。

第七章专论乡村振兴战略实施背景下的基层卫生人才队伍建设。从全国和省份两个层面梳理了基层卫生人才队伍的发展状况，从政策创新角度梳理了队伍建设的具体实践；根据发展需要，总结创新做法，借鉴国际经验，提出了加强基层卫生人才队伍建设的总体建议。

第八章专论乡村振兴战略实施背景下的乡村教育人才队伍建设。介绍了当前乡村教师总量及其素质、能级结构状况；分析了乡村振兴背景下，乡村教师的角色定位和社会责任以及乡村教师队伍建设面临的主要挑战；提出了应对挑战，加强乡村教师队伍建设的对策建议。

(四) 政策分析与国外借鉴部分

包括第九章和第十章。

第九章运用文本分析方法，对我国改革开展以来激励引导人才向基层流动的典型政策进行解析。在梳理政策时序、主体、对象等基本情况并具体剖解各类政策工具结构分布的基础上，从政策主体、对象和政策工具等维度，总结分析了政策的主要特点和今后的完善取向。

第十章分析总结典型国家乡村人力资源开发实践及其启示。主要从政策法规支持、投入与组织保障、主要做法三个维度，梳理了典型国家乡村人力资源开发的具体做法；从共性特征角度，总结了典型国家相关实践对我国乡村振兴战略实施背景下乡村人力资源开发的主要启示。

二　主要结论与观点

虽然本书有统一架构，具体内容比较丰富，但每章都能自成体系，具体观测点和研究结论也各有特色。为了更好总结和呈现整体成果，从更抽象和更宏观层面将本书的基本观点与结论概述如下。

（一）对"乡村人力资源"和"乡村人力资源开发"的理解

这两个概念均做相对广义的理解。"乡村人力资源"主要涉及农村存量劳动力、基层治理人才、基层公共服务人才、返乡入乡创业者、农业农村技术技能人才等群体。其中，基层治理人才包括乡镇公务人员和村务管理人员，乡村公共服务人才以乡村教师、基层卫生工作人才、乡村文化旅游体育人才、乡村规划建设人才等主体。就本书内容而言，基层治理人才聚焦群干部群体，基层公共服务人才聚焦基层卫生人才和乡村教师群体。"乡村人力资源开发"指的是提升乡村人力资源素质能力、拓展乡村人力资源职业发展通道和空间、强化乡村人力资源社会保险、提高乡村人力资源作用发挥效率效能等方面的行为与活动的总称，涉及多方主体，目标指向乡村人力资源素质能力的养护、提升及其充分外化与转化，关键在于处理好市场在资源配置中起决定性作用和更好发挥政府作用的关系。

（二）乡村振兴战略实施背景下乡村人力资源开发的需求定位

乡村振兴是解决我国发展不平衡不充分问题的必然选择，是我国全面建设社会主义现代化国家的重大历史任务。乡村振兴，人才是关键，人力资源开发是基础。乡村振兴战略实施背景下的乡村人力资源开发，是人力资源发展城乡差异的弥合过程，也是乡村人力资源的快速发展过程。一是乡村人力资源开发在乡村振兴战略布局中具有优先地位，这直接源于"三农问题"作为全党工作重中之重的战略地位，其根本原因，在于人力资源作为第一资源的功能属性。二是乡村人力资源开发需要着眼于城乡一体化融合发展，对标新型工业化、信息化、城镇化、农业现代化同步发展的具体需求，实现乡村人力资源素质能力的全面越升和结构布局的有序调整。三是乡村人力资源开发需要体制机制的系统创新强化支撑和保障。

（三）乡村振兴战略实施背景下乡村人力资源开发的现状与主要成效

一是强化了统分结合、多方联动的体制格局：形成了强大的乡村人力资源开发工作的领导力和组织力、强大的决策执行力；打造了规模大影响力强的政策集群；汇聚了公共部门、市场主体、社会组织和各类人才等各方力量的广泛参与，集中力量办大事的制度优势得到了充分发挥。二是完善了措施丰富、对象多元的积极政策体系：建立了框架稳定、措施多样的开发政策工具箱；强化了多元激励、多点聚焦的优质人力资源供应机制；

形成了重点突出、适用范围逐步拓展、引导力度逐步强化的政策作用模式。三是政策效应逐步显现，乡村人力资源保障农业农村发展的能力稳步提高：乡村劳动者就业能力逐步提高，高素质农民群体不断扩大，基层技术技能人才和公共服务人才规模扩大与质量提升并进，基层治理能力日益强化，在乡入乡返乡创业呈现发展态势，乡村人力资源职业发展空间明显拓展。

（四）乡村振兴战略实施背景下乡村人力资源开发面临的主要问题

一是城乡二元特征明显，城乡一体化开发取向需要强化，其典型表现是乡村人力资源开发仍然习惯从服务城市发展的角度考虑：就业管理与服务存在一定的农村劳动力边缘化现象，农村劳动的职业管理水平不高，技术技能教育培训更偏向城市就业且质量有待提高，城乡社会保险制度不能全面有序对接。二是人才短板突出，城乡人才环流需要强化支持，其典型表现是乡村人才的供需矛盾仍然十分突出：人才不足与招人难并存，这在基层卫生人才和乡村教师等专业技术人才队伍建设方面表现尤为明显；优质人力资源外流严重和回流乏力并存，这在乡村各类人力资源中表现都比较明显；组织领导机制和基础保障机制需要进一步健全完善，这在乡村人力资源监测统计机制、基础服务机制和职责职能落地保障机制建设等方面都有一定的表现。三是有机协同不足，引导人才向乡村流动政策的有序性需要进一步提升，其典型表现是，引导人才向基层流动的关注点主要在扩大规模和提高力度，对政策的有效性与有序性考虑不够到位：公共服务需求与人才素质能力适配性亟待提高，制度镶嵌与协同有待进一步强化，有些引导人才到基层服务的相关制度有待细化和规范化。

（五）其他国家乡村人才开发政策与实践对我国培育乡村人才、促进人才回流的主要启示

美国、德国、日本和韩国等国家均具有自己的激励引导人才向基层流动的政策体系和实践体系。综合分析其具体措施和实施效果，如下几个方面对我国促进乡村人才培育与回流有启示和借鉴意义。一是建立完善相关法律法规体系，为乡村人力资源开发、培养吸聚人才提供政策依据和基于此的制度保障。二是保持较为稳定充足的财政投入，强化乡村人力资源开发和人才培养吸聚的经费保障。三是加强基础设施和生态环境建设，为乡村人力资源开发和人才培育吸聚提供良好条件。四是构建公平合理的激励

机制，为乡村人力资源开发和人才培育吸聚营造"软"条件。五是建立目标多层、功能多元的教育培训体系，拓宽乡村人力资源开发培养途径。六是坚持乡村人力资源开发和人才培养吸聚与农业农村发展、农民增收协同并进。七是乡村人力资源开发和人才培育吸聚必须从实际出发，因地制宜、分类推进。

（六）乡村振兴战略实施背景下乡村人力资源开发机制优化的主要路径

一是努力弥合城乡差异，建立统筹城乡的就业促进机制和社会保险制度，破除城乡二元体制，逐步建立并不断完善城乡一体的就业促进机制和社会保险机制。二是推动农业劳动职业化，构建整体性职业教育培训体系，坚持城乡并重、三产统筹，完善面向农业农村的职业体系和职业资格体系，合理配置乡村人力资源开发的教育培训资源，优化乡村人力资源培训机制，提高培训质量。三是加大支持力度，鼓励返乡入乡创业，强化返乡入乡创业动力，促进乡村经济和社会发展协同发展，拓展乡村人力资源吸纳和发展空间，形成创业发展与乡村发展互动机制，为乡村振兴提供可持续引擎和动能。四是健全完善政策，建立城乡环流导向的乡村高素质人力资源吸聚机制，坚持乡村经济社会事业发展与人才发展并重，聚焦产业发展、公共服务、治理、科技等方面的人才，发挥政府职能作用，健全完善政策体系，强化高素质人力资源到乡村干事创业动力机制，形成乡村高素质人力资源持续供应机制，克服乡村人力资源吸聚劣势。五是强化组织领导，健全完善乡村人力资源开发保障机制，强化组织保障和公共服务，加大乡村人力资源开发支持力度，进一步提高乡村人力资源开发效率效能。

三 主要局限

本书尽管内容比较丰富，但如此大的题目，受研究时限、研究基础、研究力量等方面的限制，存在很多不足和缺憾，相关问题需要今后继续拓展和深入研究。一是对乡村人力资源开发的发展沿革和微观实践关注不足。相关论述偏重当前和宏观，更多从近年来的政策供应及其成效、管理体制机制构建等层面展开，对具体政策与实践发展历程、微观案例的研究和呈现不够到位。二是对乡村人力资源群体关注不够全面。无论是依据相关政策还是具体开发实践，乡村人力资源涉及范围都十分广泛。比如，2021年4月中共中央办公厅 国务院办公厅印发的《关于加快推进乡村人才振兴的意见》，提到了农业生产经营人才、农村二三产业发展人才、乡村公共服务人才、乡村治理人才、农业农村科技人才等五大类一系列具体领域的人才队伍。本书在开发行为与活动层面关注全体乡村人力资源，但在开发群体层面则采取了聚焦重点群体的方式。三是对乡村人力资源开发活动的广度延伸关注不够到位。一方面，在乡村人力资源的教育培训方面，将重点放在培训领域，对教育关注偏弱；另一方面，在乡村人力资源的社会保障方面，对医疗保险和社会救助还没有涉及。

第 一 章

乡村振兴战略实施中的人力资源开发机制优化

乡村振兴需要乡村人力资源开发的有力支撑和保障，乡村人力资源开发必须以服务乡村振兴为出发点和落脚点。优化创新乡村人力资源开发机制是高效开发乡村人力资源，促进乡村人力资源高质量发展的必然举措和动力来源。

第一节 乡村人力资源开发的总体定位

把握我国乡村人力资源开发在乡村振兴战略中的功能定位和机制选择的主要政策依据是近年来党中央国务院的相关部署安排。具体而言，实施乡村振兴战略背景下的乡村人力资源开发，是人力资源发展城乡差异的弥合过程，是乡村人力资源持续长足发展的过程。根据现行政策，乡村人力资源开发在实施乡村振兴战略中的具体定位和现实要求主要体现在如下几个方面。

一 乡村人力资源开发具有优先地位

乡村人力资源优先开发具体指向乡村人力资源开发在乡村振兴战略布局中的优先地位，此定位首先源于"三农问题"作为全党工作重中之重的战略地位，其根本原因在于人力资源作为第一资源的功能属性。

（一）人力资源优先开发是坚持农业农村优先发展的重要内容

习近平总书记在党的十九大报告中首次提出坚持农业农村优先发展。

2018年的中央一号文件《中共中央 国务院关于实施乡村振兴战略的意见》（以下简称"2018年中央一号文"）将农业农村优先发展写入指导思想并在基本原则中明确了其"四个优先"的基本内涵："在干部配备上优先考虑，在要素配置上优先满足，在资金投入上优先保障，在公共服务上优先安排。"2019年的中央一号文件《中共中央 国务院关于坚持农业农村优先发展做好"三农"工作的若干意见》（以下简称"2019年中央一号文"）又强调，要"牢固树立农业农村优先发展政策导向"，对农村农业优先发展做了进一步更为具体的阐述。[①] 值得注意的是，在"培养懂农业、爱农村、爱农民的'三农'工作队伍"部分，特别明确了农村人才培养开发在全国人才培养开发中的重要地位："把乡村人才纳入各级人才培养计划予以重点支持。"2020年中央一号文件《中共中央 国务院关于抓好"三农"领域重点工作确保如期实现全面小康的意见》（以下简称"2020年中央一号文"）和2021年中央一号文件《中共中央 国务院关于全面推进乡村振兴加快农业农村现代化的意见》（以下简称"2021年中央一号文"）均继续重申，要坚持农业农村优先发展。

从"四个优先"的基本内涵上看，第一个优先直接属于人力资源开发的范畴，突出的是治理主体的功能作用，第二个"优先"从广义范畴上，明确了乡村人力资源开发在农业农村优先发展中的内涵地位：人力资源与资本、土地一样是重要的资源要素。

（二）人力资源开发是"四个优先"中的优先选项

2018年中央一号文明确指出："要把人力资本开发放在首要位置。"中办发2021年9号文强调："乡村振兴，关键在人。""坚持农业农村优先发展，坚持把乡村人力资本开发放在首要位置。"

[①] 优先考虑"三农"干部配备，把优秀干部充实到"三农"战线，把精锐力量充实到基层一线，注重选拔熟悉"三农"工作的干部充实地方各级党政班子。优先满足"三农"发展要素配置，坚决破除妨碍城乡要素自由流动、平等交换的体制机制壁垒，改变农村要素单向流出格局，推动资源要素向农村流动。优先保障"三农"资金投入，坚持把农业农村作为财政优先保障领域和金融优先服务领域，公共财政更大力度向"三农"倾斜，县域新增贷款主要用于支持乡村振兴。地方政府债券资金要安排一定比例用于支持农村人居环境整治、村庄基础设施建设等重点领域。优先安排农村公共服务，推进城乡基本公共服务标准统一、制度并轨，实现从形式上的普惠向实质上的公平转变。

二 乡村人力资源开发指向素质能力全面跃升

综观人类社会的文明进程，就其发展逻辑，工业化、乡村振兴、乡村发展顺序而为，具有新型现代化和更高水平文化回归的典型特征。正因如此，无论是先发国家的既往经验，还是我国正在进行的新型工业化、信息化、城镇化、农业现代化同步发展进程中的具体实践都显示，全面提高乡村人力资源的素质能力水平是乡村振兴的必然要求和题中应有之义。具体定位对标指向两个方面：实现乡村全面振兴任务的素质能力要求和城镇人力资源的素质能力水平。

（一）农业现代化需要高素质的从业者

"产业兴旺"是乡村振兴的重点，其基本路径是质量兴农、绿色兴农，以农业供给侧结构性改革为主线，加快构建现代农业产业体系、生产体系、经营体系，提高农业创新力、竞争力和全要素生产率。其具体部署和制度安排在2018年中央一号文之后的政策文件中有比较集中的体现。

比如，2018年中央一号文强调：夯实农业生产能力基础，实施藏粮于技战略；实施质量兴农战略，推动农业由增产导向转向提质导向；构建农村一二三产业融合发展体系，大力开发农业多种功能，延长产业链、提升价值链；促进小农户和现代农业发展有机衔接，统筹兼顾培育新型农业经营主体和扶持小农户；把小农生产引入现代农业发展轨道；尊重自然、顺应自然、保护自然，推动乡村自然资本加快增值。

再如，2021年中央一号文强调要加快推进农业现代化：深入推进农业结构调整，推动品种培优、品质提升、品牌打造和标准化生产，提升粮食和重要农产品供给保障能力；加快实施农业生物育种重大科技项目、深入实施农作物和畜禽良种联合攻关、实施新一轮畜禽遗传改良计划和现代种业提升工程，打好种业翻身仗；实施大中型灌区续建配套和现代化改造，坚持农业科技自立自强，完善农业科技领域基础研究稳定支持机制，深入开展乡村振兴科技支撑行动，强化现代农业科技和物质装备支撑；依托乡村特色优势资源，打造农业全产业链，加快健全现代农业全产业链标准体系，构建现代乡村产业体系，推进农业绿色发展和现代农业经营体系建设。

基于上述部署安排的"产业兴旺"，实质上是典型的农业供给侧结构性改革，而且具有鲜明的中国时代特色，不仅是源于内生发展意义上的农业转型升级，还是基于当前城镇化进程中乡村产业的多元重构和城乡产业的互动融合，也同时内涵了基于新兴工业化和信息化同步推进的发展要素。因此，实施乡村振兴战略背景下的农业现代化，对乡村人力资源开发的素质能力水平具有比较明确的定位标准，具体而言，直接对标第二、第三产业的人力资源素质能力水平，不仅需要乡村人力资源具有较高素质，还需要乡村人力资源具有基于此的比较合理的专业结构、学历结构和技术技能能级结构。

正因如此，在实施乡村振兴战略背景下，基于农业现代化的乡村人力资源开发需要逐步形成如下几个高素质的产业人力资源群体：

一是农业生产和经营人力资源群体，主要包括从事新型种养殖经营的农民和从事种养殖生产活动的新型农民。

二是位于乡村且直接源于城市外溢发展的二三产业的经营管理人员和劳动就业群体、具有内涵发展取向的基于乡村一产的二三产业的经济管理人员和劳动就业群体，主要涉及在乡村的二三产业领域的创业者和经营管理者，包括乡村工匠和各类工匠（传承人）在内的技能劳动者群体。

三是服务于农业农村发展的各类农业科技人才群体，特别是农业科技指导人才和成果转化推广人才。

（二）公共服务均等化需要高素质的公共服务者

补公共服务短板、强公共服务弱项是乡村振兴的重要任务，其目标追求主要涉及城乡基本公共服务均等化和具有竞争优势的宜业宜居环境建设。

2018年中央一号文强调：优先发展农村教育事业，推动建立以城带乡、整体推进、城乡一体、均衡发展的义务教育发展机制，推进农村普及高中阶段教育，把农村需要的人群纳入特殊教育体系；推动农村基础设施提档升级，继续把基础设施建设重点放在农村，特别提到要实施数字乡村战略，弥合城乡数字鸿沟；加强农村社会保障体系建设，完善统一的城乡居民基本医疗保险制度和大病保险制度，完善城乡居民基本养老保险制度，统筹城乡社会救助体系；推进健康乡村建设，强化农村公共卫生服务，加强基层医疗卫生服务体系建设，加强乡村中医药服务，开展和规范家庭医生签约服务；持续改善农村人居环境。

　　以此为初步架构的乡村公共服务体系建设成为日后相关政策优化完善的基础要求。比如，2019年中央一号文在"扎实推进乡村建设，加快补齐农村人居环境和公共服务短板"部分，就"提升农村公共服务水平"，补充了"提高文化体育公共服务水平"的内容，细化了医疗卫生公共服务部署安排。2020年中央一号文在"对标全面建成小康社会加快补上农村基础设施和公共服务短板"部分，从加大农村公共基础设施建设力度、提高农村供水保障水平、扎实搞好农村人居环境整治、提高农村教育质量、加强农村基层医疗卫生服务、加强农村社会保障、改善乡村公共文化服务、治理农村生态环境突出问题等八个方面，健全完善了乡村公共服务体系构建的具体要求。2021年中央一号文，从加快推进村庄规划、加强乡村公共基础设施建设、实施农村人居环境整治提升五年行动、提升农村基本公共服务水平、全面促进农村消费、加快县域内城乡融合发展等方面，聚焦短板问题和新出现的问题，围绕拓覆盖、建规范、做衔接、提质量，深化政策供应和制度建设安排，特别是补充了促进乡村消费的公共设施保障的相关内容。

　　综上所述，基于乡村振兴战略实施发展乡村公共服务，需要特别强化对标城市公共服务的质量水平和基于均等属性的区域一体化和区域平衡。具体到公共服务人力资源开发，不仅需要特别关注公共服务人员的规模配置，尤其是要关注公共服务人员的素质能力水平和结构分布，主要涉及如下各类人力资源开发的部署安排：

　　一是乡村教师，主要涉及学前教育、义务教育、特殊教育、职业教育的师资力量，具体情况下，甚至包括高中教师。

　　二是乡村卫生人员，主要涉及包括公共卫生人员、全科医生在内的乡镇卫生院的医疗卫生工作人员、乡村医生。

　　三是乡村文化旅游体育人员，主要涉及乡村文化文艺宣传人员、文化志愿者、非遗传承人和乡村旅游示范者等。

　　四是乡村公用事业服务人员，主要涉及乡村规划人员、基层公共服务机构工作人员、乡村公共设施和公共环境维护人员等。

（三）新农村建设需要高素质的乡村治理工作者

　　乡村振兴，治理有效是基础。推进乡村治理体系和治理能力现代化，提高乡村治理水平，对乡村振兴至关重要。

2018年中央一号文强调："必须把夯实基层基础作为固本之策，建立健全党委领导、政府负责、社会协同、公众参与、法治保障的现代乡村社会治理体制，坚持自治、法治、德治相结合，确保乡村社会充满活力、和谐有序。"具体从"加强农村基层党组织建设、深化村民自治实践、建设法治乡村、提升乡村德治水平、建设平安乡村"等五个方面，对实现"乡村有效治理"作出整体安排，明确了乡村治理的体制机制基本框架以及基于此的人力资源配置格局。

2019年中央一号文在乡村治理领域，从体制机制建设角度，重点对"增强乡村治理能力"进行了部署。与此同时，从"加强农村精神文明建设"角度丰富了"提高乡村德治水平"的有关安排，明确了一段时间内推进平安乡村建设的具体事项。

2020年中央一号文件在乡村治理领域重点放在两个方面：一是健全完善了乡村治理领导体制、工作体系和制度安排，细化了各治理主体的职能定位和职责关系以及基于此的工作运行机制。二是从突出工作重点角度，对推进法治乡村建设、深入推进平安乡村建设作出了具体安排。其中，在推进法治乡村建设方面，对"调处化解乡村矛盾纠纷"的工作目标、重点、主体、机制与方式等都有具体要求。

2021年中央一号文在乡村治理领域重点放在强化乡村振兴的组织领导机制，涉及健全强化组织领导体系和领导机制，相关内容主要体现在"强化五级书记抓乡村振兴的工作机制""加强党委农村工作领导小组和工作机构建设""加强党的农村基层组织建设和乡村治理"等方面。此外，还从"加强新时代农村精神文明建设"角度对德治乡村建设提出了相关要求。

与此同时，上述政策文件对乡村治理人才的主要来源和职业发展也作出了相关安排。

综上所述，在明确乡村治理的功能定位、主要职责、工作机制和乡村治理人才职业发展的同时，也意味着大体明确了乡村治理人才的范围边界和素质能力要求。总的来看，乡村治理人才是实施乡村振兴战略的重要主体，是国家治理主体的重要组成部分，是基层公务员和公共服务人才的重要来源，其素质能力状况直接影响乡村振兴战略实施质量，关乎国家治理能力现代化水平。具体而言，乡村治理的工作内容、要求与城市社区治理的工作内容、要求大体相同，乡村治理人员的素质能力水平以城市社区工作人员和基层公务员、事业单位工作人员的素质能力为基本参照。乡村治理人员主要包括如下三类群体：

一是承担乡村治理工作任务的乡镇公职人员，主要涉及乡镇公务员和相关事业编的工作人员。

二是村两委成员、各类乡村公共管理事务协理人员。

三是各类驻村、驻乡镇的下派干部和志愿服务人员。

（四）城镇发展需要高素质的乡村转移就业者

长期以来，乡村一直是城镇劳动者的重要供应源，2020年我国的人口城镇化率已经达到63.9%、城镇就业人员占就业人员总量的比重已经达到61.6%（见图1—1、图1—2），农民工总量为28560万人（见图1—3），且2019年之前农民工总量一直保持增长态势。农民到城镇就业不仅是国家现代化的重要表现，也是到目前为止，农民增收的重要途径与方式。对照先发国家城镇化的发展历程和现状，在基于城乡协同发展的乡村振兴战略实施过程中，支持农村劳动力转移到城镇就业依然是我国促进现代化发展的重要政策安排。

具体而言，2019年中央一号文在谈到"促进农村劳动力转移就业"时强调："加强就业服务和职业技能培训，促进农村劳动力多渠道转移就业和增收。发展壮大县域经济，引导产业有序梯度转移，支持适宜产业向小城镇集聚发展。"2020年中央一号文第十八条"稳定农民工就业"的一项重要政策举措就是："实施家政服务、养老护理、医院看护、餐饮烹饪、电子商务等技能培训，打造区域性劳务品牌。"

综合上述政策要求，现行农村劳动力技能培训的重要指向、富余劳动力技能培训的主要指向都是城镇就业，具体培训内容或指向制造业生产活动，或指向服务业特别是现代服务业的生产服务需求。在素质能力要求方面，一方面是要把握现代工业化、信息化的生产服务方式的需要，另一方面要把握城镇生产生活方式的需要。质言之，农村转移就业者素质能力水平的对标参照是城镇就业者的素质能力水平。

30 / 乡村人力资源开发

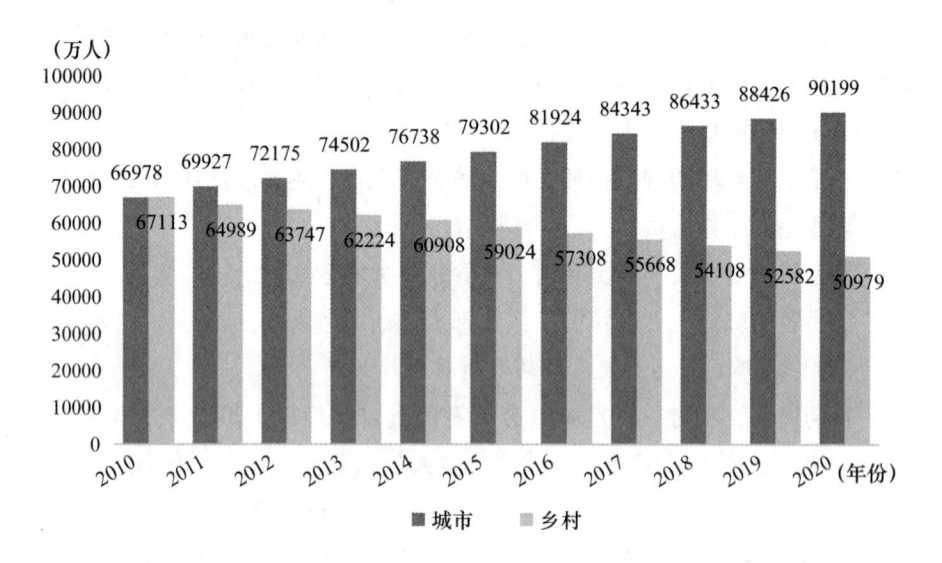

图1—1 城乡人口结构①

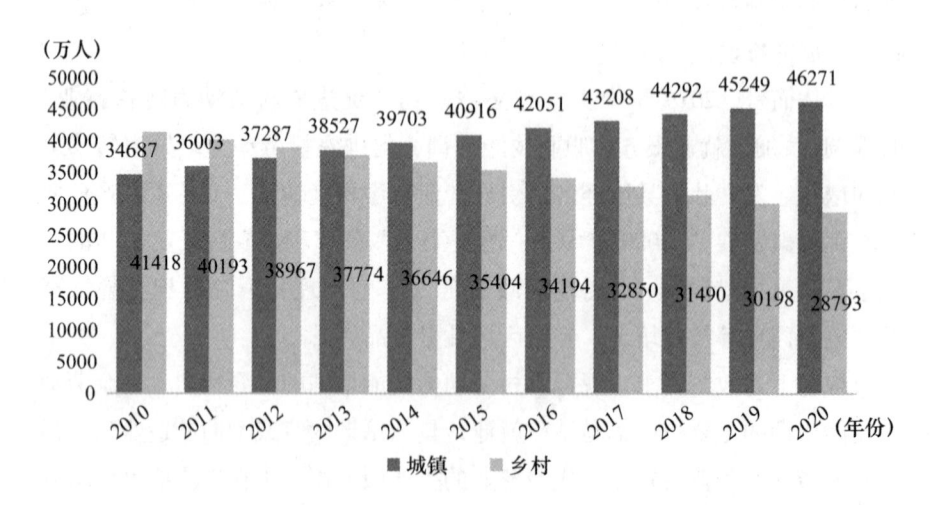

城市人口（万人）：
- 2010: 66978
- 2011: 69927
- 2012: 72175
- 2013: 74502
- 2014: 76738
- 2015: 79302
- 2016: 81924
- 2017: 84343
- 2018: 86433
- 2019: 88426
- 2020: 90199

乡村人口（万人）：
- 2010: 67113
- 2011: 64989
- 2012: 63747
- 2013: 62224
- 2014: 60908
- 2015: 59024
- 2016: 57308
- 2017: 55668
- 2018: 54108
- 2019: 52582
- 2020: 50979

图1—2 城乡就业分布②

城镇就业（万人）：
- 2010: 34687
- 2011: 36003
- 2012: 37287
- 2013: 38527
- 2014: 39703
- 2015: 40916
- 2016: 42051
- 2017: 43208
- 2018: 44292
- 2019: 45249
- 2020: 46271

乡村就业（万人）：
- 2010: 41418
- 2011: 40193
- 2012: 38967
- 2013: 37774
- 2014: 36646
- 2015: 35404
- 2016: 34194
- 2017: 32850
- 2018: 31490
- 2019: 30198
- 2020: 28793

---

① 数据来源于国家统计局网站（http：//www.stats.gov.cn）的年度数据。
② 数据来源于国家统计局网站（http：//www.stats.gov.cn）的年度数据。

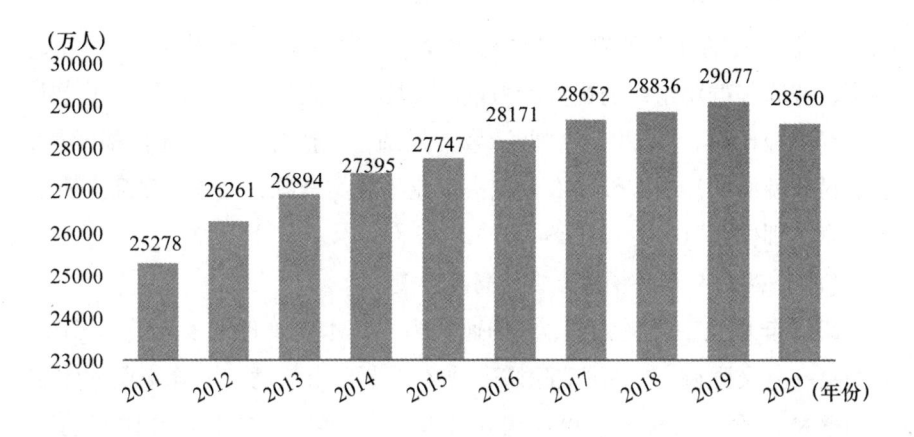

图1—3 全国农民工总量①

三 乡村人力资源开发需要构建高质量发展机制

乡村人力资源开发的优先性和素质能力全面跃升的目标定位都需要有效的体制机制保障。因此，在乡村振兴战略的整体部署中，创新乡村人力开发体制机制是其重要内容，相关安排涉及开发主体、开发活动等各个方面，其核心追求是为乡村人力资源开发建立系统的制度规范，构建城乡一体的人力资源开发体系。

（一）坚持党的领导，各部门分工负责，相关各方广泛参与

一是乡村人力资源开发组织领导机制的关键和核心是坚持党的领导。2018年中央一号文明确"坚持和完善党对'三农'工作的领导"，强调要"健全党委统一领导、政府负责、党委农村工作部门统筹协调的农村工作领导体制"。中办发2021年9号文对乡村人才工作的组织领导体制做出了明确安排："建立党委统一领导、组织部门指导、党委农村工作部门统筹协调、相关部门分工负责的乡村人才振兴工作联席会议制度。"基于人才开发与人力资源开发的一体性特征，中办发2021年9号文明确了乡村人才振兴的领导体制和相关具体工作的责任机制，也就明确了乡村人力资源开发的领导体制和相关具体工作的责任机制。

二是乡村人力资源开发需要聚力各方发挥作用。2018年中央一号文

---

① 数据来源于2011—2020年的中华人民共和国国民经济和社会发展统计公报。

指出，要"鼓励社会各界投身乡村建设"，"发挥工会、共青团、妇联、科协、残联等群团组织的优势和力量，发挥各民主党派、工商联、无党派人士等积极作用"。2020年中央一号文强调，"整合利用农业广播学校、农业科研院所、涉农院校、农业龙头企业等各类资源，加快构建高素质农民教育培训体系"。

（二）强化人才向乡村聚集的制度力量

2018年中央一号文强调，"畅通智力、技术、管理下乡通道"。2019年中央一号文强调，"坚决破除妨碍城乡要素自由流动、平等交换的体制机制壁垒，改变农村要素单向流出格局，推动资源要素向农村流动"。2020年中央一号文强调，"畅通各类人才下乡渠道，支持大学生、退役军人、企业家等到农村干事创业"。总的来看，各种具体措施大体可以分为两类：

一是以优化管理体制为重点的对策要求。比如，建立统筹使用制度。2018年中央一号文提出："建立县域专业人才统筹使用制度，提高农村专业人才服务保障能力。"在此后的政策文件中，这种表述多次出现。中办发2021年9号文对此项制度进行了系统部署。与此同时，中办发2021年9号文在"乡村规划建设人才队伍建设"的部署中，还提出了"统筹推进城乡基础设施建设管护人才互通共享"的制度设计。再如，推行组团帮扶制度。这是优化我国对口支援制度和劳务协作机制的一项重要要求：中办发2021年9号文强调，推广医疗、教育人才"组团式"援疆援藏的经验做法，逐步将人才"组团式"帮扶拓展到其他艰苦地区和更多领域。

二是以优化开发机制为重点的对策要求。首先，实施新制度，健全制度体系。比如，2018年中央一号文提出："全面建立城市医生教师、科技文化人员等定期服务乡村机制。"中办发2021年9号文进一步深化了此项制度的设计安排，明确提出"建立各类人才定期服务乡村制度"。其次，优化制度安排，强化人才到乡村的激励引导机制，其具体要求体现在如下三个方面：扩大政策适用对象范围；[①] 丰富引导政策工具，比如，拓宽入

[①] 比如，2018年中央一号文提出："建立有效激励机制，以乡情乡愁为纽带，吸引支持企业家、党政干部、专家学者、医生教师、规划师、建筑师、律师、技能人才等，通过下乡担任志愿者、投资兴业、包村包项目、行医办学、捐资捐物、法律服务等方式服务乡村振兴事业。"

口渠道和职业发展空间；① 强化激励引导力度，比如，细化支持分类，精准施策，提高有效激励力度。② 再次，健全完善专项支持计划体系，其典型表现是明确要求，适度实施新的乡村人力支持计划或行动，深入实施、改革实施各类乡村人才支持计划。相关制度要求内容比较丰富，比如，2018年中央一号文提出，"实施乡村振兴'巾帼行动'""深入实施农业科研杰出人才计划和杰出青年农业科学家项目"等。

（三）健全完善乡村人力资源培养机制

乡村人力资源培养机制建设具体指向扩大乡村人才规模、提高乡村人力资源素质能力水平。

一是明确要求构建人力资源培训的目标群体体系。比如，2018年中央一号文提出了以"职业农民、农村专业技术人才、农村科技人才、三农工作人才"为主体的乡村人才构成体系。经过几年发展，中办发2021年9号文搭建了指向培养农业生产经营人才、农村二三产业发展人才、乡村公共服务人才、乡村治理人才、农业农村科技人才五大类十八小类乡村人才的人力资源培养培训对象体系。

二是明确提出构建培养培训的手段工具体系。2018年中央一号文强调，"建立自主培养与人才引进相结合，学历教育、技能培训、实践锻炼等多种方式并举的人力资源开发机制"。针对职业农民培育，2018年中央一号文还强调，"支持新型职业农民通过弹性学制参加中高等农业职业教育"。中办发2021年9号文进一步明确了各类人才培养方式方法。

（四）建立乡村人力资源评价机制

乡村人力资源评价机制建设具体指向乡村人力资源开发的科学化、规范化与普适化，其主要政策目标是将乡村人力资源纳入职称评审和职业技

---

① 比如，2018年中央一号文提出："研究制定管理办法，允许符合要求的公职人员回乡任职。""加快制定鼓励引导工商资本参与乡村振兴的指导意见。""全面建立高等院校、科研院所等事业单位专业技术人员到乡村和企业挂职、兼职和离岗创新创业制度，保障其在职称评定、工资福利、社会保障等方面的权益。"再如，2019年中央一号文提出："探索通过岗编适度分离、在岗学历教育、创新职称评定等多种方式，引导各类人才投身乡村振兴。"中办发2021年9号文提出："健全从乡镇事业人员、优秀党组织书记、到村任职过的选调生、驻村第一书记、驻村工作队员中选拔乡镇领导干部常态化机制。"

② 中办发2021年9号文提出："尊重乡村发展规律和人才成长规律，针对不同地区、不同类型人才，实施差别化政策措施。"

能等级认定制度体系,健全完善我国人力资源评价制度体系,提高乡村人力资源开发现代化水平。

关于职称评审,2018年中央一号文强调,"鼓励各地开展职业农民职称评定试点"。中办发2021年9号文要求"建立健全乡村人才分级分类评价体系"。

关于职业技能等级认定,中办发2021年9号文提出:"实施劳务输出品牌计划,围绕地方特色劳务群体,建立技能培训体系和评价体系。"还强调:"组织农民参加职业技能鉴定、职业技能等级认定、职业技能竞赛等多种技能评价。探索'以赛代评''以项目代评',符合条件可直接认定相应技能等级。按照有关规定对有突出贡献人才破格评定相应技能等级。"与此同时,中办发2021年9号文提出:"鼓励家庭农场经营者、农民合作社带头人参加职称评审、技能等级认定。"

(五) 健全乡村人力资源保障机制

乡村人力资源开发保障机制建设的目标追求具体指向建立健全乡村人力资源保障体系并与城市保障体系对接,逐步建立城乡一体的社会保障体系。

2018年中央一号文要求,"加强农村社会保障体系建设"。主要涉及"完善统一的城乡居民基本医疗保险制度和大病保险制度,做好农民重特大疾病救助工作"。"完善城乡居民基本养老保险制度,建立城乡居民基本养老保险待遇确定和基础养老金标准正常调整机制"。还特别强调,"引导符合条件的新型职业农民参加城镇职工养老、医疗等社会保障制度"。2019年中央一号文要求,"建立健全统一的城乡居民基本医疗保险制度,同步整合城乡居民大病保险。完善城乡居民基本养老保险待遇确定和基础养老金正常调整机制。统筹城乡社会救助体系,完善最低生活保障制度、优抚安置制度"。2020年中央一号文明确,"农民工失业后,可在常住地进行失业登记,享受均等化公共就业服务。出台并落实保障农民工工资支付条例"。还明确要求,"开展新业态从业人员职业伤害保障试点"。2021年中央一号文提出,"完善统一的城乡居民基本医疗保险制度,合理提高政府补助标准和个人缴费标准,健全重大疾病医疗保险和救助制度"。

（六）逐步完善城乡一体的乡村人力资源就业机制

完善乡村劳动力就业机制具体指向城乡劳动力就业制度一元化。其具体路径选择是在持续推进农村人力资源向二三产转移，支持农业生产规模化的基础上，逐步实现乡村人力资源就业从业模式、管理与服务城市化。2020年中央一号文要求，"将符合条件的返乡创业农民工纳入一次性创业补贴范围"。2021年中央一号文提出，"推动乡村医生向执业（助理）医师转变，采取派驻、巡诊等方式提高基层卫生服务水平"。还提出，"健全统筹城乡的就业政策和服务体系，推动公共就业服务机构向乡村延伸"。

第二节 乡村人力资源开发的政策成效与现状

乡村人力资源开发一直是我国人力资源发展工作、"三农"工作的重要组成部分，特别是在脱贫攻坚过程中，乡村人力资源开发取得了长足进步。

一 强化了统分结合、多方联动的体制格局

综观"三农"工作的发展历程，我国乡村人力资源开发的组织领导体系和社会动员机制具有明显的逐步强化态势，集中力量办大事的制度优势得到充分发挥。

（一）形成了强有力的组织领导体系

充分认识乡村人力资源开发在解决发展不平衡不充分问题、全面建设社会主义现代化国家中的重要性，有效发挥乡村人力资源在乡村振兴中的基础性战略性作用，乡村人力资源开发统筹人才工作、"三农"工作及其他相关工作的组织领导体制，强化了组织领导体系。比如，"建立党委统一领导、组织部门指导、党委农村工作部门统筹协调、相关部门分工负责的乡村人才振兴工作联席会议制度"，已经成为上下贯通的乡村人力资源开发和人才发展的体制建设安排。

首先，将基于乡村人力资源开发的乡村人才振兴工作纳入党委人才工作总体部署，党委组织部门指导、党委农村工作部门统筹协调的宏观管理、综合管理机制，形成了强大的乡村人力资源开发工作的领导力和组

织力。

其次，乡村人力资源开发工作责任部门和参与部门众多，形成了强大的决策执行力。比如，根据2021年印发的《贵州省"十四五"农村人力资源开发规划》，除了牵头抓总部门之外，农村人力资源开发工作的具体负责部门和参与部门涉及农业农村、教育、人力资源社会保障、发展改革、林业、国资、工信、财政、科技、文化和旅游、卫生健康、税务、商务、住建、民政、移民、乡村振兴、大数据等部门。

(二) 打造了规模大影响力强的政策集群

从脱贫攻坚开始一直到现在，从中央到地方已经出台的乡村人力资源开发方面的政策文件具有较大体量。无论是党委政府层面，还是部门层面，相关政策都有全面系统特征。比如，都有综合政策、专项业务政策，甚至还有针对具体地区地域、行政层级的政策。

值得关注的是，乡村人力资源开发政策文件具有明显的制定主体层次高、多部门协同特点，政策影响力相对较强。比如，2021年出台的《关于加快推进乡村人才振兴的意见》和《关于向重点乡村持续选派驻村第一书记和工作队的意见》均是中共中央办公厅 国务院办公厅联合发文。再如，大部分激励引导人才到基层、到农村的政策文件都是多部门联合发文。

(三) 汇聚了各方力量广泛参与

注重社会力量动员一直是我们的制度优势。这一优势在乡村振兴背景下的乡村人力资源开发工作中体现得十分明显。比如，2021年印发的《贵州省"十四五"农村人力资源开发规划》明确要求，政府有关部门具体负责，其他部门各司其职、协调配合，"共青团、妇联、残联等人民团体、企业、行业协会、社会组织广泛参与，形成社会各方面力量开发农村人力资源、培养农村人才的工作机制"。

一是公共部门不断强化乡村振兴人才支持。其典型表现是派出了大体量的派驻干部和帮扶人员。"从2013年开始向贫困村选派第一书记和驻村工作队。""截至2020年底，全国累计选派25.5万个驻村工作队、300多万名第一书记和驻村干部。"[①] "从2015年至2020年，东部9个省份与扶

---

① 中华人民共和国国务院新闻办公室，《人类减贫的中国实践》，2021年4月。

贫协作地区互派干部和技术人员13.1万人次。"① 这些干部基本上来自公务员队伍、国有企事业单位工作人员队伍。

二是市场主体和社会组织广泛参与。这在乡村人力资源开发服务事务领域表现尤为明显。仅以农民教育培训体系建设为例，截至目前，我们已经"基本形成了农业农村部门牵头，公益性培训机构为主体，市场力量和多方资源共同参与的教育培训体系"②。具体而言，"各级农广校的支撑作用更加突出，涉农院校投入农业农村人才培养力度更加有力，科研院所、农民合作社、农业企业、农业园区等多元力量参与农民培训更加广泛"③。

三是各类人才积极参与。其典型表现是各类志愿者成为服务乡村振兴的重要力量。

二　完善了措施丰富、对象多元的积极政策体系

根据人力资源的经济属性和乡村人力资源开发的具体实践，在城乡人力资源流动配置方面，乡村是优质人力资源聚集的劣势地区。因此，以激励引导为基本取向，促进乡村本土人力资源素质能力提升和就业、促进各类人才向乡村流动聚集一直是我国人力资源开发政策的重要部署。基于各类政策供应，我们已经形成了覆盖所有开发对象、涉及各类开发行为的乡村人力资源开发的制度框架体系。

（一）建立了框架稳定、措施多样的开发政策工具箱

综合多年以来的政策供应，乡村人力资源开发汇集了就业制度、人事管理制度、人才发展制度等多方面的措施，大体划分为释放就业就职与发展机会、提高薪酬待遇、给予荣誉奖励、完善社会保障、提供发展资源、提高素质能力、减轻发展负担等七大类。其中，每一类均包含若干具体工具手段。比如，释放就职就业与发展机会，就包括降低就职就业门槛、扩大岗位规模、放宽职务晋升条件等。

---

① 中华人民共和国国务院新闻办公室，《人类减贫的中国实践》，2021年4月。
② 《农业现代化辉煌五年系列宣传之十九：高素质农民 农业现代化主力军》，http://www.ghs.moa.gov.cn/ghgl/202106/t20210611_6369491.htm。
③ 《农业现代化辉煌五年系列宣传之十九：高素质农民 农业现代化主力军》，http://www.ghs.moa.gov.cn/ghgl/202106/t20210611_6369491.htm。

（二）强化了多元激励、多点聚焦的优质人力资源供应机制

总的来看，乡村人力资源开发政策经历了激励对象范围不断拓展的发展过程。截至目前，激励对象覆盖乡村就业预备群体、就业群体、返乡入乡干事创业者群体、相关用人单位和服务机构等主体，基本覆盖了所有乡村人力资源群体，具体开发行为则覆盖了人力资源就业就职、教育培训、流动配置、职业发展、薪酬待遇、社会保障等全链条的各个方面。

一是针对乡村人力资源的开发举措。这些政策措施旨在形成乡村人力资源生存与发展的比较优势，强化人才向乡村自主聚集动力。具体而言，这些措施可归集在如下两个方面：一方面，促进人力资源就业与职业发展。主要包括释放就职就业与发展机会、提供发展资源、降低发展负担、提高素质能力等，其核心追求是强化乡村人力资源就业与发展竞争力。另一方面，提高待遇，主要包括提高薪酬水平、提供社会保障等，其核心追求是形成乡村人力资源的人力资本回报比较优势。

二是针对用人单位的措施。这些政策措施旨在强化乡村吸纳劳动者就业和人才干事创业的动力。相关措施集中在提供发展资源、促进用人单位发展方面。比如，通过提供贷款担保和贴息、优先安排资金等措施鼓励企业吸纳包括高校毕业生、就业困难人员就业；通过提高事业单位中高级职称岗位比例、设置特殊岗位、提供人员编制等措施支持用人单位引进和留住相关专业技术人才。这些措施的目的是扩大劳动力就业和人才工作发展机会，提高乡村对优质人力资源特别是高素质和高层次人才的保有量。

三是针对服务机构的政策措施。这些措施旨在提高人力资源供给质效。相关措施集中在提高人力流动和配置服务能力等方面，发挥作用的主要方式是履职服务或购买服务，其核心追求是提高乡村人力资源的岗位适配能力，目的是提高人力资源配置精准度和有效性。

（三）提供资源、释放机会、提高待遇是比较常用的政策工具

通过对中央层面出台的激励引导人才向基层流动的 57 份政策文件的分析发现，在这些文件中涉及提供发展资源的 54 份、释放就业就职与发展机会的 52 份、提高薪酬待遇的 44 份、提高发展能力的 31 份、完善社会保障的 30 份、给予表彰奖励的 16 份、减轻发展负担的 15 份，分别占文件总量的 94.7%、91.2%、77.2%、54.4%、52.6%、28.1% 和 26.3%。见图 1—4。

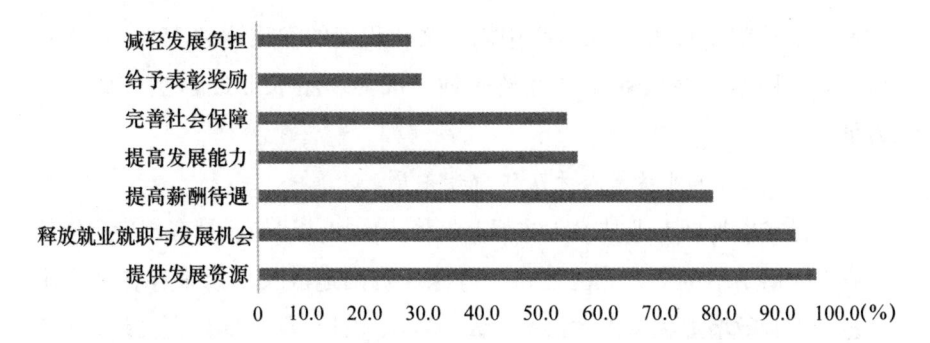

图1—4 激励引导人才向基层流动政策措施分布

三 政策效应显现，乡村人力资源保障发展的能力稳步提高

经过持续不断的努力，特别是脱贫攻坚，乡村优质人力资源得到有效补充，规模稳步扩大，成为促进农村农业现代化发展、城乡公共服务均等化、基层治理能力提升的重要支撑。

（一）乡村劳动者的就业能力稳步提高

"十三五"时期，全国共组织开展补贴性职业技能培训近1亿人次。其中，培训农民工超过4000万人次、贫困劳动力超过900万人次。[1] 贵州省人力资源和社会保障厅的数据显示，2019年以来，贵州全省各级各部门共培训农村劳动力327.72万人次。[2] 这些培训以提升就业素质和就业能力为主要内容，目的是提升农民工在岗就业技术技能，提高包括贫困劳动力在内的乡村存量劳动力转移就业的素质和能力。

（二）高素质农民群体不断扩大

截至2019年年底，全国农村实用人才总量约2300万人；[3] "十三五"期间，以现代青年农场主、产业扶贫带头人、新型经营主体带头人和返乡回乡农民为重点，累计培育高素质农民500万人；[4] 到2020年年底，全国

---

[1] 《人力资源社会保障部 教育部 发展改革委 财政部关于印发"十四五"职业技能培训规划的通知》，http://www.gov.cn/zhengce/zhengceku/2021-12/17/content_5661662.htm。

[2] 《2019年以来贵州累计开展职业技能培训327.72万人次》，https://baijiahao.baidu.com/s?id=1720111052868000929&wfr=spider&for=pc。

[3] 《农业现代化辉煌五年系列宣传之一：农业现代化成就辉煌 全面小康社会根基夯实》，http://www.jhs.moa.gov.cn/ghgl/202105/t20210508_6367377.htm。

[4] 《农业现代化辉煌五年系列宣传之十九：高素质农民 农业现代化主力军》，http://www.jhs.moa.gov.cn/ghgl/202106/t20210611_6369541.htm。

高素质农民超过1700万人,高中以上文化程度的占比达到35%,[①] 大批高素质农民活跃在农业生产经营一线,成为新型农业经营主体的骨干力量。

(三) 基层专业技术人才队伍质量齐升

一是贫困地区专业技术人才保有量稳步增加。比如,具有相应资质的专业人才供给不足是"三区三州"等深度贫困地区长期以来存在的突出问题。为有效增加相关人才供给,人力资源和社会保障部出台文件,对7项基层急需的专业人才职业资格考试实行单独划线。这一政策已经产生了良好效果:"在过去的一年里,单独划线政策,为贫困地区增加了7000多名获得职业资格证书的人员,增幅达158.03%。"[②]

二是人才能级结构和学历结构有优化。随着职称制度改革不断深化,特别是"双定向"政策的实施,基层特别是贫困地区专业技术人才的职称结构不断优化,具有高级职称的专业技术人才数量有所增加,占专业技术人才总量的比重有所提高。

另以基层卫生人才队伍发展为例。有数据显示,"十三五"期间,基层卫生人才总量由360.3万人增加到434万人,年均增长3.8%。其中,卫生技术人员由225.8万人增加到312.4万人,年均增长6.7%;基层医疗卫生机构执业(助理)医师由110.2万人增加到153.6万人,年均增长6.9%;注册护士由240.8万人增加到338.9万人,年均增长10.3%;技师数量增加13.2万人,年均增长6.1%;高于同期医院执业(助理)医师(6%)、注册护士(7.1%)和技师的增速。[③]

(四) 乡村治理人员队伍素质明显提升

一方面,由于国民素质普遍提升;另一方面,随着引导大学生到基层的政策实施,以及大批退役军人和下派干部等群体返乡入乡,乡村治理人才构成日益多元化,整体素质能力提升明显。在此,仅以村干部为例予以说明。

[①] 《农业现代化辉煌五年系列宣传之一:农业现代化成就辉煌 全面小康社会根基夯实》,http://www.jhs.moa.gov.cn/ghgl/202105/t20210508_6367377.htm。

[②] 《让更多人才在贫困地区扎根》,《人民日报》2020年6月8日。

[③] 数据来源于2016—2021年卫生健康统计年鉴。

一是总体学历水平有提高。随着镇级统一招聘村干部比例的提高以及大学毕业生的招录，越来越多的大专、本科学历的人员加入村干部队伍。与此同时，一些在职村干部也依托自学考试、成人高考、"一村一名大学生"培育计划等制度平台提升了学历水平。

二是以退役军人为代表的高素质的返乡青年成为村干部的重要来源。来自2021年12月18日召开的"贵州省退役军人服务保障体系建设和有关工作运行情况"新闻发布会的信息，"目前，贵州省共有'兵支书'9226人。其中，担任村党组织书记的2000余人，占村'两委'中退役军人村干部总数的近30%；担任村主任的1000余人，占村'两委'中退役军人村干部总数的14%"①。另有数据显示，山东省村（居）党组织书记中，有15627名是退役军人。②

三是大批下派干部成为乡村振兴的一支重要力量。根据党中央的决策，脱贫攻坚战结束后，坚持"四不摘"原则，向贫困地区下派干部的政策仍将继续执行。因此，下派干部依然是乡村治理的重要力量。

（五）在乡入乡返乡创业呈现发展态势

2020年，全国返乡入乡创业创新人员达到1010万人左右，比2019年增长了160万人，增幅为18.8%；③在乡创新创业人员3000多万人。④国家市场监督管理总局的数据显示，2020年农民专业合作社总量为222.1万户。⑤麦可思—中国应届大学毕业生培养质量跟踪评价数据显示，⑥2020届返回家乡所在县（市）创业的大学生占创业毕业生的比重比2016届提高了1个百分点，见表1—1；全国160个国家乡村振兴重点帮扶县

---

① 贵州省退役军人事务厅：《让贵州"兵支书"经验成为全国样板》，https：//baijiahao.baidu.com/s? id = 1686405116035959093&wfr = spider&for = pc。

② 孟良崮下"兵支书"——刘元华：老百姓认可，这份事业就值。https：//baijiahao.baidu.com/s? id = 1689388227118837877&wfr = spider&for = pc。

③ 《农业现代化辉煌五年系列宣传之二十二：返乡创业热 农民增收多》，http：//www.jhs.moa.gov.cn/ghgl/202106/t20210622_ 6370060.htm。

④ 《农业现代化辉煌五年系列宣传之一：农业现代化成就辉煌 全面小康社会根基夯实》，http：//www.jhs.moa.gov.cn/ghgl/202105/t20210508_ 6367377.htm。

⑤ 《2020年全国市场主体发展基本情况》，https：//www.samr.gov.cn/zhghs/tjsj/202106/t20210611_ 330716.html。

⑥ 样本累计覆盖800余所高校（其中本科院校300余所、高职校院500余所），涵盖全国30个省、自治区、直辖市。

的返乡创业毕业生占创业毕业生的比重 2020 届比 2016 届提高了 5 个百分点，见表 1—2。与此同时，乡村创业平台持续发展、创业科技含量稳步提高。

表1—1　返乡创业的毕业生占创业毕业生的比重（毕业半年后）　单位：%

学历层次	2016 届	2017 届	2018 届	2019 届	2020 届
本科	27	26	27	27	26
高职	32	32	33	33	34
合计	30	30	31	31	31

表1—2　160 个国家乡村振兴重点帮扶县的创业毕业生中，返乡创业的占比（毕业半年后）　单位：%

学历层次	2016 届	2017 届	2018 届	2019 届	2020 届
本科	20	22	21	23	26
高职	29	31	29	31	34
合计	27	28	27	29	32

（六）乡村人力资源职业发展机会和空间明显拓展

乡村人力资源职业发展空间拓展呈现多种方式。

一是适当提高基层事业单位中、高级专业技术岗位结构比例，推行"定向评价定向使用"制度，使基层专业技术人员有更多机会获评更高层级职称。来自人力资源和社会保障部的数据显示，到 2019 年年底，"三区三州"共有 18361 人通过高级职称评审；[1] 另据《中国组织人事报》报道，甘肃依据"双定向"政策，经过 2018 年、2019 年评审，分别有 7813 人、8204 人获全省县以下基层有效高级职称。[2]

---

[1] 《超 1.8 万人获高级职称！职称评审改革打出脱贫攻坚"人才牌"》，https：//baijiahao.baidu.com/s?id=1668662514783566276&wfr=spider&for=pc。

[2] 《甘肃为一线艰苦单位量身定做职称倾斜政策"双定向"让基层人才搭上"快车道"》，《中国组织人事报》，2020 年 9 月 23 日。

二是通过"三放宽一允许"①政策，使原来没有报考资格的部分年轻人获得了报考基层事业单位的机会。2017—2019年，全国31个省（区、市）艰苦边远贫困地区县乡事业单位共组织招聘5541次，招聘741009人。"其中，采取面试、直接考察招聘135131人，招聘本地或周边县市户籍（生源）463899人，基层服务项目专项招聘58667人，招聘建档立卡贫困家庭大学生6094人。"②湖南省人民政府网站2019年3月份的有关信息显示，2018年对51个贫困县和84个民族乡执行艰苦边远地区事业单位公开招聘政策，选拔了9225名懂乡情、能够长期扎根服务贫困地区的人才，加强对这些地区的人才智力支撑。③

三是实行从优秀村干部中考录选拔乡镇公务员制度，畅通了村干部的职业上升渠道。

四是农民通过职称评定成为专业技术人员，获得了更多发展可能。今年浙江省109名新晋农业正高级职称人员中，有4名农民。④

第三节　乡村人力资源开发亟待解决的主要问题

尽管我国乡村人力资源开发已经取得了巨大成绩，但相对乡村振兴的需求而言，乡村优质人力资源总量不够、结构不优、供应乏力等问题依然突出，创新完善乡村人力资源开发政策任务依然艰巨。

---

① 《中共中央组织部、人力资源和社会保障部关于进一步做好艰苦边远地区县乡事业单位公开招聘工作的通知》规定，凡是国家确定的集中连片特殊困难地区的县、国家扶贫开发工作重点县，均使用此项政策：招聘县乡事业单位管理人员和初级专业技术人员，年龄可以放宽到40周岁以下；招聘中、高级专业技术人员，可以根据工作需要进一步放宽；招聘乡镇事业单位工作人员，学历最低可以到高中、中专（含技工学校），但不突破行业职业准入对学历的要求；招聘乡镇事业单位管理人员，可以不作专业限制；招聘县乡事业单位专业技术人员，可以适当放宽专业要求；可以拿出一定数量岗位面向本县、本市或者周边县市户籍人员（或者生源）招聘，积极探索从优秀村干部中招聘乡镇事业单位工作人员。

② 《人力资源和社会保障部：过去三年艰苦边远贫困地区县乡事业单位招聘逾74万人》，http://www.ce.cn/xwzx/gnsz/gdxw/202007/23/t20200723_35383898.shtml。

③ 《湖南完善贫困地区人才激励政策 事业单位招聘实行"三放宽一允许"》，http://www.hunan.gov.cn/hnyw/zwdt/201903/t20190316_5296050.html。

④ 《史上首次！浙江4名"职业农民"评上正高职称》，https://baijiahao.baidu.com/s?id=1674257674860188611&wfr=spider&for=pc。

一 二元特征明显，城乡一体化开发取向需要强化

现行乡村人力资源开发，仍然习惯从服务城市发展的角度考虑。这在乡村劳动力就业、职业化发展和教育培训等方面均有明显表现。

（一）就业管理存在乡村劳动力边缘化现象

在我国的就业失业统计中，农民有土地被计算在就业群体之中，且不存在传统意义的失业问题。在现行促进就业政策体系中，涉及的重点对象包括城镇失业人员、进城务工的农民工、高校毕业生、失地农民、有转移就业愿望的农村富余劳动力、农村贫困劳动力等，并非全体农民群体。另外，由于相关法律，如《劳动法》《劳动合同法》等只适用于有用工关系的劳动者，而农民属于土地上的自给自足群体，不适用这些法律，故而长期以来的劳动就业政策并没有涵盖全部农民。

（二）乡村劳动的职业管理水平不高

其典型表现是新形势下乡村劳动的职业归集与细分明显滞后。长期以来，以土地为生存基础的农业产生劳动，自主性、个体性强，与城镇市民就业的高度组织化、规范化有明显差异，分工与职业化程度不高。近年来，随着城市化、现代化加速发展，不仅农业生产出现了土地与劳动者的分离现象，劳动的自主化、个性化程度也逐步降低，基于农业的加工业与服务业亦逐步发展起来。农民劳动分工细化、群体分化以及劳动专业化、职业化程度都在逐步提高，这种情况在"双创"发展过程中、在脱贫攻坚过程中更为突出，农业农村劳动与城镇就业的属性同化态势明显。但从我国职业大典的修订看，在传统农业职业消亡的同时，[1] 已归集职业相对陈旧，技能标准需要适时更新修订，[2] 新兴农业劳动的职业归集、原有职业的裂变细分不够及时，缺乏对农业领域就业新业态、新形态相关工作领

---

[1] 根据《中华人民共和国职业分类大典》2015年修订版，与1999年版的《中华人民共和国职业分类大典》相比，乡村劳动力直接参与的第五大类职业（农、林、牧、渔业生产及辅助人员）消亡数量最多，1999年是135个，2015年修订后变为52个，减少了近61%。

[2] 比如，2019—2020年新增的56个职业中，只有农业职业经理人属于大农业领域。另据2018年版的《国家职业技能标准编制技术规程》，"标准实施后，制定标准的部门应当根据科学技术的发展和经济建设的需要适时进行复审。标准复审周期一般不超过五年"。现行职业技能标准也急需尽快修订。

域、工作内容、理论知识水平、技术技能等级等方面的具体描述，个人职业能力评价缺位，基于此的职业发展空间（流动配置）和通道（进入公共部门）受限，农民群体的职业化、专业化明显不足。

（三）技术技能教育培训偏向城市就业且质量有待提高

这种情况在乡村劳动者的职业教育和培训中都有明显表现。

一是针对乡村发展的职业教育供应不足。不仅普通高等教育中，农业相关专业严重萎缩，在现行职业教育体系中，农技院校萎缩程度也同样严重，农业生产的专业、学科、课程设置和师资配置明显不足。在当前高等教育持续发展、加大力度发展职业教育的过程中，在教育资源的开发配置方面，这种现象仍然没有实质性改变。现代农业发展的技术技能体系缺乏较为全面系统具体的人才培养基础支撑。

二是面向农业产生的技术技能培训供应不足。首先，从农村户籍的劳动力角度看，除高素质农民培训外，就业培训以城镇转移就业技能以及基于此的城市融入为重要内容，全员性农业技术技能培训供应不足，面向现代农业发展的技术技能培训明显缺乏。具体而言，培训品类有限，培训内容体系不健全且针对性不强，培训质量有待提高，不能满足产业兴旺的多样化和现代化要求。此外，相对城镇就业群体的培训而言，培训方式不够丰富、培训师资力量强度不够到位。其次，从城镇户籍的就业群体角度看，无论是创业培训还是就业培训，基本是面向城市就业创业的技术技能培训，整体缺乏面向乡村的分类而又专业的就业创业培训。

三是针对乡村劳动力的素质培训供应不足。其典型表现是针对文化水平偏低的乡村劳动力，扶志扶智的教育培训需要进一步加强。一方面，有一部分人长期不接受培训，如就业意愿不够强烈的那部分人；另一方面，培训内容系统性和多样化不强、培训方式个性化和适应性不够，培训效果不够理想。

（四）城乡社会保险制度不能有序对接

尽管我国一直在努力提高社会保险的城乡一体化程度，但到目前为止，社会保险的城乡二元特征依然明显。

一是根据现行法律法规，工伤保险和失业保险只覆盖标准劳动关系人群，包括农村农业劳动者在内的大量非标准劳动关系群体被排除在工伤保险和失业保险之外。

二是城乡就业者养老保险实行两种制度。农村劳动力适用农村居民基本养老保险制度，城镇就业者适用城镇职工基本养老保险制度。相对而言，农村居民养老保险总体水平不高，且缺乏正常增长机制。

三是农村居民养老保险和城镇职工基本养老保险转移接续存在制度障碍。乡村劳动力向城镇非农产业转移后，如果选择参加城镇职工基本养老保险，只能先退出城乡居民养老保险，再以新进人员身份参加城镇职工基本养老保险。

二 人才短板突出，城乡人才环流需要强化支持

城乡公共服务均等化的一个重要基础是城乡公共服务人才的配置合理和同质化；农业现代化离不开高素质的基层农业科技人才和具有一定科技素养的乡村劳动力；强化执政基础、提高基层治理能力必须依靠高素质的乡村治理人才。但总体来看，乡村人才的供需矛盾仍然十分突出，促进乡村人力资源开发，提高乡村人才保有量和质量，亟待进一步创新优化政策。

（一）人才不足与招人难并存

我们仅从如下几个人员供应问题比较突出的层面进行观察。

从乡村卫生人才层面看。2020年，基层卫生技术人员占全国卫生技术人员的29.3%。要达到基层医疗卫生机构诊疗量占总诊疗量65%的比例，基层卫生人员缺口非常大。其中，乡村卫生人员不足是重要因素之一。"十三五"时期，全国卫生人员增量中，基层卫生人员增量占26.5%，远低于医院的增量占比（71.2%）；而在基层卫生人员中，社区卫生服务机构、乡镇卫生院、门诊部、诊所卫生人员占人员总量的比重分别增加0.9个百分点、-1.3个百分点、4.9个百分点、4.4个百分点。与此同时，基层卫生服务对年轻卫生人才的吸引力不够，新补充的年轻人明显不足。2020年乡镇卫生院34岁以下执业（助理）医师比例为22.7%，比5年前增加3.5个百分点，比2005年下降22.3个百分点。与此同时，村卫生室人员不断老化问题突出，2018年村卫生室人员中60岁

以上的占比接近24%。①

从乡村教师队伍层面看。有的地方村小和教学点难以获得优秀师资，尤其是位置偏僻的村小和教学点，师资短缺问题更为突出，这是整个义务教育阶段师资最为薄弱的地方。2006年以来，国家启动实施农村教师特岗计划，吸引优秀青年到乡村学校任教。截至2021年，"特岗计划"实施16年来已为中西部地区乡村学校补充特岗教师103万人，②但他们中仍有很多人要同时承担多门课的教学任务。

从基层农业技术人才层面看。农技人才、农村技术能人不足已经成为现代农业发展的瓶颈问题，每年需要大量的科技特派人员和专家下基层服务。

(二) 高素质人力资源不足与需求紧迫并存

实现城乡一体化发展，乡村人力资源素质不高问题更显突出，下面仅从如下几个视角加以说明。

从城乡劳动力素质角度看。总的来看，乡村就业人员文化程度偏低。乡村就业人员中高中以上文化程度的占12.7%，城镇就业人员中高中以上文化程度的占56.5%，二者相差甚远。③

从城乡居民的科学素质角度看。第十一次中国公民科学素质抽样调查显示，2020年城镇居民和农村居民中具备科学素质的占比分别为13.75%和6.45%，城镇居民比农村居民高出7.3个百分点。④

从基层卫生人才的素质角度看。截至2020年年底，社区卫生服务机构卫生技术人员中，本科及以上学历的达到32.3%；乡镇卫生院本科及以上学历卫生技术人员占22.2%。⑤城乡差距是10.1个百分点。

从乡村教师的素质角度看。到2019年，全国小学、初中、普通高中

---

① 数据来源于2016—2021年卫生健康统计年鉴；国务院：2017年基层医疗机构诊疗量占比超65%，http://m.news.cntv.cn/2015/09/14/ARTI1442211812117100.shtml。

② 《"特岗计划"为中西部乡村学校补充103万名教师》，https://www.chinaxiaokang.com/xczx/junxianredian/2022/0906/1353427.html。

③ 根据《中国劳动统计年鉴2021》相关数据计算，数据截止日期为2020年年末。

④ 《中国公民具备科学素质比例达10.56% 完成"十三五"预期发展目标》，https://baijiahao.baidu.com/s?id=1689995096866181691&wfr=spider&for=pc。

⑤ 数据来源于2016—2021年卫生健康统计年鉴。

教师本科及以上学历者分别达到62.5%、87.4%、98.6%。[1] 与此同时，在乡村教师队伍中，本科以上学历的占比为51.6%。[2] 乡村教师中具有本科以上学历人员的占比分别低于全国小学、初中、高中教师中同类人员占比的10.9个、35.8个、47个百分点。

（三）优质人力资源外流严重和回流乏力并存

从人力资源外流角度看。截至目前，农村优秀青年人力资源外流依然是主导态势。比如，农村治理队伍年龄老化、文化程度偏低是普遍现象，尤其是欠发达地区这种情况更为严重，部分优质乡村治理人才是外部输入人才。目前，除了第一书记、驻村干部，海南等地开始实行乡村振兴协理员制度。再如，优秀基层公共服务人才流失也是一个不争的事实，基层教师一旦获评高级职称或获得相关称号，往往或设法上调或被其他教育机构挖走。

从优质人力资源回流角度看。尽管农民工务工半径在缩小，但返乡就业创业者比例不大。更为重要的是，以大学生为代表的高素质青年人返乡数量仍然不具规模。麦可思—中国应届大学毕业生培养质量跟踪评价数据显示，[3] 本科和高职高专毕业生毕业半年后，返乡创业人员占创业毕业生总量的比重2020届比2016届仅提高了1个百分点（见表1—1）。虽然160个国家乡村振兴重点帮扶县的数据发展态势好于全国总体水平（见表1—2），但规模依然不大。具体而言，在全体毕业生中、在就业的毕业生中，返乡创业者的占比均呈下降态势，见表1—3、表1—4。

表1—3　全体毕业生中，返乡创业人群的占比（毕业半年后）　　　单位：%

学历层次	2016届	2017届	2018届	2019届	2020届
本科	0.6	0.5	0.5	0.4	0.3
高职	1.2	1.2	1.2	1.1	1.0
合计	0.9	0.8	0.8	0.7	0.6

---

① 《教师这个饭碗有多"香"？》，https://www.eol.cn/shuju/uni/202109/t20210909_2153367.shtml。

② 《教育部2020年第二场金秋新闻发布会图文直播》，http://www.moe.gov.cn/fbh/live/2020/52439/twwd/202009/t20200904_485267.html。

③ 样本累计覆盖800余所高校，其中本科院校300余所，高职院校500余所，涉及全国30个省、自治区、直辖市。

表 1—4　就业的毕业生中，返乡创业人群的占比（毕业半年后）　单位:%

学历层次	2016 届	2017 届	2018 届	2019 届	2020 届
本科	0.8	0.7	0.7	0.5	0.4
高职	1.4	1.4	1.4	1.3	1.3
合计	1.1	1.1	1.1	0.9	0.8

注：就业人群包括"受雇工作""自由职业""自主创业"三类。

（四）组织领导机制和基础保障机制需要进一步健全完善

一是现行组织领导机制建设的政策安排需要更好地落实落地。比如，乡村人才发展的指导职责、统筹协同职责如何落地，需要进一步健全完善具体运行机制。

二是乡村人力资源的统计调查机制需要顶层设计。比如，现行乡村人力资源统计监测的地区差异明显，相关数据的高效共享交换缺乏对接条件，影响数据的综合使用和深度开发，进而影响相关决策的数据支持精准度。

三是乡村人力资源开发服务支持不足。在基础建设层面，比如，基层公共就业服务平台建设有待进一步加强完善，服务人员少、专业化程度不高且不够稳定、网络设施跟不上等问题比较突出。再如，在具体服务事项方面，创业服务比较薄弱，创业资金不好筹、创业用地不易拿、创业平台与物流服务水平不够高、公共实训基地不足等问题都有一定表现。

四是乡村新业态新形态从业人员权益保障不到位。新型城镇化发展必然伴随乡村劳动力就业的转移转型，新业态新形态就业人员大量增加。在原有社会保险城乡二元体制背景下，乡村劳动者的新业态就业和新形态就业均缺乏有效的权益保护。

三　协同不足，引导人才向乡村流动政策有序性需要提升

长期以来，在政策供应方面，引导人才向基层流动的关注点主要在扩大政策受益范围和提高激励力度方面，但对政策的有效性与有序性方面的考虑总体偏弱。

（一）公共服务需求与人才素质能力适配性亟待提高

根据当前政策，为解决基层和艰苦边远地区吸引和留住人才难的问

题，艰苦边远地区基层事业单位招聘人员实行"三放宽一允许"政策。这一政策的实施，确实有助于缓解艰苦边远地区基层特别是乡村公共服务单位招人难留人难问题。但此制度存在一定的功能需求短板：降低人员素质能力要求，在一定程度上，会造成城乡之间、艰苦边远地区和其他地区之间公共服务提供的起点差异。从长远看，对公共服务均等化发展有一定影响。目前，相关问题已经显现。有的地方反映，有些依据"三放宽一允许"政策聘用的人员素质能力与岗位需求特别是专业能力需求有一定差距。

（二）制度镶嵌与协同有待进一步强化

一是基本人事管理制度与专项支持制度需要加强协同。现行鼓励人才向基层流动的政策措施比较多，比如，有免费师范生、医学生等培养制度，还有特岗教师、"三支一扶"人员、"西部志愿者"等大学生基层服务制度。适用于这些制度的人员在服务期满后均有进入公共部门的特惠安排。还需要特别说明的是，目前，特岗教师和"三支一扶"人员招用与期满后的流动安置高度衔接。一定意义上说，这些政策行为具有公共部门人员提前储备招录和招聘属性。就此而言，这些制度承担了部分公务员公开招考和事业单位工作人员公开招聘的制度功能，如何有效保持基本人事制度的公平性与权威性、公共部门人员的高素质，需要在制度衔接方面进行有序安排。

二是基层公共服务人员薪酬福利制度合理性需要进一步提高。首先，工资与津贴协同性问题。现行津贴制度规范不能有效回应现实工作的回报需求。比如，乡村教师不足形成的人员劳动代偿问题、艰苦边远地区乡村学校教师工作繁杂与艰苦性的补偿问题等。其次，津贴与职务协同性问题。津贴不够细化且与职务挂钩程度较强，进而产生一些寄生性问题，比如，对吸引青年人才的激励作用不够大；不利于留住年资高但职务职称不高的骨干人才；容易刺激扩大中高级岗位规模、提高职称能级的冲动。最后，对长期在乡村工作的公共服务人才退出的薪酬福利激励考虑不足，鼓励优秀人才长期在乡村工作的动力不足。

三是现行毕业生基层服务项目人员待遇和服务期满后安置政策的合理性有待提高。公共服务岗位的人员高素质需要与其在职或服务期满后安置措施的匹配度不够高。比如，在职待遇方面，这部分人员比照的是当地新入职人员的水平,而不是高素质人员新入职的水平;再如,除进入公共部门的特惠政策外,其他服务期满后的安置措施含金量不够高:一方面,一部分人必然要面临二次职业选择;另一方面,对志愿服务缺乏良好的普适性人力资本回报机制构建。因此,总的来看,这些政策对高素质高校毕业生的吸引力还需要加强。

(三)引导和促进人才到基层服务制度有待细化和规范化

仅以教育领域的"县管校聘"和卫生领域的"县管乡用"制度为例。这两项制度的重要指向之一是优化并保障乡村优质公共服务人才配置,但到目前为止,相关政策落实还不够到位,基于人员有序流转的公共服务均等化和人才发展公平性的制度功能没有得到充分有效发挥。总体而言,除制度实施初期需要有制度转换适应期外,有些具体措施的可操作性、精准度、规范性等还需要提高。比如,对有关人员到基层服务一年时间的具体方式、适用范围等缺乏细化说明,落实效果有待提高。再如,床位比、师生比等标准的适用范围问题以及基于此的编制统筹等问题,都需要根据公共服务均等化要求以及人口老龄化、人员流动化等现实变化做出具体规定。

第四节 优化乡村人力资源开发机制的主要路径

优化乡村人力资源开发机制,需要尊重乡村发展规律和人力资源开发规律,对标国家战略发展需求,坚持问题导向,强化系统思维和创新思维,在构建城乡一体化的乡村人力资源开发模式上下功夫。

一 努力弥合差异,健全完善统筹城乡的就业促进机制和社会保险制度

其核心是破除城乡二元体制,逐步构建并不断完善城乡一体化的就业促进机制和社会保险机制。

(一)建立健全城乡一体化的就业促进机制

一是建立覆盖城乡劳动者的就业制度。破除城乡劳动者身份界限,基于劳动者就业形态,以职业视角,完善现行就业制度,将乡村劳动者纳入就业制度体系。

二是建立城乡一体化的劳动力统计监测机制。创新劳动力统计监测制度，将乡村劳动者全部纳入就业统计范畴；建立城乡统一的劳动力调查制度，重构现行城乡劳动力调查要素体系，依托基层公共就业服务平台，在摸清农村人力资源底数的基础上，建立城乡一体化的劳动者数据体系。

三是将乡村劳动力统一纳入就业促进和帮扶体系。在做好富余劳动力转移就业和贫困劳动力就业帮扶工作的基础上，有序开发现代农业、特色农业和乡村一二三产业融合发展领域的高质量就业岗位，拓展公共服务和市场服务领域，构建乡村就业岗位与劳动力配置体系，提高乡村就业供需匹配效率效能。

（二）逐步统一城乡社会保险制度

一是改革职工基本保险制度，扩大人员覆盖范围，参照现行城镇职工基本养老保险模式，将符合相关属性的乡村劳动者纳入职工基本养老保险。

二是将乡村新形态就业劳动者纳入灵活就业群体，在城乡一体化视角下，统一解决城乡灵活就业人员养老保险、职业伤害等社会保险问题。

三是研究土地保障与社会保险保障的衔接关系，建立并完善城乡劳动者的保障转化机制。

二　推动乡村劳动职业化发展，构建整体性乡村劳动者教育培训体系

其核心是坚持城乡并重、三产统筹，完善农业农村职业体系，落实乡村职业技能标准更新机制，合理配置乡村人力资源开发教育培训资源，将乡村人力资源纳入职业技能终身培训体系，建立健全乡村人力资源技能提升机制。

（一）及时梳理农业劳动职业并开展技能技术评价

一是拓宽观测视野，抽象农业农村劳动行为，关注基于农业产业的劳动总体特征、分工发展和边界拓展，尤其要特别关注现代农业发展以及农村一二三产融合发展的新业态新形态就业特点，以国家职业分类体系为基础，可考虑按照"生产经营型、专业技能型、专业服务型"的新型农民结构体系，建立乡村劳动力职业分类体系，进行职业分离和归集，并在此基础上，完善农业农村职业群，明确职业属性及其素质能力要求，不断完善包括乡村职业在内的农业农村职业技能标准体系，特别是要及时更新职

业技能标准。

二是强化动力机制，动员组织农民参加职业技能鉴定、职业技能等级认定、职业技能竞赛等多种技能评价活动。

三是进一步完善职称体系，基于农业职业群，将新型农民纳入职称评审体系，健全职称管理政府职能体系，在发展职称评审社会化的基础上，进一步畅通渠道，创造条件，支持鼓励农民参加职称评审。

（二）建立面向城乡的高等教育和职业教育体系

一是优化现行高等教育、职业教育资源布局。在高等教育中，根据当期需求和未来发展需要，完善学科与专业体系，强化农业农村发展专业技术人员和管理人员供应适配性。在职业教育中，强化资源配置分析评估，提高农业农村职业教育资源覆盖率并优化区域布局，构建面向所有城乡人力资源的职业教育发展格局。

二是创新发展农业农村职业教育方式。借鉴现行职业教育模式，推行产教融合、大师培养机制、实训基地建设等农业农村技能人才培养方式。例如，充分挖掘试验农场、合作社、家庭农场、专业大户以及新兴的一二三产融合体等主体的农村农业技能人才培养平台功能。创新学习机制和教学机制，建立面向各类农村劳动者有可能接受的职业教育的弹性学习、灵活学习机制；有序开发教材、课程体系，提高师资水平。

（三）补短板，优化乡村人力资源技术技能和素质能力培训体系

一是重构现行职业技能终身培训制度。拓展现行终身职业技能培训对象范围，将乡村劳动者全部纳入职业技能终身培训体系。

二是优化乡村劳动力技能培训机制。兼顾城镇转移就业需求和乡村劳动就业需求，在进一步优化城镇转移就业培训机制的同时，聚焦乡村振兴背景下乡村产业发展需求，对标乡村劳动者职业技能要求，健全乡村劳动者职业技能培训体系和培训机制，重点做好技能培训分类分级体系构建、培训内容体系设计、培训教材体系编制、培训实施机制建设等工作，全面、系统、有序地开展乡村劳动力职业技能培训。

三是针对培训困难群体，以提高素质能力为重点，建立全覆盖扶志扶智培训。坚持结果导向，强化培训激励约束机制；在综合素质培训基础上，梯度开展劳动技能培训；努力准确把握培训需求，丰富创新培训方式方法，强化培训有效性。

三 加大支持力度，鼓励返乡入乡创业

其核心是强化返乡入乡创业动力，促进乡村经济和社会发展，拓展乡村人力资源吸纳和发展空间，形成创业发展与乡村发展互动机制，为乡村振兴提供可持续引擎和动能。

（一）强化培训指导，提高创业质量

一是优化培训指导内容体系。聚焦返乡入乡创业人员素质能力特点，构建培训指导内容体系，强化培训指导的需求回应性。

二是强化培训指导师资。强化理论培训，建立一支懂农业、爱农村、爱农民的返乡入乡创业理论培训导师队伍；强化实践指导，建立一支以就业服务机构有关人员、乡村各类创业者为主体的返乡入乡创业实践导师队伍。

三是创新培训指导方式。注重培训指导时效，强化仿真培训和创业指导针对性，提高返乡入乡创业培训指导实操性，提升返乡入乡创业质量。

四是强化创业项目选择支持。加大返乡入乡创业项目库建设力度，扩大项目规模、创新丰富创业项目种类，提高项目分布合理性，提高项目推介质量。

（二）提升可获得性，加大创业融资支持力度

一是结合返乡入乡创业群体实际，拓展贷款担保范围，将农村集体土地承包经营权、农村宅基地使用权等各类农村产权纳入融资担保抵押范围，加大对返乡入乡创业活动的融资支持。

二是设立返乡入乡创业基金。政府设立返乡入乡创业基金，鼓励更多社会资本进入返乡入乡创业支持领域，扩大创业项目支持规模，提高支持力度，有效降低返乡入乡创业融资门槛。

三是强化创业资金使用跟踪系统。一方面，优化完善创业融资使用评估机制，提高资金使用效率效能；另一方面，根据创业实践，有的放矢地强化创业培训指导。

（三）优化公共服务，强化创业保障

一是加快返乡入乡创新创业园区、孵化实训基地等平台载体建设。坚持开发利用已有平台资源和建设电商服务站等新平台并重，集聚资源要

素、配套基础设施、完善服务功能，为返乡入乡创业提供支持服务，帮助返乡入乡人员顺畅创业，特别是支持新业态新形态创业。

二是统筹乡村土地使用，盘活农村闲置宅基地和闲置住宅等资源，在城镇化进程中，因时因地制宜，合理保障乡村创业用地。

三是强化基层就业创业服务平台服务能力建设，强化创业信息服务，支持有关部门建立公共网络创业信息服务平台，帮助创业者及时、便捷地获取创业项目信息和市场信息。完善创业失败包容机制，减轻创业负担，降低创业成本，保护创业积极性。

四 健全完善政策，强化城乡环流的乡村优质人力资源吸聚机制

其核心是坚持乡村事业发展与人才发展并重以及补偿性激励、保障性激励和发展性激励兼顾，发挥政府职能作用，健全完善政策体系，强化优质人力资源到乡村干事创业动力机制，形成乡村优质人力资源持续供应机制，克服乡村人力资源吸聚劣势。

（一）优化专项激励引导政策

一是优化特岗教师、"三支一扶"等大学生基层服务项目管理制度。坚持高素质取向和高水平补偿相结合，提高乡村公共服务人才供应质量和服务期满后职业发展预期、与事业单位基本人事管理制度的协同性。将报考资格提高至本科及以上学历，参照事业单位人员公开招聘方式，规范招募考试；优化任职期满流动机制，在实行"三放宽一允许"政策的地区，服务期满报考事业单位的，可直接采取考察方式录用；在不实行"三放宽一允许"的地区，服务期满报考事业单位和国有企业的，与其他人员一样参加公开招聘考试，采取降分或加分方式享受特惠补偿；增加服务期满后货币补偿的安置方式，凡是考核合格且没能享受职业发展特惠补偿的，均可分级获得额度不等的货币补偿。

二是健全完善"三放宽一允许"政策。细化明确适度基层各类专业技术岗位的素质能力要求，提高招聘精准度；加强人才聘用笔试和面试题库建设，提高人才考试和考察质量，在拓展人才供应渠道的同时，有效保障贫困地区人才队伍基本质量；建立任职培养制度，制定培养安排，加强任职培训，实行导师制。

（二）优化并落实"县管校用"和"县管乡用"政策

有效落实相关政策要求，健全县域内教师、医疗卫生人员流转机制。建立强制流转制度，凡是在乡镇和村小、教学点工作的教师以及在乡镇工作的医疗卫生人员工作达到一定年限必须实现制度性流转，尤其要保证村小（教学点）教师、校长上调通道畅通，通过人员流转推动公共服务均等化并有序促进公共服务人才职业发展；制定具体的在乡村工作人员优先晋升职务职称的制度规范，强化乡村教育卫生人才职业发展激励机制；坚持"县域一体"统筹县域内床位比和师生比配置，根据县域内总体需求，结合服务效率要求等因素，统筹编制、岗位、人员设置，统一配置教育卫生人才。

（三）建立健全专业技术人员到基层和长期在基层服务机制

一是落实政策要求，创新完善鼓励科研事业单位科研人员创新创业政策，支持符合条件的事业单位科研人员到乡村创新创业。

二是落实政策要求，完善细化制度规范。推行城市（镇）中小学教师、医疗卫生人员、农业科技人员晋升高级职称前，必须具有连续工作3个月且累计工作1年及以上在县或以下机构工作任职的经历，重点解决好教授课程、医疗科室、农技专业领域的对口问题；建立健全在城市（镇）工作的专业技术人才每5年间到县或以下基层连续工作3个月且累计工作不少于1年的制度；建立健全城市（镇）人员到县或县以下工作任职的职务职称晋升优先机制。

三是完善薪酬福利制度，形成乡村公共服务人才薪酬比较优势。提高津贴细化程度，合理设置地区普适津贴、服务与职务津贴的结构关系，加大力度，建立健全在乡村工作年资激励机制和工作强度补偿机制。

（四）强化基层公共治理人员补充机制

一是建立新录用公务员乡镇任职机制。市（县）级机关新招录的公务员，凡是没有基层工作经历的，均需择机到乡镇机关工作1—2年。

二是完善到村任职机制。建立健全县级以上机关年轻干部在农村基层培养锻炼机制；建立健全党委政府农业农村工作部门干部到乡村培养锻炼制度；及时总结经验，优化完善向重点乡村持续选派驻村第一书记和工作队制度，建立重点乡村派驻干部长效机制。

三是实施乡村治理大学生培育计划。制定相关政策，支持村干部、新型农业经营主体带头人、退役军人、返乡创业农民工等,创新学习机制,接受职业教育和高等教育,培养一批高素质的乡村治理人才;坚持并持续完善选调生到乡村任职机制。

(五)建立健全乡村治理人才和公共服务人员的城乡互动机制

一是健全完善治理人才与县域公务员职业发展融通机制。建立县级公务员从乡村治理人才中录用的机制,提高从乡村治理人员中录用乡镇公务员的比例,拓展乡村治理人才职业发展空间。

二是建立乡村医生和基层卫生人员职业发展融通机制。探索建立乡镇卫生人员到村服务的机制,探索建立符合资质要求且任职达到一定年限的乡村医生进入乡镇卫生人员队伍的机制。

(六)拓展渠道壮大乡村优质人力资源供应

一是创新完善乡村户籍、宅基地等方面的管理制度,鼓励乡贤回归,支持退休专家和干部到乡村任职和服务。

二是创新大学生就业见习制度,将到乡村就职作为就业见习的重要途径与方式。

三是优化大学生实习与社会实践制度,建立健全高校与乡村资源共享机制、高校服务乡村的长效机制,将乡村作为大学生社会实践和实习的重要平台,将在校大学生作为乡村技术技能人才和公共治理人才的重要供应源。

四是鼓励各类志愿组织引导和动员志愿者到乡村有序开展志愿活动。

五是深化对口支援制度,延伸对口支持链条,将乡镇和乡村纳入对口支援范围,建立稳定支持机制。

六是加大专家服务团服务乡村工作力度,扩大专家规模、建立稳定下乡机制,健全下乡村指导需求对接机制,提高专家服务的针对性和有效性。

五 健全完善组织领导,强化乡村人力资源开发保障机制

其核心是强化组织保障和公共服务,强化乡村人力资源开发支持力度,进一步提高乡村人力资源开发效率效能。

(一)强化乡村人力资源开发组织领导机制

一是坚持各级党委对乡村人力资源开发的统一领导,将乡村人力资源开发纳入党委人才工作总体部署。

二是建立总体指导、统筹协调的工作体系，明确部门职责，建立并不断完善联席会议机制，逐步形成乡村人力开发的宏观指导、综合管理、监督监管、公共服务等方面的职能职责体系和工作机制。

（二）建立健全乡村人力资源优先开发机制

坚持乡村人力资源开发在乡村振兴中的优先地位。充分发挥人力资源开发在乡村振兴的基础性战略性作用，在乡村振兴战略实施过程中，做到乡村人力资源优先开发、人力结构优先调整、人力资源投入优先保证、人力资源开发制度优先创新，实现人力资源开发和乡村振兴协同发展。

（三）建立健全乡村人力资源统计监测机制

一是覆盖乡村各类人力资源群体、各职业群体、各开发环节，建立部门数据共享机制，构建乡村人力资源开发数据体系。

二是强化乡村人力资源信息挖掘分析，面向不同需求，完善乡村人力资源信息开发和服务品类，建立并不断强化定制性信息服务体系，逐步形成乡村人力资源开发预报预警机制、决策支持机制和社会服务机制。

（四）强化乡村人力资源开发保障服务体系

一是加大乡村人力资源开发投入，建立乡村人力资源开发投入稳步增长机制。

二是搭建覆盖乡村人力资源就业创业、教育培训、流动配置、评估评价、社会保障等各环节的服务体系，充分发挥社会和市场组织作用，有序建立乡村人力资源开发服务社会购买机制，培育发展乡村人力资源开发的良好生态。

三是加强基层人力资源开发公共服务平台建设，加强乡村人力资源开发队伍建设，不断提高乡村人力资源开发工作水平。

四是有序开展乡村人力资源开发政策和工作评估，强化乡村人力资源开发工作监督监察，有效维护乡村新业态从业人员权益。

第二章

乡村振兴背景下的乡村劳动力就业

党的十九大提出实施乡村振兴战略,这是着眼于解决新时代中国发展不平衡不充分,尤其是解决城乡发展不平衡和乡村发展不充分矛盾的重大举措。而乡村劳动力作为乡村振兴的主体之一,其就业问题是新时代乡村振兴战略实施背景下各部门的重要关注点,促进乡村劳动力就业是落实乡村振兴战略"产业兴旺、生态宜居、乡风文明、治理有效、生活富裕"总要求的必然要求、有力抓手和基础保障。

第一节 乡村劳动力就业的理论依据

改革开放以来,我国由计划经济体制转变为开放的市场经济体制,经济发展取得了举世瞩目的成绩。但是计划经济时期遗留下来的城乡二元劳动力市场分割的现象至今仍未消除,就业市场中的户籍、年龄等歧视现象仍然存在。在实施乡村振兴战略背景下,促进乡村劳动力就业的一个关键问题是完善统筹城乡就业,消除机制体制障碍,促进劳动力顺畅流动、公平就业,实现城乡就业融合发展。国内外专家学者关于劳动力迁移、乡村劳动力转移等方面的研究较早,学术成果也较丰硕,这些都为本书乡村劳动力就业的研究提供了参考依据。

一 劳动力转移就业理论

乡村劳动力向城市转移的必然性和规律性理论研究。马克思1867年通过对英国工业革命时期农村劳动力转移现象的观察发现,英国的产业工人来源于乡村的剩余劳动力,但是其天生的"两栖性"使得其在城市工作之后又回到乡村劳动。这种乡村劳动力的回流和我国目前乡村劳动力的转移现象有相似性，其论述中的"农业工人"和我国的"农民工"有相似性。另外，美国经济学家刘易斯（1954）认为发展中国家普遍存在城乡分化的"二元经济结构"，农业领域的剩余劳动力无限地流入城市。后来，费景汉、拉尼斯对这一理论作了修正，认为只有农业生产力提高而产生的乡村剩余劳动力才会真正实现向城市转移。这即是后来的刘易斯—费景汉—拉尼斯理论模型。此外，还有美国经济学家乔根森（Jorgenson, D. W.）在1961年依据新古典主义（New Classicalism）的分析方法创立了一个新的二元经济发展模式。与刘易斯—费景汉—拉尼斯理论模型比较而言，乔根森模式更强调农业的发展和技术的进步，更着重市场机制在劳动力转移过程中的作用。1970年，《美国经济评论》上《人口流动、失业和发展：两部门分析》一文的发表标志着哈里斯—托达罗模型的建立，这是美国发展经济学家托达罗（Todaro, M. P.）和另一位经济学家哈里斯（Harris）的成果。该模型是在传统人口流动模式不能解释人口流动与城市失业并存现象的条件下产生的，对这两个相互矛盾的现象作了合理的解释，受到经济学家的普遍赞扬。

二　劳动力市场歧视理论

每个公民都有平等就业的权利。马克思的"人的全面发展"理论就是对平等就业权利的最好论述。其核心观点是：在未来社会，人的体力和智力都能得到自由而全面的发展，城市和乡村之间的对立将会消失，从事农业和工业的将是同一些人，劳动成为每个人生活的第一需要。但是在劳动力市场下，出于种种原因劳动力市场的差异就造成了劳动力市场的歧视，而使得相同的人或事得到不平等的对待或者不同的人或事得到同等的对待。劳动力市场歧视理论中最具代表性的有个人偏好歧视理论、统计性歧视理论、排挤理论等。具体而言，歧视经济学理论形成于1957年出版的《歧视经济学》（*The Economic of Discrimination*），作者是加里·贝克尔，这本著作被认为是歧视经济学理论形成的标志性著作。在其建造的歧视偏好模型中，歧视被看成歧视者的一种偏好或"爱好"，即歧视者宁愿放弃生产效率，即最大产出和利润，也要满足这种偏好。

三 劳动力市场分割理论

提出劳动力市场分割理论的研究学派强调劳动力市场的分割属性、强调制度和社会因素对劳动报酬和就业以及劳动力流动的影响。帕雷（M. Piore）是其中的代表，20世纪60年代末，他对波士顿的低工资群体进行的研究发现，无法单纯用竞争理论和人力资本理论说明高工资群体、低工资群体和失业者之间的区别，从而提出了双元结构图。把劳动力市场分为一级市场和二级市场，在一级市场中有比较好的工作条件，就业比较稳定，二级市场中的工作条件较差，就业不稳定。这两级市场是分开的，并且互相很难流动，制度性因素是阻碍其流动的主要因素。而正是对需求方和制度性因素的强调使劳动力市场分割理论有别于传统的劳动力市场理论（传统的劳动力市场理论强调供给方和劳动者个人等因素的作用）。这种劳动力市场分割理论提出后，由于其对低工资现象较好的解释力及其对劳动力市场结构的合理分析，引起了广泛关注。劳动力市场分割理论较好地解释了阻碍发展中国家乡村劳动力流向城市的制度原因，但是并没有提出消除这种分割现象的解决办法和方案。批评主要来自两个方面：一是认为它的主要论点并没有得到充分的经验数据支持；二是认为它主要是描述性的，而非解释性的，是对劳动力市场部门的分类而不是对其进行的深入分析（霍夫曼，1986）。针对这些来自传统理论的批评，一些学者利用新的理论工具和数据对劳动力市场进行研究，弥补了早期的理论缺陷。其中有代表性的是工资决定的议价机制和效率工资理论，对劳动力市场的非出清和大规模的非自愿失业现象进行了分析。

我国学者蔡昉（1998）[①] 等把劳动力市场分割理论及其分析方法引入我国。运用劳动力市场分割理论，蔡昉等学者研究了我国城市非国有部门的产生及其对劳动力市场的影响，阐释了在二元化的城市劳动力市场条件下就业体制转换的机理，户口登记状况及单位性质等对劳动力收入产生显著影响。

---

① 蔡昉：《二元劳动力市场条件下的就业体制转换》，《中国社会科学》1998年第2期。

第二节　乡村劳动力就业的内涵和发展历程

改革开放后，我国就业促进工作从计划经济时代的统包统配发展到适应市场经济的解决就业难，再到统筹城镇和乡村劳动力就业。在此过程中，无论是就业促进政策，还是实践，都经历了几个时期。

一　内涵及理解

新时代的乡村劳动力就业促进工作是指依托乡村现实劳动力资源，依据乡村振兴战略和农村人口结构变化，对乡村劳动力开展分析、调整、优化与统筹，提升现有乡村劳动力的质量和效能，促进其更加充分更高质量就业，以期为乡村振兴和统筹城乡发展创造更大的价值的政策机制过程和行为。

要深刻理解新时代乡村劳动力就业的内涵，必须从以下三个层面分析。

第一，从统筹城乡融合发展视角破题。要将乡村振兴置于城乡融合发展的构架中推进，要将城乡劳动力作为密不可分、互相联系、互相扶持的整体来看待。改变长期以来的劳动就业没有涵盖农民这一群体的思想，破解农民这一群体在就业领域边缘化的问题。对城镇和乡村劳动力就业做整体统一规划部署，促进城乡之间劳动力的合理有序流动，实现就业权益的平等共享。

第二，从乡村振兴的本质角度理解。乡村振兴是接续脱贫攻坚的国家战略，不是要对已经得到较好发展的乡村和具备较好发展资源条件的乡村进行锦上添花式的建设，而是要着力为占中国乡村和农民大多数的一般农业型乡村地区雪中送炭，是要为缺少进城机会与能力的农民提供在乡村就业以及更好生活的契机。

第三，要从同时注重更充分和高质量两方面分析。一方面要注重分析目前乡村还有哪些劳动力有就业意愿，能够开发促进其就业，在就业容量方面扩容；另一方面，需要考虑目前已经就业的乡村劳动力的技能提升、权益保障、社会融合等问题，在高质量方面促进。

二 发展历程

由于二元经济的影响，在 20 世纪 90 年代之前，我国的城乡劳动力市场是完全分割的，就业政策完全没有涉及乡村劳动力，就业工作的出发点和重点只是针对城镇职工。故而，本书针对乡村劳动力就业的历程从 20 世纪 90 年代开始梳理。

根据国家对乡村劳动力的就业政策，本书将其发展历程分为四个阶段。

（一）探索过渡期

在这一时期由于受到国家宏观经济政策的影响，劳动力市场政策也逐步由计划经济时期的统包统分过渡到市场经济时期的自主就业。我国促进乡村劳动力就业、统筹城乡就业的工作思路初步建立，以探索改革劳动就业制度为主线，政策上开始推进就业制度改革。

1991 年劳动部、农业部和国务院发展中心联合下发的《关于建立并实施中国农村劳动力开发就业试点项目的通知》，是这一时期的标志性文件。1994 年在第一阶段试点基础上的第二轮"农村劳动力开发就业试点"开始，这次试点单位扩展到省一级，具体试点执行扩展到 8 个省的 100 个县。试点工作为统筹城乡就业工作提供了宝贵的经验，当时就业工作者都清晰地认识到城乡就业应该统筹兼顾，合理安排。1997 年亚洲金融危机，城镇职工下岗加剧，"三农"问题凸显，1998 年中国共产党第十五届中央委员会第三次全体会议通过《中共中央关于农业和农村工作若干重大问题的决定》，要求开拓农村广阔的就业门路，引导农村劳动力合理有序流动。

综观探索过渡期在乡村劳动力开发方面的政策发展，这一时期国家在指导思想上通过几次试点工作认识到统筹城乡就业的重要性。政策对象方面，兼顾城镇职工和农村劳动力，但仍然是以城镇职工为主、乡村劳动力为辅。对乡村劳动力的政策以被动控制为主，政策上没有建立长效机制，以临时性为主，经历了"限制盲流"到"规范流动"到"放开限制"再到"再限制"的过程。

（二）扩展试点期

进入 21 世纪，强调就业是民生之本，就业成为国家宏观调控的四大目标之一。在探索期试点基础之上，统筹城乡就业基础上的农村劳动力开发进入实质性的研究和推动阶段，统筹城乡就业的上层意识形态也逐渐形成，逐步出台了一些政策文件。如2000年劳动部等7部门出台《关于进一步开展农村劳动力开发就业试点工作的通知》，选择有条件的地区进行3年"试行城乡统筹就业"试点。

在这一时期，国家关注包括下岗职工再就业、户籍制度改革、农民工培训、高校毕业生就业、农民工子女教育、就业质量等一系列相关问题。特别是2001年《国民经济和社会发展第十个五年计划纲要》提出，"打破城乡分割体制，取消对乡村劳动力进入城镇就业的不合理限制"。2006年7月，劳动保障部、农业部、财政部、发改委四部门正式部署统筹城乡就业试点工作，确定从2006年下半年开始启动直至2008年年底结束。这次试点工作，一共确定了20个省48个备选单位，有27个正式试点单位。通过试点工作，总结了就业失业登记制度、公共就业服务制度、劳动力市场制度、就业援助制度、统计制度等方面的经验，并且一些行之有效的政策措施上升为国家政策和法律法规，为全国进行统筹城乡就业工作提供了良好示范，为建立长效机制提供了经验。

（三）落实延伸期

这一时期的统筹就业工作的主要任务是落实前期出台的积极就业政策，并且将其延伸发展，面对新形势新问题，进行积极应对，分析研判，进一步探索统筹城乡就业各个相关领域的政策、制度和措施。这个时间节点是《就业促进法》的实施之日，这就意味着必须以贯彻统筹城乡的原则来促进就业工作，统筹城乡就业进入实质性的延伸推进落实时期。在此期间，国家重点针对农村劳动力关注的社会保障领域和公共就业服务领域的相关问题，调整相关思路，出台相关政策文件，如2009年国务院下发《关于开展新型农村社会养老保险试点的指导意见》、2010年人社部出台《进一步整合资源加强基层就业社会保障公共服务平台和网络建设指导意见》、2011年国家颁布《社会保障法》等。

（四）创新提升期

党的十八大以来，我国经济进入新常态，就业形态也面临新的形势和挑战，党中央、国务院高度重视，坚持把稳定和扩大就业作为宏观调控的重要目标，大力实施就业优先战略。2015年4月，国务院出台的

《国务院关于进一步做好新形势下就业创业工作的意见》明确提出，鼓励乡村劳动力创业，推进乡村劳动力转移就业；强调结合新型城镇化建设和户籍制度改革，建立健全城乡劳动者平等就业制度，进一步清理针对农民工就业的歧视性规定。2017年4月国务院下发的《国务院关于做好当前和今后一段时期就业创业工作的意见》指出，健全城乡劳动者平等就业制度，特别提到促进农民工返乡创业，引导新生代农民工到以"互联网+"为代表的新产业、新业态就业创业，推动乡村劳动力有序外出就业，加大对贫困人口特别是易地扶贫搬迁贫困人口转移就业的支持力度。此后，2017年10月召开的党的十九大更是第一次提出了"城乡融合发展"的概念。2021年4月出台的《中华人民共和国乡村振兴促进法》明确提出："坚持农民主体地位。加强职业教育和继续教育，组织开展农业技能培训、返乡创业就业培训和职业技能培训。国家鼓励城市人才向乡村流动。"

可以发现，这一时期农村劳动力的就业重点包括把鼓励创业与促进就业更有效地结合、积极应对经济新业态的挑战、就业精准扶贫和促进乡村振兴四个方面。相较于前几个时期的发展政策，创新提升期的政策更加贴合宏观经济发展，导向更加积极，政策的操作也更细化，含金量更高；"城乡融合"思想的提出更是确立了全新的城乡关系，是统筹城乡就业工作发展的新方向。特别是乡村振兴时期的政策导向已经为打破以往城镇化进程中要素单向流动的格局，实现城乡双向流动，引导要素向农村配置的思路形成奠定了扎实基础。

第三节 乡村劳动力就业的现状

一 乡村人口总量先小幅增长后逐年下降

城乡人口的此消彼长是我国经济迅速发展的必然结果，从城乡结构来看，我国城镇人口呈现逐年增加的态势，而乡村人口呈现先小幅增长后逐年下降的态势。具体而言，城镇人口由1978年的17245万人逐年增长至2020年的90199万人，增幅为423.0%；乡村人口由1978年的79014万人增长至1995年的85947万人后下降至2020年的50978万人，2020年比最高点的1995年下降了40.7%。就城乡人口比较而言，1978—2010年城镇人口一直少于乡村人口，2011年首次出现城镇人口比乡村人口多的局面，并一直延续至今，城乡人口占比由1978年的17.92∶82.08变化至2020年的63.89∶36.11，见图2—1。

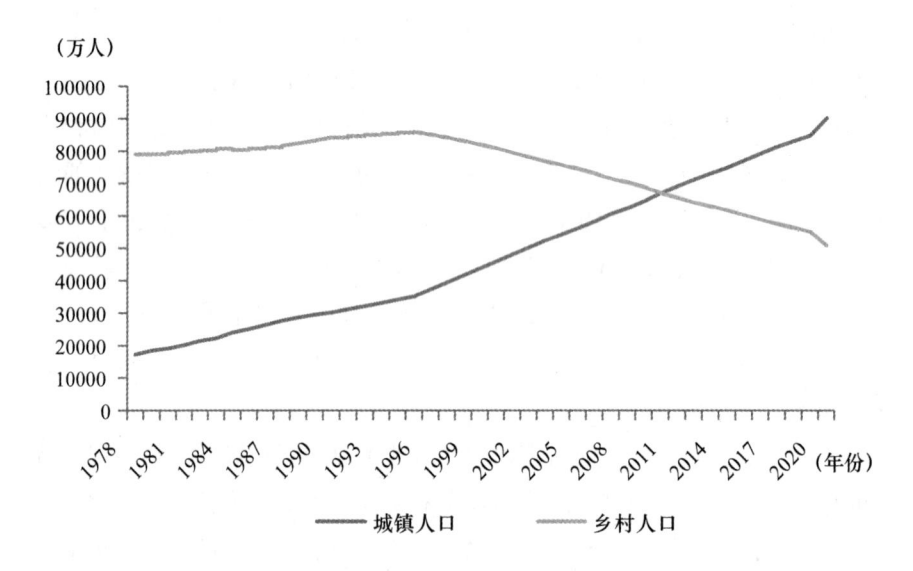

图2—1　1978—2020年城乡人口数

数据来源：《中国劳动统计年鉴（2020）》及第七次人口普查。

二　乡村就业人数逐年下降并已少于城镇就业人数

城乡就业人数的变化情况能够从某种程度上说明我国农村人力资源开发及统筹城乡就业的变化情况。从图2—2可以看出，1990年以来，我国城镇就业人数呈现逐年增加的趋势，而乡村就业人数呈现逐年下降的态势。具体而言，城镇就业人数由1990年的17041万人增加至2020年的46271万人，增幅为171.5%；乡村就业人数由1990年的47708万人减少至2021年的28793万人，减幅为39.7%。这说明随着我国城镇化的发展，以及一系列统筹城乡就业的政策出台，流动外出的农村劳动力增加，这也从一定程度上促进了城乡劳动力就业的融合发展。

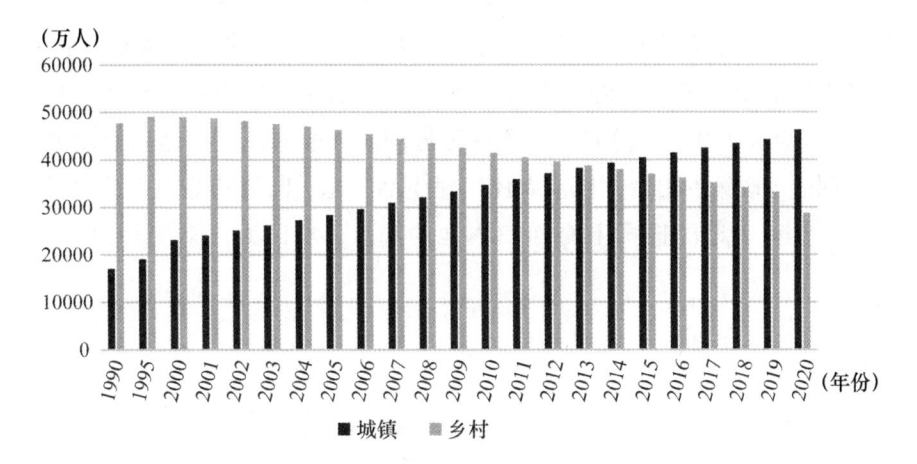

图 2—2　1990—2020 年城乡就业人数

数据来源：《中国统计年鉴 2020》及《2020 年度人力资源和社会保障事业发展统计公报》。

三　农民工总量呈上升态势，流动半径进一步缩小

农民工是我国市场经济体制改革带来农村劳动力市场变革的结果，是我国农村劳动力开发的时代性群体，农民工在规模、结构方面的变化能够反映出部分农村劳动力开发的状况和变化趋势。国家统计局历年《农民工监测调查》的数据显示，农民工总量规模呈现先上升后下降态势，由 2008 年的 22542 万人增加至 2019 年的 29077 万人，2020 年下降至 28560 万人，比 2019 年下降 1.8 个百分点；外出农民工的变化趋势也与总规模的变化趋势一致，由 2008 年的 14041 万人增加至 2019 年的 17425 万人后，2020 年下降至 16959 万人，2020 年比 2019 年下降 2.7 个百分点，[①]见图 2—3。

在外出农民工中，2020 年跨省流动农民工 7052 万人，比上年减少 456 万人，下降 6.1%；在省内就业的外出农民工 9907 万人，比上年减少

[①] 根据国家 2021 年国民经济和社会发展统计公报数据，2021 年全国农民工总量为 29251 万人，比 2020 年增长 2.4%，比 2019 年增长 0.6%；2021 年外出农民工 17172 万人，比 2020 年增长 1.3%，比 2019 年下降 1.6%。上述数据变化，应与乡村振兴战略实施和疫情影响等因素有关，宏观区域的长远走势还需进一步观察。

10万人，与上年基本持平。省内就业农民工占外出农民工的比重为58.4%，比上年提高1.5个百分点。分区域看，东部、中部、西部和东北地区省内就业农民工占外出农民工的比重分别比上年提高1.6个、1.3个、1.8个和1.0个百分点。这说明随着国家鼓励农民工就地就近就业、返乡创业等政策的出台，以及农民工对生活状态、归属感等方面的追求，农民工在务工地的选择上有回归本地的趋势，农民工流动半径进一步缩小。

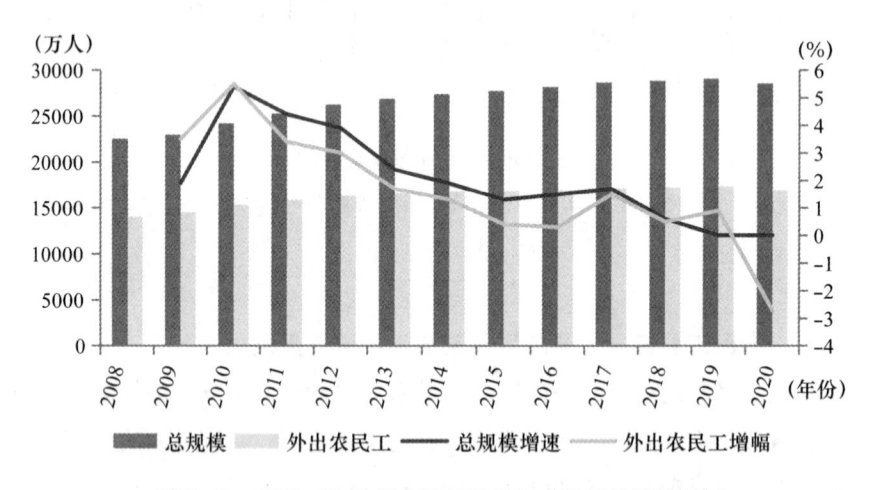

图2—3　2008—2020年农民工及外出农民工总量及增幅

数据来源：《农民工监测调查报告》2009—2020年，国家统计局。

四　返乡创业主体明显增长，创业领域进一步拓宽

党中央、国务院坚持就业优先战略，强力推进简政放权、放管服改革，优化营造鼓励大众创业、万众创新的良好环境，加快培育创业主体，发展新动能，以创业带动就业。在此大背景下，我国庞大的农民工群体正在成为返乡入乡创业的主力军，为返乡创业提供了源源不断的动力。返乡创业促进了资金、技术、人才等生产要素的回流，给农村发展注入新活力，同时开辟了乡村人力资源开发的新途径，促进了城乡融合发展和乡村全面振兴。人力资源和社会保障部相关调研数据显示，返乡创业人员中有80%为农民工，目前返乡创业进入快速增长阶段，仅2017年就新增返乡

创业者84万人，平均每名返乡创业者可带动就业5.5人。又据人力资源和社会保障部2000个监测村的数据统计，2019年第三季度返乡农民工中有9.5%选择了创业，创业范围覆盖一二三产业。

另外，农业农村部监测①显示，返乡入乡创业就业层次提高，门路进一步拓宽。其中，回归种养业的占20%左右；临时兼业的占25%左右，多是做小买卖、办小生意、打小短工；超过一半以上是在拓展乡村功能和价值方面寻找创业就业机会，主要是创办家庭工场、手工作坊、乡村车间和小微企业等主体，发展餐饮民宿、农产品初加工、特色工艺、乡土文化等。监测还显示，返乡创业创新领域由最初的种养业向农产品初加工、农村电商等转变。特别是新冠肺炎疫情催生了乡村产业新业态。2020年，返乡入乡创业项目中55%运用信息技术，开办网店、云视频、直播直销、无接触配送等，打造了"网红产品"，仅淘宝村就创造了828万个创业就业岗位。返乡入乡创业项目中85%以上属于一二三产业融合类型，广泛涵盖产加销服、农文旅教等领域。60%以上具有创新因素，融入新兴时尚元素和现代产业要素，生产智创、文创、农创产品。

为推动返乡入乡创业高质量发展，2020年国家发改委联合其他18个部委印发了《关于推动返乡入乡创业高质量发展的意见》，各部门的共同努力，返乡入乡创业的工作协同、政策协调的机制会更加顺畅，支持返乡入乡创业的政策体系会更加完善，返乡入乡创业环境会进一步优化，市场主体活力会进一步迸发，产业转移承接能力会进一步增强，带动就业能力会进一步提升。预计到2025年，全国各类返乡入乡创业人员将达到1500万人以上，带动就业人数将达到6000万人左右。②

五　新就业形态是乡村劳动力就业的主渠道之一

近年来，随着信息技术的飞速发展，基于"互联网+"技术不断升级带来的新经济、新产业、新模式的兴起和发展，就业市场和工作模式也

---

① 农业农村部：《返乡创业就业　促进乡村发展动能增强》，《央视新闻》，https：//baijiahao.baidu.com/s?id=1694356568929651081&wfr=spider&for=pc，2021年3月16日。
② 《中国首次发布乡村产业发展规划：到2025年返乡入乡创业超1500万人》，https：//m.gmw.cn/baijia/2020-07/17/34004090.html。

受到新经济模式的影响而不断变化，新就业形态的就业容量不断增大。有关数据显示，我国灵活就业从业人员规模达2亿人左右。前几年刚刚兴起的零工经济快速发展。《中国共享经济发展报告（2021）》的数据显示，2020年共享经济参与者人数约为8.3亿人，其中服务提供者约为8400万人，同比增长约7.7%；平台企业员工数约631万人，同比增长约1.3%。这其中乡村劳动力的占比不可小觑。美团研究院2021年的问卷数据显示，在调查的6108份问卷中，有79.3%的外卖骑手来自乡村。另据中国劳动和社会保障科学研究院2020年对外出务工人员的问卷调查数据，在外出务工的乡村劳动力中有近五成从事网约车、外卖送餐、快递物流、网约家政、网络主播等与新就业形态相关的行业。《中国淘宝村研究报告》数据显示，截至2019年6月底，全国4310个淘宝村共带动683万个就业岗位，相当于解决了半个上海市、一个南京市的就业人口，预计下一个十年，全国的淘宝村会超过2万个，将带动超过2000万人的就业机会。这说明新发展格局下，新就业形态是乡村劳动力就业的主要渠道之一，并且新就业形态正在重构人们的工作、交往、价值创造和分配方式，其蓬勃发展是必然趋势，其进一步发展会给就业生态带来革命性的变革。

第四节　乡村劳动力就业存在的问题和挑战

"十四五"以至更远时期，我国都处于百年未有之大变局演化期，乡村劳动力就业形势将更加复杂，困难和挑战前所未有。供给层面，乡村劳动力的规模、结构和就业意愿都有显著变化；需求层面，城镇新旧动能转换，乡村就业承载力和就业空间的调整等都给乡村振兴下的农村劳动力就业带来一定挑战。

一　农民群体的复杂性及就业统计边缘化问题突出

在乡村劳动力就业发展的前几个时期，重点统筹的对象包括城镇失业人员、进城务工的农民工、高校毕业生、失地农民、有转移就业愿望的乡村富余劳动力等。并且在我国的就业失业统计中，农民有土地，被计算在就业者的范畴之内，也不存在失业一说。另外，由于相关劳动方面的法律，如《劳动法》《劳动合同法》等的适用范畴是针对有雇佣关系的劳动者,而农民属于土地上的自给自足,不适用这些法律,故而长期以来的劳动就业没有涵盖农民这一群体。由于这一群体在就业领域的边缘化给农民工的身份界定和统计造成了不少困难,既影响了就业数据的科学完整性,也增加了统筹城乡就业创业工作的难度。另外,随着我国城镇化进程的加快,双创工作的大力发展,乡村振兴上升到国家战略层面,农村改革促进了农民职业分化、阶层分化,出现了诸如私营企业主、个体工商户、农村知识分子、农民工等不同身份的人群,农民群体的结构复杂性给政府分类统计、精细化管理增添了难度。

二 基于乡村振兴的乡村劳动力供需结构性矛盾突出

《中华人民共和国乡村振兴促进法》明确提出,乡村振兴的主体之一是农民,数量充足和素质技能较高的乡村劳动力是实现乡村振兴的根本保障。而近年来,受人口老龄化、城镇化进程加快以及生育意愿下降等因素影响,乡村劳动力总量规模减小。"十二五"时期每年减少1000万人左右,"十三五"期间每年减少1300万人,"十四五"期间将继续延续下降趋势。而新成长乡村劳动年龄人口不断减少。"十二五"时期年均新增乡村劳动力为1260万人,"十四五"时期将下降到795万人。

另外,乡村高素质农技人员、管理人员严重缺乏,已出现青黄不接、新老断层现象。老一辈的农业技术人员老化严重,专业素质跟不上发展步伐,基层对农技和管理人员的需求与高校毕业生就业期望之间的差距矛盾难以化解,虽然国家出台政策积极引导高校毕业生到基层就业,但从这些政策的实际执行情况来看,引导广大高校毕业生往基层流动的成效还有待进一步强化。高校毕业生更倾向于到城市的机关事业单位和国企就业,到民营企业和中小企业就业的占主体,而到基层就业、服务基层的就业意愿低,实际支援基层的人数较少。据麦可思公司对2020届高校毕业生的调查数据,在疫情下2020届毕业生在农林牧渔业就业的比例虽然同比上升0.4个百分点,但也仅仅占1.0%。在新一线城市就业的比例持续上升,由2016届的23%上升至2020届的27%。涉农专业脱农化严重,农业教育类毕业生到农业基层工作的占比仅为12%左右。

三　农业产业动能发挥不足，就近就地就业空间需调整拓展

从需求端来看，农业产业动能发挥不足，产业吸纳乡村劳动力的能力有限。如按照 2020 年播种面积和每亩用工数量等数据测算，2020 年我国农业生产大约需要 1.19 亿人，其中种植业需要 9500 多万人，养殖业 2400 多万人，剩余劳动力 8400 多万人。

另外，农业产业和乡村传统非农产业吸纳就业的岗位需要提质增量。从农业产业相关产业链延伸主体来看，农产品深加工、物流、农业生产技术服务等环节发展不足，农业产业链延伸发展困难较大，而近年来受到经济下行因素影响，农村建筑业、制造业投资受影响，也在一定程度上影响了就近就地就业的乡村劳动力的就业岗位。农村二三产业及民营经济不够发达，乡村劳动力没有多元化的非农领域可就地就近就业。

四　返乡入乡创业比城镇创业面临更高成本和更大风险

虽然在国家返乡入乡创业相关政策的引领下，我国返乡入乡创业主体明显增长，创业领域进一步拓宽，但由于乡村地区在软硬件建设方面与城镇地区还存在差距，加上乡村的主要产业农业的自然灾害和疫病风险等，使得返乡入乡创业面临比城镇创业更高的成本和更大的风险。具体而言，硬件和软件环境都有明显表现。

硬件基础设施建设方面，包括交通设施、公共设施、电力、水利、文化娱乐设施等，乡村与城镇存在明显差距。比如，目前我国已经进入互联网时代，互联网是人流、物流、信息流等流通的主要渠道，目前有些乡村地区的信息化建设还比较落后，这势必会对互联网时代的返乡入乡创业带来一定影响。

软件方面主要表现为产业聚集优势不明显、市场化程度不高、人力资源储备不足等。由于长期以来乡村发展以农业为主，制造业、高新技术产业等很难在短期内形成产业链，一定程度上制约了相关产业创业企业的发展；由于乡村市场化程度相对较低，地方保护主义等门槛逾越也较难，乡村劳动力的受教育程度相对较低，专用型人力资本储备不足；同时还可能面临资金筹集难、政策服务获取难、企业用地难、风险应对难等问题和挑战。

五　基层公共就业服务平台有待进一步完善

公共就业服务平台是就业创业政策在基层落实的"支点"，是人力资源市场在基层发挥作用的基础，可谓统一城乡就业创业工作的重要一环，特别是在城镇化的进程中，对基层公共就业服务平台的依赖性更加明显。然而，目前我国基层公共就业服务平台的建设还存在一些问题。

一是政策出台到地方实施之间的衔接问题。在基层公共就业服务平台的建设方面，相关政策的宏观指导意见是争取在所有街道、乡镇都建立就业社保服务中心（所），所有的社区、行政村都配备协管员；省一级的意见是在街道设立"人力资源和社会保障所/站"，每6000名服务对象要求设立一名协管员。但编制部门只在乡镇一级统一设置社会保障事业所，每个所配备4—5人的编制。这就增加了对就业创业社保等工作的协调难度，影响了基层平台的建设，也会无形之间加重基层平台工作人员的工作负担。

二是基层机构经费少、任务重、人员专业性不高。我国基层公共就业服务平台的经费困难、标准低是很多地方反映的共性问题。街道社区、乡镇的基层公共就业服务平台往往要承担很多辖区内的就业创业社保类的基础性工作，如下岗失业人员的登记、再就业优惠证申领发放、创业担保贷款（小额担保贷款）的推荐、失业保险金的申请领取、退休人员社会化管理服务、一些基础性数据的采集、收集发布社区内的就业岗位信息等，而服务平台的工作人员较少，诸项事务叠加起来任务就较重，加上平台的工作人员为公益性岗位，多为从下岗失业人员中聘用，专业水平不高，对基层公共就业服务平台的工作效率影响较大。

三是基层网络建设有待进一步规范。随着互联网经济的发展，各项事务的发展对网络的依赖程度越来越高，而对城乡劳动力的管理也必须建立在信息化的基础之上。虽然目前我国基层公共就业服务平台的格局已经基本建成，有些条件先进的地区也通过不同的渠道建立了劳动力资源信息库，但与城市劳动保障平台的建设比较而言，乡镇一级的建设还是相对薄弱的，一些地区街道社区、乡镇的信息专线联网尚未建立，各个信息库之间没有进行比对匹配，各个数据库之间的衔接也需要进一步落实解决。

六　公共技能培训政策对接难，针对性不强

公共实训基地是人力资源和社会保障部门为发挥政府在职业培训领域社会管理和公共服务功能，按照"公用性、公益性、示范性"原则，充分利用现有资源，搭建的跨行业、高水平，面向社会开放，提供职业技能实训、鉴定、交流的公共服务平台。实训基地的主要任务是面向本地区支柱产业、高新技术产业、传统优势产业急需的高级工以上技能人才及本地区在职职工、职业院校学生、失业人员、乡村劳动力等提供技能实操训练和技能鉴定服务。

虽然目前我国各地由政府集中投资，陆续建立了符合当地经济发展特色、技术先进的公共实训基地。但实训基地的建设呈现出很强的区域特点，在东部经济发达地区，如天津、浙江、江苏、广东、山东、福建等省市，公共实训基地建设得较多，在中西部地区的建设则要稍落后于东部地区，目前中西部地区省份也在规划建立不同规模等级的公共实训基地，如广西在南宁和柳州、宁夏在银川规划建立的公共实训基地于2015年正式开始建设。但是根据中国劳动和社会保障科学研究院课题组的调研情况来看，有些地区特别是经济比较落后的地区，公共实训基地少，技能培训的针对性不强。另外，技能培训政策难以对接也是存在的一大难题。如有资料显示，在东西部协作扶贫工作中，有的地方参加辖区外培训的住宿费没有减免政策，外省补助范围也仅限于本地生源。

七　新形态就业的乡村劳动力合法权益保障问题突出

在经济新业态下，很多平台企业属于传统服务行业，如快递业和电子商务等，这些企业的员工大部分为乡村劳动力，新型职业的碎片化特征就使得从业者很难与全职固定岗位的员工一样享受匹配的基本权益保障。

一是法律关系认定难，新就业形态劳动争议案件主要涉及劳动关系争议。新就业形态的用工形式较多，涉及的用工主体多样，在现行的劳动法体系中找不到能直接适用的条款，相关的劳动基准也无从参考，传统的劳动三性认定很难再套用。如骑手这一新就业形态中的新职业，相关劳动基准就无从参考。人力资源和社会保障部调解仲裁管理司的数据显示，2020年及2021年上半年，在监测督办的10个办案大省的各级调节仲裁机构共受理新就业形态劳动争议案例约 2000 件，在案件总量中占比不高，主要涉及确认劳动关系争议，相对集中在外卖送餐、快递物流、网约车等行业。

二是工伤保险的需求量大但责任认定难。由于新业态企业多集中于服务业领域，如快递业、移动出行等领域，新就业形态灵活就业人员在工作过程中的安全状况不容忽视。这就自然增加了对工伤保险的需求。国家统计局安徽调查总队的调查资料显示，外卖骑手普遍反映，同时在为饿了么、美团平台提供服务，由于是兼职，没有与某一家企业构成劳动关系，如果在配送时遭遇意外事故，会因为不存在合法的劳动关系而不能享受工伤保险待遇。

三是由于户籍地的限制加大了以灵活就业者身份参保的难度。如"去传统型""弱传统型"或"多元化型"用工形式，平台企业和从业人员之间的关系是复杂多元的，如果劳动关系不成立，按照现有的规则则应该按照灵活就业人员的身份参保。这就决定了灵活就业人员群体参加养老保险的自愿性。但是就目前新业态从业人员参保的困境来看，地方养老保险政策对灵活就业人员参保有户籍地的限制，即均要有当地户籍才能以灵活就业人员的身份参保，这成为非本地户籍新业态从业人员参保的主要障碍。这种户籍政策限制不仅在养老保险中存在，在医疗保险中也普遍存在。

四是由于某些限制，平等的就业权难以实现。即就业歧视的客观存在。现在劳动力市场上某些单位仍然存在对性别、年龄、户籍、学历、工作经验等方面的要求。当然，由于工作的特殊性，一些正常的要求是合理的，但是上升到同等岗位同等情况下的歧视性要求就成为必须面对的问题，这对于一些技能低、学习能力不足的乡村劳动力而言，无疑增加了其就业的难度和成本。

第五节　促进乡村劳动力就业的对策建议

乡村振兴战略实施背景下，乡村劳动力的就业要立足重构全球产业链、国内数字经济蓬勃发展、城乡一体化发展等因素，挖掘农业农村内部潜力，不断完善就业创业政策，加强乡村劳动力能力建设，构建公共就业精准服务体系，切实为乡村振兴提供强大的人力资本支持。

一　建立有中国特色的覆盖乡村劳动力的就业统计制度

目前我国的劳动就业统计主要包括人力资源和社会保障部门的城镇就业统计、国家统计局的农民工调查监测统计，都没有把乡村劳动力特别是农民作为重要群体考虑在内，乡村劳动力的真实就业情况没能得到全面充分反映。因而有必要建立有中国特色的覆盖城乡的劳动力统计制度。

首先，在思想认识上，形成"务农即就业，农民是职业"的共识，将农民包含在劳动就业统计中。只有这样，才能客观科学地分析乡村劳动力的数量、结构、就业状况等情况，才能更有针对性地开展培训以提高其就业能力。

其次，创新劳动力统计制度，把从事农业农村建设的劳动力全部纳入统计范畴。

最后，进行全面的乡村劳动力统计调查。依托基层公共就业服务平台，进行乡村劳动力资源的全面摸底调查，建立乡村劳动者数据库，做好乡村劳动力开发工作。

二　创新培养体系，促进乡村劳动力更加充分就业

农民在乡村是主体，也是乡村振兴战略实施的重要主体力量，对于乡村的存量劳动力资源，本着"应开发尽开发"的原则，要更加侧重于优化乡村存量劳动力资源，促进乡村劳动力更加充分地就业。

首先，要完善创新实施乡村振兴战略需要的劳动力培养体系。加强各部门针对乡村劳动力的培训统筹协同，统一认识，提升各部门之间协同治理能力，加强调查研究，深入挖掘普通乡村劳动力参与培训度不高的原因，结合乡村劳动力实际情况，将培训课堂设在田间地头等乡村劳动力较容易到达的地点，培训内容更接地气。

其次，结合农业社会化服务体系建设，依托职业培训体系进行乡村弱劳动力培训开发。弱劳动力是乡村劳动力存量中体量较大且具有就业意愿的劳动力。培训主题需要适应现代农业发展的形势，将专家从理论教室请到田间地头，进行现场讲学，普及现代农业的经营理念，逐步从意识到实操两个层面促进小农经济向农业现代化发展转变。

最后，针对返乡入乡创业群体，更多是通过乡村创业成功者的事例分享和言传身教，在实际创业过程中历练本领，在组织生产经营中增长才干。对于新型农业的经营主体，重点培训现代前沿技术与农业的融合，比如"互联网+"、大数据、物联网、区块链等技术在农业生产经营中的运用，更多更好地运用新技术提高农业全要素生产率。

三　提升产业发展质量，推动乡村劳动力更高质量就业

加快乡村产业发展，以新发展理念创新产业发展新业态，以科技为支撑依托本地资源提升产业发展质量，以组织拓展产业融合深度。各级政府应不断完善相关政策和公共服务，支持农民合作社、家庭农场发展病虫害防治、代耕代种等生产性服务业，注重培育发展壮大农产品加工、休闲农业、乡村旅游、农村电商等新业态新模式，推动一二三产业融合发展，以农业转型升级促进农村产业效率的提升。以产业增长极吸引返乡入乡创业，推进创业项目绿色化、优质化、特色化、品牌化发展；促进农业产业和乡村传统非农产业吸纳就业的岗位提质增量，以产业高质量发展促进乡村劳动力增加收入，促进其更高质量就业。

四　强化基础设施和公共服务，提升乡村劳动力获得感和幸福感

一是强化基础建设。经过多年的新农村建设，我国的乡村环境已经大为改观，村容村貌为之一新。但由于居住分散，乡村的基础设施建设和公共服务水平还有待进一步提升。就业环境、教育、医疗、养老等硬软件条件能否留得住、用得好是乡村劳动力参与乡村振兴的关键所在。因此，要适度推动乡村通过强化规划、公共服务供给等多种方式，引导乡村人口向基础设施条件较好的地区适度聚集，为高效提升公共服务水平提供基础。此外，要加强落后地区或后发地区的信息化基础建设，做好乡村劳动力资源的数据统计和就业情况摸查。

二是发挥市场力量。充分运用市场力量，探索建立购买服务机制，确定购买公共就业服务的种类、内容，让社会机构发挥特色优势，为乡村劳动力提供专业性强、技术要求高、服务难度大的就业服务，形成政府与市场协同、各有侧重的工作格局，形成就业服务合力，实现基本公共就业创业服务的城乡均等化。

三是强化资源向乡村配置的支持力度。引导城镇优质教育资源向乡村地区延展，提高资源开放共享度，为乡村儿童提供更优质高效的教育资源；在乡村增加养老服务内容和项目，建设养老基础设施，提升乡村养老服务水平；吸引医务工作者和其他各类公共服务人才以志愿者的身份参与乡村振兴，提升乡村的公共服务水平。

四是优化乡村治理环境。健全完善治理人才发展制度，打通城乡治理人才的交流渠道，积极推动乡村治理方式完善，进一步提升乡村治理的有效性。

五　将乡村建设纳入各类空间规划，优化城乡劳动力空间布局

构建城乡统筹融合发展新机制，优化乡村人口与产业空间布局，以城乡融合发展为基调，将乡村建设纳入各类空间规划，改革规划制度。要以乡村的演变、人口集聚情况、流动趋势等为基础，完善乡村振兴规划，促进村内生动力增长。在空间布局方面，侧重新产业新业态新模式新技术在乡村落地，尝试村庄宅基地、闲置土地等对返乡入乡创业人员开放，盘活土地资源，提高资源配置效率，提升乡村吸纳人力资源的吸引力。

推动城乡劳动力资源双向流动。一方面，要破除返乡入乡创业制度性障碍，打破创业者在资金、人才、土地等要素方面的约束，完善基层公共就业服务平台建设。另一方面，让乡村以开放的姿态吸引入乡人员，适当向入乡人员开放乡村权利，如允许入乡人员在满足部分条件之后，享有乡村的住房、土地、公共事务话语权等权利，吸引城市资本下乡，吸引年轻人到乡村创业，丰富乡村新业态新模式新技术的发展，造就一批引领乡村发展的新能人，引领乡村新发展，促进农业的转型升级，优化乡村人力资源结构。

六　构建可携带性利益转化机制，协调与重构城乡户籍利益

新一轮的户籍制度改革较之前三轮有了明显的进步，在一定程度上反映了外出务工乡村劳动力等群体的权益诉求。但是地方层面的户籍制度改革的普惠性很有限，特别是北京、上海、广州、深圳等一线城市，还是更多强调"选择性"，即享受地区户籍利益的选择性条件，而非取消排他性，这显然无法满足以农民工为主体的流动人口的利益诉求。当然，户籍

制度改革也应该循序渐进，全面考虑内外压力。户籍制度本身就是带有利益主导的，要撬动其进行利益调整必然也是艰难的。在实施乡村振兴战略的过程中，城乡户籍制度的调整需以户籍利益的协调与重构为指导，突破利益固化的藩篱，构造城乡统一的激励约束机制。

一是实现外出务工乡村劳动力的市民化待遇，在全国范围内，包括不同区域之间、城乡之间实现基本公共服务的均等化。

二是构建可携带性利益转化机制。主要针对流动人口，在全国层面逐步构建可携带的利益转化机制，如完善养老保险、医疗保险、工伤保险的转移接续工作，确保社会保险等权益能够在区域间、城乡间同步流动。当然，考虑到我国区域之间发展不平衡，不能完全放任自由流动，而是充分尊重各地发展实情，考虑其差异性，并给予一定自主权的改革。

七　回应新就业形态从业人员关切，保障乡村劳动力的基本权益

充分认识2021年7月人力资源和社会保障部等八部委联合出台的《关于维护新就业形态劳动者劳动保障权益的指导意见》对于劳动关系的新提法，创新工会工作方式，合理确定平台企业与从业人员双方权利义务。

另外，针对从事新就业形态的乡村劳动力的社会保障问题，建议以降标扩面、强制参保、责任分担、弹性选择为方向，加快研究出台符合灵活就业人员收入实际的各项社保政策，改革完善适应灵活就业的社保体系。如学习借鉴广东省等先试先行省份关于突破户籍限制，灵活就业人员可在就业地参加社保的经验；开展新就业形态人员职业伤害保障试点，推进落实新业态从业人员参加工伤保险；创新经办服务，探索面向新就业形态等灵活就业人员的工作机制。

总之，在乡村振兴战略实施背景下，要促进乡村劳动力更加充分更高质量地就业，要把握乡村振兴的时代机遇，同步促进外出转移就业、就近就地就业和返乡入乡创业，在保障农业生产、粮食供应平衡的基础上，大力发展农业产业、传统非农产业和新型产业，以科技为支撑依托本地资源，实现乡村产业结构转型升级，促进吸纳乡村劳动力的岗位扩容提质，提升乡村劳动力的技能素质和就业竞争力。通过完善劳动力统计制度，进

一步促进乡村劳动力就业工作的完善；通过规划先行、三产融合、就业服务均等化、强化职业技能培训等方面的努力，促进乡村劳动力就业创业；通过探索构建新就业形态和谐劳动关系，完善适应新就业形态的社会保险制度等措施，完善乡村劳动力新就业形态从业者的权益保障。

第三章

乡村振兴背景下的乡村劳动力技能培养与提升

乡村振兴，关键在人。数量充足和素质较高的乡村劳动力是乡村振兴的根本保障。加强乡村劳动力技能培养与提升，是带动乡村劳动力技能素质全面提升、充分发挥乡村人力资源优势、提高人力资本质量的重要任务，也是促进就业创业和乡村振兴的有效举措，是深化供给侧结构性改革、推动乡村经济社会发展和新动能培育的必然要求。

第一节 乡村劳动力职业素质状况

乡村劳动力作为现代农业生产生活方式的主要提供者和服务者，承担着乡村振兴的重要责任和使命，其素质的提升需要立足职业和社会分工。但是，近年来，随着城镇化进程的推进，乡村人口明显减少，乡村劳动力加速转移，很多农村职业消亡，职业化农民数量不足、质量不高的问题凸显，乡村劳动力状况难以满足乡村振兴战略实施的现实需求。

一 乡村人口明显减少，劳动力供给基础不足

据统计，截至2020年年底，[①] 乡村人口约为5.1亿人，占全国人口的36.11%，与中华人民共和国成立初期（1949年）的89.36%、改革开放初期（1978年）的82.08%、21世纪初（2000年）的63.78%相比，占

[①] 《中国统计年鉴2021》，国家统计局网站，http://www.stats.gov.cn/tjsj/ndsj/2021/indexch.htm。

总量的比重大幅下降。全国乡村劳动年龄人口（15—64岁）为3.2亿人，约占5.1亿乡村人口的62.7%，约占全国9.7亿劳动年龄人口的33.1%。目前的乡村劳动力老龄化程度严重，45岁以上劳动年龄人口占一半，青壮年劳动力严重不足，见图3—1。据2021年年底发布的《人口与劳动绿皮书：中国人口与劳动问题报告 No.22》预测，中国将在"十四五"期间出现城镇化由高速推进向逐步放缓的"拐点"，2035年后进入相对稳定发展阶段，中国城镇化率峰值大概率出现在75%—80%。乡村人口的明显减少将直接导致乡村劳动力数量的减少，有效劳动力供给成为新时代农业农村发展的相对稀缺要素。

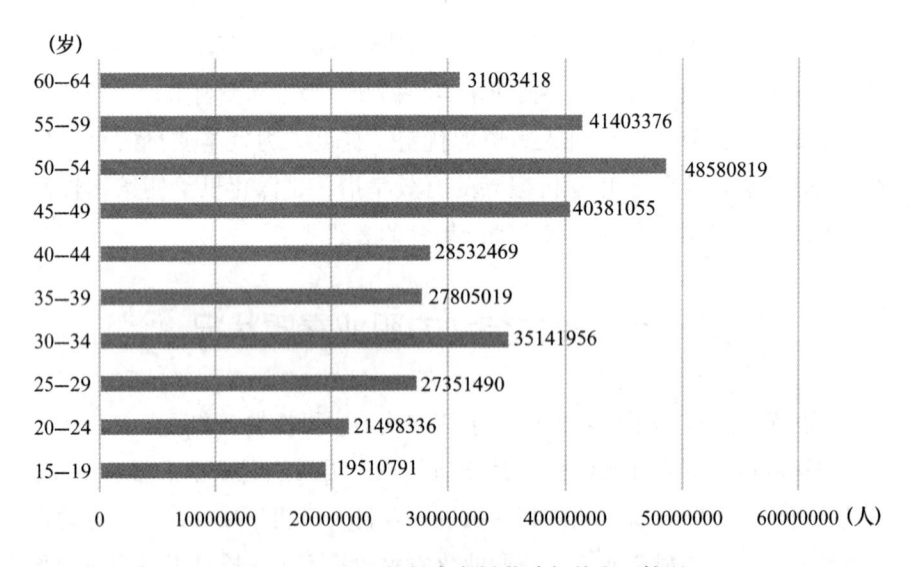

年龄（岁）	人数
60—64	31003418
55—59	41403376
50—54	48580819
45—49	40381055
40—44	28532469
35—39	27805019
30—34	35141956
25—29	27351490
20—24	21498336
15—19	19510791

图3—1　2020年年底乡村劳动年龄人口情况

数据来源：中国统计年鉴2021。

二　乡村职业大量消亡，劳动力以从事生产类职业为主

职业的本质是劳动力与生产资料的结合，这种结合不仅体现在劳动力在不同的产业中实现就业，也体现在劳动力在不同的职业上创造的价值。[①] 我国1999年首次发布《中华人民共和国职业分类大典》（以下简称

---

① 郭宇强：《我国职业结构变迁研究》，博士学位论文，首都经济贸易大学，2007年。

《大典》），2015年发布修订版，从《大典》修订的情况来看，乡村劳动力直接参与的第五大类职业（农、林、牧、渔业生产及辅助人员）消亡数量最多，1999年是135个，2015年修订后变为52个，消亡了近61%的职业，见表3—1。

表3—1　　　　　1999年和2015年职业分类体系对比

1999年版《大典》				2015年版《大典》			
大类	中类	小类	细类（职业）	大类	中类	小类	细类（职业）
第一大类：国家机关、党群组织、企业、事业单位负责人	5	16	25	第一大类：党的机关、国家机关、群众团体和社会组织、企事业单位负责人	6	15	23
第二大类：专业技术人员	14	115	440	第二大类：专业技术人员	11	120	451
第三大类：办事人员和有关人员	4	12	53	第三大类：办事人员和有关人员	3	9	25
第四大类：商业、服务业人员	8	43	197	第四大类：社会生产服务和生活服务人员	15	93	278
第五大类：农、林、牧、渔、水利业生产人员	6	30	135	第五大类：农、林、牧、渔业生产及辅助人员	6	24	52
第六大类：生产、运输设备操作人员及有关人员	27	195	1176	第六大类：生产制造及有关人员	32	171	650
第七大类：军人	1	1	1	第七大类：军人	1	1	1
第八大类：不便分类的其他从业人员	1	1	1	第八大类：不便分类的其他从业人员	1	1	1
合计	66	413	2028		75	434	1481

从乡村就业人员职业结构来看，截至2020年年末，全国7.5亿就业人员中，2.9亿是乡村就业人员。这些人员中，92.8%从事的是技能类职业。其中，19.5%从事商业、服务业职业，49%从事农林牧渔水利业生产类职业，24.1%从事生产运输设备操作类职业。从事农林牧渔水利业生产类职业的人员不足一半，见表3—2。

表3—2　　　　　　　　　乡村就业人员职业情况

地域	全国占比（%）	城镇占比（%）	农村占比（%）
单位负责人	1.8	2.7	0.4
专业技术人员	9.5	13.5	3.1
办事人员和有关人员	11.7	17	3.2
商业、服务业人员	31.7	39.3	19.5
农林牧渔水利业生产人员	23.8	8.1	49.0
生产运输设备操作人员及有关人员	21.2	19.4	24.1
其他	0.2	0.2	0.2

注：全国各类人员占比和城镇各类人员占比均来自《中国劳动统计年鉴2021》（国家统计局人口和就业统计司、人力资源和社会保障部规划财务司编，中国统计出版社），农村各类人员占比根据全国各类人员占比和城镇各类人员占比计算得出，数据截止日期为2020年年末。

三　乡村就业人员数量逐年递减，第一产业降幅较大

据统计，截至2020年年底，乡村就业人员约为2.9亿，约占全国7.5亿就业人员的38.7%，占全国7.8亿劳动力的37.2%。近十年来，乡村就业人员数量逐年减少，降幅近30%。第一产业就业人员约为1.8亿，约占全国7.5亿就业人员的23.6%，占全国7.8亿劳动力的23%。近十年来降幅近37%。

从三大产业就业人员的变化情况来看，改革开放以来，三大产业就业人员比例发生显著变化，第一产业就业人员比例从1978年的70.5%持续下降为2020年的23.6%；第二产业就业人员经历了逐步上升到逐步下降

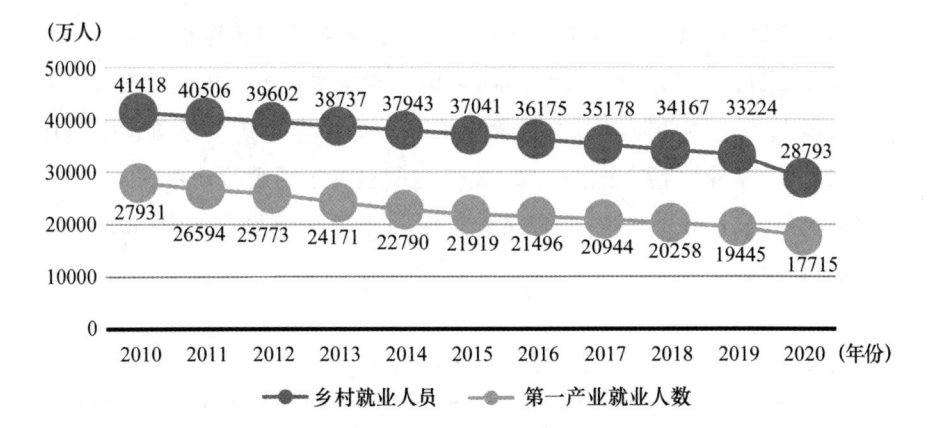

图3—2 2010—2020年乡村就业人员和第一产业就业人员数量

数据来源：中国统计年鉴2021。

的波动发展阶段，2012年是分水岭；第三产业人员从1978年的12.2%持续上升为2020年的47.7%。

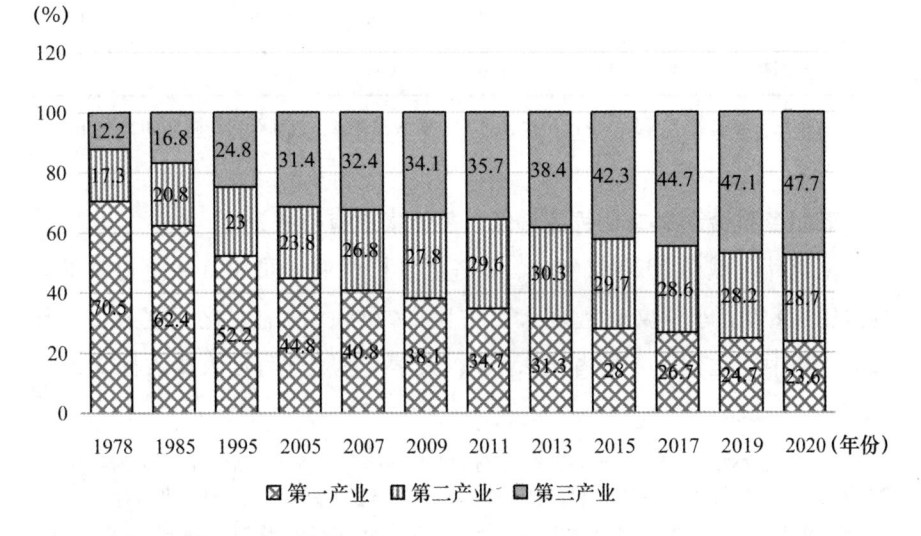

图3—3 1978—2020年三大产业就业人数比例变化

数据来源：中国劳动统计年鉴2021。

四 劳动力中自营劳动者和家庭帮工占比乡村远高于城镇

从就业身份[①]统计情况来看,截至2020年年底,近2.9亿乡村劳动力中一多半人员(54.2%)属于自营劳动者,明显高于城镇劳动者中的比例(22.9%),家庭帮工比例(2.4%)也明显高于城镇劳动者(1.1%);而雇主和雇员比例(1.3%,42.4%)则明显低于城镇劳动者(2.6%,73.4%),见表3—3。

表3—3　　　　　　　乡村就业人员就业身份情况

地域	全国 数量(万人)	全国 百分比(%)	城镇 数量(万人)	城镇 百分比(%)	乡村 数量(万人)	乡村 百分比(%)
总数	75064	100	46271	100	28793	100
雇员	46164	61.5	33963	73.4	12201	42.4
雇主	1576	2.1	1203	2.6	373	1.3
自营劳动者	26197	34.9	10596	22.9	15601	54.2
家庭帮工	1201	1.6	509	1.1	692	2.4

数据来源:根据《中国劳动统计年鉴2021》相关数据计算,数据截止日期为2020年年末。

五 乡村劳动力文化程度偏低,整体素质有待提升

据统计,截至2020年年末,2.9亿乡村就业人员中,未上过学的人员占比4.8%;小学文化程度人员占比29.6%;初中文化程度人员占比52%;高中文化程度人员占比9.8%;大学专科文化程度人员占比2.5%;

---

① 《中国劳动统计年鉴》统计中就业身份分为四种类型:①雇员。指为取得劳动报酬而为单位或雇主工作的人员。②雇主(包括雇用临时雇员)。指自负盈亏或与合伙人共负盈亏,具有生产经营决策权,其报酬直接取决于生产、经营利润的人员。雇主的基本特征是雇用其他人为自己工作并向被雇用人支付工资。③自营者。指自负盈亏或与合伙人共负盈亏,具有生产经营决策权的人员。自营劳动者的特征是既不被雇用也不雇用他人。如果有亲属帮忙但不支付工资,经营者本人仍属自营劳动者。④无酬家庭帮工。指为家庭成员或亲属经营的公司、企业或生意工作,但无经营决策权,也不领取报酬的人员,也称无酬家庭帮工。

大学本科文化程度人员占比 0.3%；研究生文化程度人员占比 0.1%，见表 3—4。整体来看，乡村就业人员文化程度偏低，高中以上文化程度的仅占 12.7%，与城镇就业人员中高中以上文化程度 56.5% 的比例相去甚远。

表 3—4　　　　　　　　乡村就业人员受教育情况

就业人员	全国 占比（%）	城镇 占比（%）	农村 占比（%）
未上过学	2.4	0.9	4.8
小学	16.3	8	29.6
初中	41.7	35.3	52
高中	17.5	22.3	9.8
大学专科	11.3	16.8	2.5
大学本科	9.8	15.7	0.3
研究生	1.1	1.7	0.1

注：全国各类人员占比和城镇各类人员占比均来自《中国劳动统计年鉴 2021》（国家统计局人口和就业统计司、人力资源和社会保障部规划财务司编，中国统计出版社），农村各类人员占比根据全国各类人员占比和城镇各类人员占比计算得出，数据截止日期为 2020 年年末。

《全民科学素质行动计划纲要（2006—2010—2020 年）》将农民作为科学素质行动的重点人群之一。第十一次中国公民科学素质抽样调查结果显示，2020 年我国公民具备科学素质的比例达到 10.56%，比 2015 年提高了 4.36 个百分点，比纲要颁布前的 2005 年提高了 8.96 个百分点，整体水平快速提升。但城乡发展不平衡的问题依然突出，城乡差距未见缩小。2020 年城镇居民和农村居民的公民科学素质水平分别为 13.75% 和 6.45%，城乡差距达 7.3%，与 2015 年 7.29% 的差距水平基本持平。

六　乡村劳动力接受教育培训的比例还很低

调查数据表明，乡村劳动力中接受教育培训的比例比较低。从高素质农民培训的情况看，全国仅为 7.1%，其中西部地区接受培训的比例最高，也仅为9%，而东北、中部及东部地区的占比依次降低且均低于全国平均水平。此外，接受专项培训的比例更低，在这些培训中，同样是西部地区接受培训的占比最高。究其原因主要与西部地区农民培训的高投入有关，见表3—5。

表3—5　　　　　　　　农民接受教育培训情况　　　　　　　　单位：%

	全国	东部	中部	西部	东北
接受过高素质农民培训	7.1	5.9	6.3	9.0	6.4
接受过现代青年农场主培训	1.0	0.8	1.2	1.4	0.3
接受过农村实用人才带头人培训	2.2	1.1	1.6	4.0	1.7
接受过新型农业经营主体带头人培训	1.1	1.1	1.0	1.6	0.5
接受过农机大户和农机合作社带头人培训	1.0	0.7	0.3	2.1	0.5

数据来源：彭超：《高素质农民培育政策的演变、效果与完善思路》，《理论探索》2021年第1期，第22—30页。数据是2018年全国农村固定观察点对80593个农村居民的调查数据。

第二节　乡村劳动力技能培养与提升的现状与成效

乡村劳动力技能培养与提升是乡村人力资源开发的重要举措，通常以"培训"为主要手段，借助一些培训载体或平台，以多样化的方式培养和提升乡村劳动力技术水平，使其具备从事现代化农业生产的能力素质，更好地服务现代农业和农村经济社会发展，并实现自身的持续性成长和进步。农民是乡村劳动力的主体，是推进乡村建设的核心力量。2012年的中央一号文件首次提出大力培育新型职业农民，此后历年的中央一号文件对新型职业农民培训均有部署，见表3—6，新型职业农民培训已经成为乡村劳动力技能培养与提升的主要举措。通过十年持续发展与完善，培养"有文化、懂技术、善经营、会管理"的新型职业农民的工作理念逐渐明晰，具有中国特色的新型职业农民培养的制度体系基本确立，新型职业农民培育工程成为新型职业农民培训的主要抓手，技能培养与提升体系不断健全，基础建设日益完善。

表 3—6　　　　2012—2021 年中央一号文件中对新职业
农民培训工作的部署

年份	表述
2012	大力培育新型职业农民，对未升学的农村高初中毕业生免费提供农业技能培训
2013	大力培育新型农民和农村实用人才，着力加强农业职业教育和职业培训。充分利用各类培训资源，加大专业大户、家庭农场经营者培训力度，提高他们的生产技能和经营管理水平
2014	加大对新型职业农民和新型农业经营主体领办人的教育培训力度
2015	积极发展农业职业教育，大力培育新型职业农民
2016	加快培育新型职业农民。将职业农民培育纳入国家教育培训发展规划，基本形成职业农民教育培训体系，把职业农民培养成建设现代农业的主导力量。办好农业职业教育，将全日制农业中等职业教育纳入国家资助政策范围。依托高等教育、中等职业教育资源，鼓励农民通过"半农半读"等方式就地就近接受职业教育。开展新型农业经营主体带头人培育行动，通过 5 年努力使他们基本得到培训。加强涉农专业全日制学历教育，支持农业院校办好涉农专业，健全农业广播电视学校体系，定向培养职业农民
2017	开发农村人力资源，重点围绕新型职业农民培育、农民工职业技能提升。优化农业从业者结构，深入开展现代青年农场主培养计划、新型农业经营主体带头人轮训计划
2018	大力培育新型职业农民。全面建立职业农民制度，完善配套政策体系。实施新型职业农民培育工程
2019	实施新型职业农民培育工程。大力发展面向乡村需求的职业教育，加强高等学校涉农专业建设
2020	整合利用农业广播学校、农业科研院所、涉农院校、农业龙头企业等各类资源，加快构建高素质农民教育培训体系
2021	培育高素质农民，组织参加技能评价、学历教育，设立专门面向农民的技能大赛。面向农民就业创业需求，发展职业技术教育与技能培训，建设一批产教融合基地。开展耕读教育。加快发展面向乡村的网络教育。加大涉农高校、涉农职业院校、涉农学科专业建设力度

一　高素质农民的培养目标逐步明晰

"高素质农民"概念由"新型职业农民"概念发展而来。

新型职业农民是以农业为职业、具有相应的专业技能、收入主要来自农业生产经营并达到相当水平的现代农业从业者。主要包括生产经营、专业技能和社会服务三种类型。与传统农民的主要区别在于：新型职业农民概念下，农民是一种主动选择的"职业"，而传统意义下，农民是一种被动烙印上的"身份"。

2005 年"职业农民"这一提法首次出现在政策文件中。[①] 2011 年 12 月 27 日，原农业部部长韩长赋在全国农业工作会议上的讲话中强调，要加快培养具有一定科技素质、职业技能和经营能力的新型职业农民。2012 年中央一号文件中首次提出大力培育新型职业农民，自此新型职业农民的培养正式上升为国家战略性政策，政策力度持续加大。2017 年，习近平总书记在参加"两会"四川代表团审议时指出，"就地培养更多爱农业、懂技术、善经营的新型职业农民"。同年，农业部出台《"十三五"全国新型职业农民培育发展规划》，提出要"加快构建一支有文化、懂技术、善经营、会管理的新型职业农民队伍"。

2019 年 8 月，中共中央发布《中国共产党农村工作条例》，其中在"队伍建设"中提到"培养一支有文化、懂技术、善经营、会管理的高素质农民队伍，造就更多乡土人才"。2021 年 2 月，中共中央办公厅 国务院办公厅印发《关于加快推进乡村人才振兴的意见》，明确指出"加快培养高素质农民队伍，支持创办领办新型农业经营主体和培养造就一批能够引领一方、带动一片的农村实用人才带头人"。同年 4 月，《中华人民共和国乡村振兴促进法》也强调要"培养有文化、懂技术、善经营、会管理的高素质农民和农村实用人才、创新创业带头人"。

综上，高素质农民是新型职业农民的替代性说法，其培养目标均是具备"有文化、懂技术、善经营、会管理"素质的职业农民。

[①] 农业部在《关于实施农村实用人才培养"百万中专生计划"的意见》中提出，农村实用人才的重点培育对象是"农村劳动力中具有初中（或相当于初中）及以上文化程度，从事农业生产、经营、服务以及农村经济社会发展等领域的职业农民"。

二 具有中国特色的高素质农民培养制度体系基本确立

2012年中央一号文件提出培育新型职业农民,同年8月,农业部印发《新型职业农民培育试点工作方案》,在全国试点100个县开展新型职业农民培育工作,探索新型职业农民培育的方法和路径。经过近十年的创新探索和试点示范,在总结经验的基础上,基本确立了适应新型职业农民培育要求,教育培训、规范管理、政策扶持"三位一体",生产经营型、专业技能型、专业服务型"三类协同",初级、中级、高级"三级贯通"的新型职业农民培育制度框架。同时,在中央统筹部署下,农业部门联合相关部委开发特色农民培养制度体系。如联合人力资源和社会保障部实施农民工等人员返乡创业培训,联合全国妇联开展高素质女性农民培养,联合中国科学技术协会开展农民科学素质提升行动,联合共青团中央评选"全国农村青年致富带头人",联合国家农业信贷担保联盟有限公司开展金融担保服务支持农民发展,吸引大批企业积极参与培育工作,为农民技能培养和提升注入强劲市场动能。

三 新型职业农民培育工程成为主要抓手

2014年,农业部联合财政部启动实施新型职业农民培育工程,在全国遴选两个示范省、4个示范市和300个示范县。2017年,农业部印发《"十三五"全国新型职业农民培育发展规划》,提出"新型职业农民队伍总体文化素质、技能水平和经营能力显著改善,农业职业培训普遍开展,线上线下培训融合发展"的发展目标,并设计了"新型职业农民培育工程""新型职业农民学历提升工程"和"新型职业农民培育信息化建设工程"等三项重点工程。"十三五"期间,中央财政累计投入91.9亿元,以现代青年农场主、产业扶贫带头人、新型经营主体带头人和返乡回乡农民为重点,按照每年100万人的培养计划,累计培育高素质农民500万人,[①] 直接培训农村实用人才带头人11万人,涉农高等职业教育首次面

---

① 《农业现代化辉煌五年系列宣传之十九:高素质农民 农业现代化主力军》,中华人民共和国农业农村部官网,http://www.ghs.moa.gov.cn/ghgl/202106/t20210611_6369491.htm。

向农民扩招达 3.5 万人。① 截至 2020 年年底，全国高素质农民规模超过 1700 万人，高中以上文化程度占比达到 35%，大批高素质农民活跃在农业生产经营一线，成为新型农业经营主体的骨干力量。②

四 乡村劳动力技能培养与提升体系不断健全

"十三五"期间，农业农村部联合相关部门启动实施"高素质农民培育工程"和"百万高素质农民学历提升行动计划"，加快建设具有中国特色的农民教育培训体系，基本形成农业农村部门牵头、公益性培训机构为主体、市场力量和多方资源共同参与的"一主多元"的高素质农民教育培训体系。各级农广校、涉农院校、农业科研院所、农技推广机构等各类公益性培训资源对新型职业农民培育的支撑作用明显。农业企业、农民合作社等市场主体，通过政府购买服务、市场化运作等方式积极参与培育工作，农业职业教育集团积极发挥作用，深化产教融合、校企合作，拓宽新型职业农民培育渠道，推动新型职业农民培育面向产业、融入产业、服务产业。农业园区、农业企业充分发挥自身优势，建立新型职业农民实习实训基地和创业孵化基地，引导农民合作社建立农民田间学校，为新型职业农民提供就近就地学习、教学观摩、实习实践和创业孵化场所。

五 农民教育培训基础建设日益完善

一是依托农村实用人才培训基地开展农民实习实训。从 2006 年起，农业部会同中共中央组织部在全国范围内陆续遴选了一批产业发展好、村容建设美、示范效应强的先进典型村庄作为农村实用人才培训基地，截至 2020 年年底，已建成 28 个部级基地、12 个省级基地，部省两级基地覆盖 31 个省（区、市），形成了"村庄是教室、村官是教师、现场是教材"的培训模式。③

---

① 《农民教育迈新台阶 全国高素质农民超 1700 万人》，人民网，2020 年 11 月 19 日。http://js.people.com.cn/n2/2020/1120/c359574-34426831.html。
② 农业现代化辉煌五年系列宣传之一：农业现代化成就辉煌 全面小康社会根基夯实。
③ 《对十三届全国人大三次会议第 8007 号建议的答复》，中华人民共和国农业农村部官网，http://www.moa.gov.cn/govpublic/RSLDS/202010/t20201026_6355110.htm，2020 年 9 月 27 日。

表3—7 乡村劳动力技能培养与提升体系

体系	学历提升体系	新型职业农民培育体系		职业技能提升体系	
计划	百万高素质农民学历提升行动计划	新型农业经营主体带头人轮训计划	现代青年农场主培养计划	农村实用人才带头人培训计划	农村转移劳动力等职业技能提升计划	农村创业创新带头人培育行动
主体	涉农院校和其他院校中的涉农专业	农广校、涉农院校、农技推广机构等公益性涉农培训机构		科研院所、农技推广机构等公益性涉农培训机构	公共实训基地和职业院校（含技工院校）	
对象	乡村干部（现职农村"两委"班子成员）、高素质农民（新型农业经营主体、乡村社会服务组织带头人、农业技术人员、乡村致富带头人、退役军人、返乡农民工等）	专业大户、家庭农场经营者、农民合作社带头人、农业龙头企业负责人和农业社会化服务组织负责人	中等教育及以上学历，年龄在18—45周岁的返乡下乡创业农民工、中高等院校毕业生、退役士兵以及农村务农青年	贫困地区农村两委干部、产业发展带头人、大学生村官	农村转移劳动力、返乡农民工、脱贫劳动力	返乡入乡创业创新人员

续表

体系	学历提升体系	新型职业农民培育体系	职业技能提升体系
方式	采取"农学结合、工学交替"的人才培养模式，施行弹性学制和灵活多元教学模式	为期3年的培养，其中培育2年，后续跟踪服务1年；短期轮训；按照"村庄是教室，村官是教师，现场是教材"的培养模式，通过专家授课、现场教学、交流研讨的教学模式	乡村建设所需的农业农村本地人才技能培训；高素质农民先进实用技术技能培训，各类现代农业技术培训和其他涉农农技培训；创业意识、创办企业、网络创业、创业（模拟）实训、企业经营发展培训
预期结果	对学习培训经历、职业技术技能、从业经历等，按地方或学校教育有关规定和程序认定为学历相关课程学分。学习期满达到毕业要求的，颁发相应学历证书	提高综合素质和职业能力；提高农村带头人增收致富本领和示范带动能力	培养一批农业农村高技能人才和乡村工匠；提升农业农村产业发展能力和新型农业经营主体经营管理能力；提升返乡入乡人员的项目选择、市场评估、创业计划等能力
组织	教育部门联合农业部门配合	农业部门牵头，教育、人力资源社会保障、财政等相关部门密切配合	人社部门牵头，联合教育、民政、发展改革、财政、工业和信息化、住房城乡建设、农业农村、退役军人、应急、乡村振兴、残联等部门和单位

二是依托农业企业建立高素质农民实训基地。截至 2020 年年底，全国依托农业企业建立的实训基地达到 2600 多家。

三是依托返乡创业基地开展返乡农民技能培养与提升活动。截至 2019 年 9 月，人力资源和社会保障部门认定扶持的以返乡创业农民工为主要服务对象的基地达 1037 个，已成为提供返乡农民创业技能培养和提升服务的重要阵地。①

四是涉农专业培养机构建设不断加强。截至 2019 年，全国开设高等学历继续教育涉农学科专业的院校 230 所（其中本科高校 132，高职院校 98 所，独立设置成人高校和开放大学 19 所），共开设 47 个相关专业（本科 20 个，专科 27 个），专业点 852 个。2019 年 4 月，"双高计划"②建设正式启动。共有 197 所高职学校入围"双高计划"拟建单位，其中农业类高水平高职学校建设单位 4 所、农业类高水平专业群建设单位 10 所。

五是充分利用云计算、大数据、互联网、智能装备等现代信息技术手段，为农民提供灵活便捷、智能高效的在线教育培训、移动互联服务和全程跟踪指导，提高培育效果。截至 2020 年 12 月底，全国农业科教云平台注册用户超过 1200 万，其中高素质农民近 800 万人，上线课程和农业技术视频近 8000 个。③

第三节 乡村劳动力职业技能培养与提升存在的问题

乡村劳动力的主体是农民，农民培训的主要目标是要解决"谁来种地"④

---

① 《对十三届全国人大二次会议第 7431 号建议的答复》，中华人民共和国农业农村部官网，http：//www. moa. gov. cn/govpublic/XZQYJ/201909/t20190918_6328216. htm，2019 年 9 月 18 日。

② 教育部会同财政部发布《教育部办公厅 财政部办公厅关于开展中国特色高水平高职学校和专业建设计划项目申报的通知》。

③ 《关于政协第十三届全国委员会第四次会议第 1584 号（农业水利类 244 号）提案答复的函》，中华人民共和国农业农村部官网，http：//www. moa. gov. cn/govpublic/KJJYS/202109/t20210907_6375911. htm，2021 年 9 月 7 日。

④ 2013 年 12 月 23 日，习近平总书记在中央农村工作会议上指出："我到农村调研，在很多村子看到的多是老年人和小孩，年轻人不多，青壮年男性更是寥寥无几。留在农村的是'三八六一九九部队'。出去的不愿回乡干农业，留下的不安心搞农业，再过十年、二十年，谁来种地？农业后继乏人问题严重，这的确不是杞人忧天啊！"

"如何种好地"这一根本性的现实问题。乡村劳动力技能培养与提升的根基是"职业化"。目前乡村职业分类体系缺乏、职业标准陈旧、政策精准性不够、培养体系不健全、培养机制不完善等问题已经制约了乡村劳动力技能培养和提升工作的有效开展。

一 乡村职业分类体系缺失

职业分类是职业技能培养与提升的基石。职业分类制度是依据一定的科学方法和标准，系统及权威性地划分和归类不同职业，并由政府部门定期或不定期地发布和修订职业分类结果的一项基本管理制度。层次分明的职业类别划分，不仅是职业分类的技术要求，也是强化国家职能部门管理功能的需要，是国家实行职业现代化管理的前提。不仅可以满足产业政策的研究需求，也是满足对劳动者及其劳动进行分类、分级、系统管理需求的重要基础。

《中华人民共和国职业分类大典》是我国第一部对职业进行科学分类的权威性文献，是职业领域的国家标准。1999年完成编制，2015年完成第一次修订。从大典修订结果看，技术类和服务技能类职业略有增加，生产和制造技能类职业大量消亡，特别是与农业农村生产直接相关的第五大类职业（农、林、牧、渔业生产及辅助人员）消亡数量最多（见表3—1）。且从现行大典中的第五大类职业细类（职业）情况来看，职业相对陈旧，新职业开发力度不足，2019—2020年新增的56个新职业，仅有一个新增职业——农业经理人（5-05-01-02）属于第五大类，无法适应高质量发展现代农业、实现乡村振兴的现实要求（见表3—8）。

表3—8　　1999版和2015版大典中第五大类职业细类

序号	1999版		2015版	
1	5-01-01-01	农艺工	5-01-01-01	种子繁育员
2	5-01-01-02	啤酒花生产工	5-01-01-02	种苗繁育员
3	5-01-01-03	作物种子繁育工	5-01-02-01	农艺工
4	5-01-01-04	农作物植保工	5-01-02-02	园艺工
5	X5-01-01-05	农作物种子加工员	5-01-02-03	食用菌生产工
6	5-01-01-99	其他大田作物生产人员	5-01-02-04	热带作物栽培工
7	5-01-02-01	农业实验工	5-01-02-05	中药材种植员

续表

序号	1999 版		2015 版	
8	5-01-02-02	农情测报员	5-02-01-00	林木种苗工
9	5-01-02-99	其他农业实验人员	5-02-02-00	造林更新工
10	5-01-03-01	蔬菜园艺工	5-02-03-01	护林员
11	5-01-03-02	花卉园艺工	5-02-03-02	森林抚育工
12	5-01-03-03	果、茶、桑园艺工	5-02-04-01	林木采伐工
13	5-01-03-04	菌类园艺工	5-02-04-02	集材作业工
14	5-01-03-99	其他园艺作物生产人员	5-02-04-03	木材水运工
15	5-01-04-01	天然橡胶生产工	5-03-01-01	家畜繁殖员
16	5-01-04-02	剑麻生产工	5-03-01-02	家禽繁殖员
17	5-01-04-99	其他热带作物生产人员	5-03-02-01	家畜饲养员
18	5-01-05-01	中药材种植员	5-03-02-02	家禽饲养员
19	5-01-05-02	中药材养殖员	5-03-03-01	经济昆虫养殖员
20	5-01-05-03	中药材生产管理员	5-03-03-02	实验动物养殖员
21	5-01-05-99	其他中药材生产人员	5-03-03-03	特种动物养殖员
22	5-01-06-01	棉花加工工	5-04-01-01	水生动物苗种繁育工
23	5-01-06-02	果类产品加工工	5-04-01-01	水生植物苗种培育工
24	5-01-06-03	茶叶加工工	5-04-02-01	水生动物饲养工
25	5-01-06-04	蔬菜加工工	5-04-02-02	水生植物栽培工
26	5-01-06-05	竹、藤、麻、棕、草制品加工工	5-04-02-03	水产养殖潜水工
27	5-01-06-06	特种植物原料加工工	5-04-03-01	水产捕捞工
28	5-01-06-99	其他农副林特产品加工人员	5-04-03-02	渔业船员
29	5-01-99-00	其他种植业生产人员	5-04-03-03	渔网具工
30	5-02-01-01	林木种苗工	5-05-01-00	农业技术员
31	5-02-01-02	造林更新工	5-05-02-01	农作物植保员
32	5-02-01-03	抚育采伐工	5-05-02-02	林业有害生物防治员
33	5-02-01-04	营林试验工	5-05-02-03	动物疫病防治员
34	X5-02-01-05	营造林工程监理员	5-05-02-04	动物检疫检验员
35	5-02-01-99	其他营造林人员	5-05-02-05	水生物病害防治员
36	5-02-02-01	护林员	5-05-02-06	水生物检疫检验员
37	5-02-02-02	森林病虫害防治员	5-05-03-01	沼气工

续表

序号	1999 版		2015 版	
38	5-02-02-03	森林防火员	5-05-03-02	农村节能员
39	5-02-02-99	其他森林资源管护人员	5-05-03-03	太阳能利用工
40	5-02-03-01	野生动物保护员	5-05-03-04	微水电利用工
41	5-02-03-02	野生植物保护员	5-05-03-05	小风电利用工
42	5-02-03-03	自然保护区巡护监测员	5-05-04-00	农村环境保护工
43	5-02-03-04	标本员	5-05-05-01	农机驾驶操作员
44	5-02-03-99	其他野生动植物保护及自然保护区人员	5-05-05-02	农机修理工
45	5-02-04-01	木材采伐工	5-05-05-03	农机服务经纪人
46	5-02-04-02	集材作业工	5-05-06-01	园艺产品加工工
47	5-02-04-03	木材水运工	5-05-06-02	棉花加工工
48	5-02-04-04	装卸归楞工	5-05-06-03	热带作物初制工
49	5-02-04-99	其他木材采运人员	5-05-06-04	植物原料制取工
50	5-02-99-00	其他林业生产及野生动植物保护人员	5-05-06-05	竹麻制品加工工
51	5-03-01-01	家畜饲养工	5-05-06-06	经济昆虫产品加工工
52	5-03-01-02	家畜繁殖工	5-05-06-07	水产品原料处理工
53	X5-03-01-03	牛肉分级员		
54	5-03-01-99	其他家畜饲养人员		
55	5-03-02-01	家禽饲养工		
56	5-03-02-02	家禽繁殖工		
57	5-03-02-99	其他家禽饲养人员		
58	5-03-03-01	蜜蜂饲养工		
59	5-03-03-02	蜂产品加工工		
60	5-03-03-99	其他蜜蜂饲养人员		
61	5-03-04-01	实验动物饲养工		
62	5-03-04-99	其他实验动物饲养人员		
63	5-03-05-01	动物疫病防治员		
64	5-03-05-02	兽医化验员		
65	5-03-05-03	动物检疫检验员		
66	5-03-05-04	中兽医员		

续表

序号	1999 版		2015 版
67	X5-03-05-05	水生生物病害防治员	
68	X5-03-05-06	水生生物检疫检验员	
69	X5-03-05-07	宠物医师	
70	5-03-05-99	其他动物疫病防治人员	
71	5-03-06-01	草地监护员	
72	5-03-06-02	牧草工	
73	5-03-06-03	草坪建植工	
74	5-03-06-99	其他草业生产人员	
75	5-03-99-00	其他畜牧业生产人员	
76	5-04-01-01	水生动物苗种繁育工	
77	5-04-01-02	水生植物苗种培育工	
78	5-04-01-03	水生动物饲养工	
79	5-04-01-04	水生植物栽培工	
80	5-04-01-05	珍珠养殖工	
81	5-04-01-06	生物饵料培养工	
82	5-04-01-07	水产养殖潜水工	
83	X5-04-01-08	海水水生动物养殖工	
84	X5-04-01-09	淡水水生动物养殖工	
85	X5-04-01-10	水产养殖质量管理员	
86	5-04-01-99	其他水产养殖人员	
87	5-04-02-01	水产捕捞工	
88	5-04-02-02	渔业生产船员	
89	5-04-02-03	水生动植物采集工	
90	5-04-02-04	渔网具装配工	
91	5-04-02-99	其他水产捕捞及有关人员	
92	5-04-03-01	水产品原料处理工	
93	5-04-03-02	水产品腌熏烤制工	
94	5-04-03-03	鱼糜及鱼糜制品加工工	
95	5-04-03-04	鱼粉加工工	
96	5-04-03-05	鱼肝油及制品加工工	
97	5-04-03-06	海藻制碘工	

续表

序号	1999 版		2015 版
98	5-04-03-07	海藻制醇工	
99	5-04-03-08	海藻制胶工	
100	5-04-03-09	海藻食品加工工	
101	5-04-03-10	贝类净化工	
102	5-04-03-99	其他水产品加工人员	
103	5-04-99-00	其他渔业生产人员	
104	5-05-01-01	河道修防工	
105	5-05-01-02	混凝土维修工	
106	5-05-01-03	土石维修工	
107	5-05-01-04	水工检测工	
108	5-05-01-05	建(构)筑物防治工	
109	X5-05-01-06	水域环境养护保洁员	
110	5-05-01-99	其他河道、水库管养人员	
111	5-05-02-01	灌排工程工	
112	5-05-02-02	渠道维护工	
113	5-05-02-03	灌区供水工	
114	5-05-02-04	灌溉试验工	
115	5-05-02-99	其他农田灌排工程建设管理维护人员	
116	5-05-03-01	水土保持防治工	
117	5-05-03-02	水土保持测试工	
118	5-05-03-03	水土勘测工	
119	5-05-03-99	其他水土保持作业人员	
120	5-05-04-01	水文勘测工	
121	5-05-04-02	水文勘测船工	
122	5-05-04-99	其他水文勘测作业人员	
123	5-05-99-00	其他水利设施管理养护人员	
124	5-99-01-01	拖拉机驾驶员	
125	5-99-01-02	联合收割机驾驶员	
126	5-99-01-03	农用运输车驾驶员	
127	5-99-01-99	其他农林专用机械操作人员	

续表

序号	1999 版		2015 版
128	5-99-02-01	沼气生产工	
129	5-99-02-02	农村节能员	
130	5-99-02-03	农用太阳能设施工	
131	5-99-02-04	生物质能设备工	
132	X5-99-02-05	太阳能利用工	
133	X5-99-02-06	微水电利用工	
134	X5-99-02-07	小风电利用工	
135	5-99-02-99	其他农村能源开发利用人员	

此外，目前职业分类体系框架是基于职业本身设计的，要充分发挥其效力，需要依据产业、行业等方面的现实条件进行组合。经过多年实践发展，新型职业农民培训已经基本形成了"生产经营型、专业技能型、专业服务型"三大类型，涉及大典中第五大类的全部职业和四、六大类中的部分职业，但截至目前，尚未有清晰的职业分类体系指导相关培训工作，因此乡村劳动力技能培养和提升的系统性、针对性问题没有得到很好的解决。

二 乡村职业标准相对陈旧

国家职业技能标准属于工作标准，是在职业分类基础上，根据职业活动内容，对从业人员的理论知识和技能要求提出的综合性水平规定，是开展职业教育培训和人才技能鉴定评价的基本依据。2012年，人力资源和社会保障部印发了《国家职业技能标准编制技术规程》（以下简称2012年版《规程》），对于规范国家职业技能标准编制工作，开展职业技能培训、人才技能鉴定评价，加强技能人才队伍建设，发挥了重要的促进作用。截至2017年，农业行业制定及修订并经人力资源和社会保障部与农业部颁布的职业技能标准（包括农业行业职业标准）达94项。[①]

---

① 曲文涛：《国家职业技能标准开发中存在的问题与建议》，《农业科技与装备》2017年第10期，第83—84页。

2018年，为贯彻落实党的十九大关于"大规模开展职业技能培训""建设知识型、技能型、创新型劳动者大军"的要求，充分发挥职业技能标准在技能人才队伍建设中的引领作用，在征求各方意见的基础上，人力资源和社会保障部对2012年版《规程》进行了全面修订，颁布了《国家职业技能标准编制技术规程（2018年版）》。按照《中华人民共和国标准化法实施条例》，"标准实施后，制定标准的部门应当根据科学技术的发展和经济建设的需要适时进行复审。标准复审周期一般不超过五年"。这就意味着国家职业技能标准需要适时进行修订更新，近些年随着科技快速发展、农业现代化程度的加速提升，原有的国家职业技能标准对农业职业的活动范围、工作内容、技能要求和知识水平做出的规定已经明显落后于农业行业技能人员实际从业需求，用落后的标准指导乡村劳动力技能培养与提升工作显然是不合时宜的，亟待加快补充和修订速度。

三　农民职业技能培养与提升政策精准性有待进一步提高

2012年以来，各级政府均出台了许多关于"新型职业农民培育"的政策，在组织实施、宏观管理和各级职能定位等方面都有相关规定，对乡村劳动力技能培养与提升起到了重要的指导作用。但在精准落地方面还存在一些问题。

一是从总体上看，上述规定还是相对宽泛、更偏宏观管理，缺乏落地性的具体举措。如接受职业技能培养与提升培训后，取得证书与相关生产扶持政策挂钩的举措；职业技能培养与提升的长效机制建设等。

二是监管机制不到位。我国各地由于乡村劳动力状况不同、技能基础不同、对相关工作的重视程度不同，地区间劳动力技能培养和提升工作执行的差异性较大，发展不平衡。其主要原因是，在政策层面缺乏清晰的监管和考核机制，既没有明确的监管和考核部门，也没有明确的监管和考核措施，导致各地的政策执行具有很大的随意性和无序性，进而影响到乡村劳动力技能培养与提升的整体质量。

三是对乡村劳动力技能培养与提升的约束不足。从乡村劳动力自身素质来看，整体文化程度不高，加之受到传统观念、固有理念的影响，相当一部分乡村劳动力并没有意识到技能培养与提升对自身发展的重要性，片面地认为自己从事的职业不需要专业知识和技能的培训，这就导致他们缺乏主动学习的理念，接受培训教育的意愿不足。在此背景下，相关政策引力不足，政策效果有待进一步提升。

四 农民职业技能培养与提升体系有待进一步健全

"我国发展最大的不平衡是城乡发展不平衡，最大的不充分是农村发展不充分。"① 推动乡村人才振兴，要把人力资本开发放在首位。② 人力资本开发的主要途径就是职业教育和职业技能的培养与提升。③

首先从职业技能培养与提升的对象角度看。2018 年，国务院印发了《关于推行终身职业技能培训制度的意见》，2019 年开始大规模推行职业技能培训行动，2021 年发布《"技能中国行动"实施方案》《"十四五"职业技能培训规划》，职业技能培训成为保持就业稳定、缓解结构性就业矛盾的关键举措，是经济转型升级和高质量发展的重要支撑。但从政策设计来看，关注的还主要是二三产业的劳动者的职业技能培养与提升，就乡村劳动力而言，主要聚焦于以外出就业农民工为主的农村转移劳动力群体。在政策安排中，虽然也提到乡村劳动力技能培养与提升，④ 但在实际操作过程中，在人力资源和社会保障部门牵头的职业技能培训体系中，仅涉及返乡农民工就业创业的培训体系，且这一培训体系仍然聚焦二三产业，缺乏针对一产和乡村劳动力的技能培训内容。

其次从乡村职业教育体系建设角度看。2019 年印发了《国家职业教育改革实施方案》，在"提高中等职业教育发展水平"中提到要"积极招收初高中毕业未升学学生、退役军人、退役运动员、下岗职工、返乡农民

---

① 2018 年 9 月 21 日，习近平总书记主持党的十九届中共中央政治局第八次集体学习时的讲话。

② 2018 年 3 月 8 日，习近平总书记在参加党的十三届全国人大一次会议山东代表团审议时的讲话。

③ 20 世纪 60 年代，美国经济学家舒尔茨和贝克尔创立人力资本理论，开辟了关于人类生产能力的崭新思路。该理论认为人力资本是体现在人身上的资本，即对生产者进行教育、职业培训等支出及其在接受教育时的机会成本等的总和，表现为蕴含于人身上的各种生产知识、劳动与管理技能以及健康素质的存量总和。教育是提高人力资本最基本的主要手段。

④ "积极推进乡村建设所需的农业农村本地人才技能培训，培养一批农业农村高技能人才和乡村工匠。强化高素质农民先进实用技术技能培训，推进各类现代农业技术培训和其他涉农技术培训，提升农业农村产业发展能力和新型农业经营主体经营管理能力。"——《"十四五"职业技能培训规划》

工等接受中等职业教育；服务乡村振兴战略，为广大农村培养以新型职业农民为主体的农村实用人才"。同年，教育部等14部门联合印发了《职业院校全面开展职业培训促进就业创业行动计划》，鼓励涉农职业院校通过送培训下乡的形式把技术技能送到田间地头和养殖农牧场。农业部联合教育部开展"百万高素质农民学历提升行动计划"，2019—2020年累计完成高职扩招录取高素质农民6.6万人。但从总体来看，乡村职业教育在整个职业教育体系中尚处于落后水平，如在全国职业教育的专业布局中，农业产业专业设置偏弱偏少；在办学的区域布局上，对乡村区域的针对性和便利性不强。

综上，无论是职业技能培训体系建设方面，还是职业教育体系建设方面，面向农村农民的培训培养设计都相对薄弱，远远无法满足乡村振兴对农村劳动力技能培养与提升的需求。

五 乡村劳动力的培训机制有待进一步完善

做好乡村劳动力技能培养与提升工作，需要有运转协调、规范有序的机制做支撑。从目前情况看，乡村劳动力技能培训机制存在的内容针对性不强、模式较为单一、师资力量不足、经费相对有限等问题亟待解决。

（一）内容针对性不强

我国地域辽阔，气候、地形、资源等自然因素多样，各地的农业生产方式和农作物种类也各异，区域性特征较为明显，需要因地制宜地开展农业生产、经营、服务等活动。因此，各地对高素质农民的培训内容需要具有针对性和区域特色：一是要针对本地的农业生产特色和农业发展的需要，在设置培训课程内容时，将体现本地域特色的项目融入课程内容，在追求多样化的同时要特色鲜明。二是要具有灵活性和多样性，符合农民的兴趣、需求和素质基础，让他们有更多的选择空间。三是要结合当地发展需要，拓展产业领域。但从目前实际培训的情况来看：一是许多地方的培训机构，如农村成人学校存在不结合本地区实际生产情况和农业发展特征的现象，盲目照搬其他地区现有的课程项目，使得其培训课程的契合度不高、特色不鲜明和实效性不强，无法为本地区的农民职业化、农业产业化和农村经济发展提供应有的支撑作用。二是目前我国职业农民的培训多以农业生产技术、设备的操作技能和农业产业的经营、管理为主要内容，对于文化素养、身体素质和心理健康等内容涉及较少。此外，农村职业农民培训的内容大多以理论层面的知识为主，就算实践知识有所涉及，也只是一些与农业生产技术、机械设备有关的技能操作型知识，缺乏对于如何进行农业产业化活动、如何抵御市场风险等方面的实践性指导。三是目前培训机构的课程项目很难满足新型商品性农业发展需求。新型的商品性农业，其产业结构、生产技术和经营方式正在向市场化方向转型升级，并且也在向新的产业领域不断拓展，如农业与旅游业的结合，与文化产品的结合等，这些都要求培训机构能够结合本地农业经济发展目标和新型职业农民更高层次的发展所需来设置新的培训课程项目。

（二）模式较为单一

当前我国职业农民培训大多还是采用举办培训班、课堂讲授等传统的培训形式，主要还是停留在理论知识传授的层面，实地参观、田间操作和农业生产等实践层面涉及较少，培训方式较为单一。其呈现出理论性泛泛研究较多，实证性个案研究较少；宏观培训模式构建较多，微观行动研究推进较少；重复性的经验总结较多，实效性的典型模式较少的特点。大部分农民综合素质较为薄弱，一味地向他们传输理论知识，时间久了，他们会产生疲倦感，兴趣会降低。并且，实践课程的缺乏会让农民很难把理论知识运用到实际生产活动中，使其在遇到真正的实际困境时会出现慌不择路的状况。此外，新型职业农民的层次千差万别，单一的培训方式难以对他们进行差异化的培训，致使培训缺乏针对性和实效性。脱离实践层面的理论知识培训，也会使新型职业农民无法把学到的知识运用到实际的农业产业化、市场化进程中，抵御风险能力也无法得到提高。

（三）师资力量不足

对于新型职业农民的培训，需要教师既有关于农业产品经营、管理和市场化方面的知识，也有关于农业生产方面的相关知识，这就要求培训教师理论知识和实践经验都比较丰富。因此，培训教师仅拥有丰富的知识是远远不够的，还要有娴熟的授课技巧，这是基本功，而这些都对新型职业农民教师提出了较高的要求。当前职业农民培训的师资，大多是从当地高校、职业院校或农业机构聘请的相关专家，授课形式基本以课堂讲授为主，远远不能满足职业农民的培训需求。另外，从当前培训教师的知识更新程度来说，大多数教师不断更新自身知识的意识欠缺。现如今，农业科学技术发展迅猛，有关品种、技术和设备等都在不断地更新换代，许多培训教师仍然固守原本的知识和旧技术，难以适应现代农业产业化发展，更不用说去培育符合新时代的新型职业农民了。

（四）经费相对有限

当前，各地为响应乡村振兴战略和新型城镇化建设，积极开展职业农民培训工作，但农民职业培训的经费很难得到保障，这既不利于培训工作长期有效开展，也很难吸引社会资本投入。

一方面，政府为主导的经费投入相对有限。目前，职业教育和培训的经费来源主要是国家和各地财政拨款。虽然我国政府对职业教育和培训的经费投入在不断增加，但其财政支出的增长率还是远远低于其他类型的教育。新型职业农民培训要发展，没有经费的支持是很难实现的。经费不足，导致大量的培训工作不能落到实处，教学设施不能满足需要，教学资料也得不到及时的更新和补充，很多职业培训项目无法有效、可持续地开展。

另一方面，社会投资参与度较低。尽管农村成人教育经费在不断增加，但农村成人教育若想得到更好的发展，单靠政府经费的补贴是无法满足其需要的，需要拓宽投资渠道，建立政府、企业、社会等多元主体的投资机制。而农村经济发展水平低，基础设施建设不完善，使其对社会不同主体参与投资的吸引力不足。因此，拓宽农村职业教育的投入渠道，加大政府补贴的支持力度，是解决新型职业农民培训经费困难的重要途径。

第四节　促进乡村劳动力职业技能提升的对策建议

一　加大乡村新职业开发力度

职业是社会分工的结果，是劳动者参与社会经济活动的直接体现，是指不同的劳动者所从事的不同性质的社会劳动。产业由社会劳动分工发展起来，是专门从事某一类别生产经营活动的单位总和。一般来说，一个产业可以有多种职业。比如，在第一产业农业中，既有初级职业，也有技能型、技术型和专门职业。分析职业结构能够了解和把握一个国家产业结构状况和经济技术发展水平。当今世界正处在大发展大变革大调整中，新理论加速突破，新技术层出不穷，农业也走上了区域化、专业化的道路，不再是传统意义上的自然经济产业，而是用现代工业装备和现代科学技术武装、现代组织管理方法经营的社会化和商品化的现代化产业。从职业发展趋势看，现代农业发展正在深刻改变着乡村职业结构，符合乡村振兴战略需求的新业态、新职业不断涌现，因此，需要加大工作力度，跟进"三农"现代化发展进程，加强对乡村新职业开发工作的统筹规划、组织实施，积极推动乡村新职业论证和已有职业调整。

二　加快建立乡村职业分类体系

职业分类体系是劳动力职业技能培养与提升的基础性依据。职业分类的依据主要是职业的性质、活动方式、技术要求和管理范围，需要遵从科学规范、先进合理、内容完整和层次分明的原则。根据乡村振兴发展实践，回应乡村振兴发展需求，应进一步厘清职业与产业/行业、产业/行业间特有职业、共有职业的关系，以国家职业分类体系为基础，按照"生产经营型、专业技能型、专业服务型"的新型职业农民结构体系，建立乡村劳动力职业分类体系，编制《中华人民共和国职业分类大典》农业分册，促进职业分类工作服务农业领域；建立以职业分类为基础的乡村劳动力发展状况调查统计与监测预测机制，尽快形成以职业分类为基础的乡村劳动力数量、结构的统计指标，将乡村劳动力相关统计纳入国家统计系统，促使乡村劳动力调查统计工作规范化、法制化、常态化；打破职业信息孤岛，综合运用人口统计、城镇劳动力统计、有关部门人员统计和国家职业分类修订平台等信息资源，汇聚各方力量组织开展乡村劳动力职业发展状况调查，建立乡村劳动力职业信息数据库，定期发布《乡村劳动力职业发展报告》，为党和国家更好实施人才强国战略、制定乡村劳动力培育政策、提升农民科学素质等提供决策参考。

三　积极推进乡村职业技能标准更新完善

职业技能标准是对劳动力进行职业教育培训和职业技能等级鉴定的工作标准。《国家职业技能标准编制技术规程（2018年版）》相较2012年版而言，重点作了以下调整：一是将工匠精神和敬业精神内涵融入国家职业技能标准，作为职业道德要求的重要内容。二是在职业技能鉴定申报条件中，对申请参加职业技能鉴定人员必须具备培训经历的条件予以删除。三是将职业技能鉴定申报条件中"连续从事本职业工作年限"要求修改为"累计从事本职业或相关职业工作年限",打破职业资历、工作年限等的制约,促进人才特别是技能人才合理流动、有效配置。四是在职业标准中标注涉及安全生产或操作的关键技能要求,关键技能考核不合格的,则技能考核成绩为不合格。此外,还增加了示例、编排格式、出版格式要求等内容,细化了标准编制程序,对部分文字、术语等也进行了优化和调整。

2020年5月颁布了家畜繁殖员、农业技术员、农业经理人、农作物植保员、动物疫病防治员、动物检疫检验员、水生物病害防治员、农机修理工等8项涉农职业标准。农业经理人作为新职业,其标准是基于现代农业对生产经营管理活动专业化的要求首次制定并颁布。其余7项标准根据农业产业发展新情况、新特点及对从业人员技能的新要求,按照《国家职业技能标准编制技术规程(2018年版)》的有关要求,对原有标准进行的修订完善。职业分类大典中尚有40余项涉农职业标准没有出台或更新,需要加快推进力度,为有效提升乡村劳动力技能水平奠定扎实基础。

四 不断健全乡村劳动力技能培养与提升制度体系

发达国家的农村农民职业教育培训体制机制主要有西欧、东亚和北美三种模式。[①] 西欧模式是以政府为首,相关单位配合,同时联合农业培训网等机构,通过普通、成人教育和职业培训等多种形式开展的农民教育培训模式。比如,在英法等国家,农民首先要加强普通教育,然后通过奖励措施来激励职业培训,最后通过与考核制度相结合的措施来保障农民培训效果。东亚模式是以政府为主导,发展不同层次、多种类型的农民职业技能培训主体,以国家立法为保障,推进多层次、多目标及多方向的农民培训模式。比如,日本农业教育针对不同培养对象形成5个教育层次:大学本科教育、农业大学校教育、农业高等学校教育、就农准备校教育和农业指导士教育;韩国在教育系统内部形成初、中、高等农民职业教育,在

---

① 张庆庆、付争艳:《国外农民职业教育培训经验模式与启示》,《河南农业》2022年第1期。

农业系统内设置了农业推广教育、农业指导教育、农业实践教育和农业培训教育。北美模式是通过发展以农业相关学院为主导的农业科技培训模式,主要根据自身地理特点推广机械化耕作和规模经营的农业技术培训,最终实现农业教育、科学技术研究和农业技术推广的有机结合,从而实现农民整体素质的提高。比如,美国的农业教育注重实践性,形成正规农民教育与短期农民培训双规并行的农民职业教育机制。

借鉴发达国家的农村劳动力培训的经验,制度建设是乡村劳动力技能培养与提升的关键一环。乡村劳动力培训工作的良性发展需要建立健全相关制度,重点抓好培训的管理制度、职业资格制度、经费投入与使用制度、考核与奖惩制度和社会保障、劳动就业等配套制度的建设。另外,还要研究制定促进乡村劳动力培训项目建设的优惠政策,建立健全农民培训扶持制度,加大对农民接受培训的鼓励支持。比如,关于鼓励农民参与创业培训,可重点在农业基础设施建设、土地流转、农业金融信贷、培训补贴、社会医疗保险、产业扶持等方面给予倾斜,强化其创办各类经营实体的支持力度。比如,关于鼓励参与农业技术培训,可建立农技人员跟踪联系服务受训农民制度,将培训对象遴选为基层农技推广补助项目的科技示范户,实行农技人员与其对接服务。此外,还可以探索建立贫困县受训农民示范带动机制,鼓励生产经营型职业农民每人结对帮扶一个同产业的贫困户;探索受训农民保障机制,探索建立农村劳动力培训与中(高)职学历教育、农业职业技能鉴定和农村实用人才培养相衔接机制,提升受训农民综合素质。

五　持续完善乡村劳动力培训机制

(一) 合理设置培训内容

乡村劳动力技能培养与提升的目标就是要使农民理解、接受和采用新技术,提高农民的科学技术和经营管理水平,改变农民行为,从而合理利用自然资源,保护生态环境,发展农业生产,促进农村剩余劳动力转移就业,优化农村产业结构,提高农村经济发展水平,促进农村供给侧结构性改革。

针对乡村劳动力技能培养与提升的目标,需要突出实用性、实效性、效益性,结合当地农民的培训需求科学合理地设置培训内容。内容设计不但要适应农村社会发展和经济结构及农业结构的变化，还要回应农民生产、生活急需的知识和技术需求，以应用为主、以理论为辅。既有农业职业技能培训内容，还要有非农就业技能、科技素养、人文及市场经济知识、运营管理能力、政策法规等方面的内容，使农民了解农业相关政策、增强法制观念、享受劳动保障，全方位提高乡村劳动力素质，加快农业供给侧结构性改革步伐。

（二）丰富培训模式

乡村劳动力的培训方式和培训时间不能千篇一律，培训场所、方式和培训时间选择要以农民为主导。培训场所既可在村头路边、田间地头，又可在乡镇村庄；既可在课堂、会场、戏场、电影场，又可在饭场、农家小院、办公室、咨询室。培训方式既有讲课、讲演、表演，又有咨询、示范、报告和讨论。

坚持集中培训与分散培训相结合。当前在发展完善集中点培训方式的同时，还要开发方便农民、降低成本的方式。比如，大力发展点对点的培训，将培训力量放到乡村，在农民"家门口""田埂"开展培训，现场教授技术、立即实践技术，使农民不出门就能接受相关的技能培训。

培训时间可以灵活化，既有短期培训，也有中长期培训。大力开展一周内的短期培训，积极开展一个月以上的技能工种培训，实施周期一年以上的新型职业农民、农场主的培育工程。

培训类别实行学历教育与技能培训相结合。培训机构可以根据农民的实际需求采用函授或面授以及远程网络举办各种培训。

（三）加强师资队伍建设

教师是培训中的关键要素，好的师资队伍是培训质量的重要保证。对于乡村劳动力职业技能培训师资队伍建设，应从以下几个方面着手。

一是建立农村劳动力教师培养机制。政府出资联系高等院校特别是高等农业院校，开设农村劳动力师资培训班，为农村劳动力培训培养专业师资队伍。

二是加强师资队伍素质教育。在教师职业道德方面、专业知识和技能方面、生产实践方面、教学理论和技能方面加强教育和培养，让培训教师不仅有勇于吃苦、任劳任怨的精神，还能有适应培训工作需要的专业理论知识，熟练的专业技能，较强的实践能力、语言表达能力和组织教学的能力。

三是稳定培训师资队伍。提高培训教师的社会地位和经济待遇，改善其工作环境和生活条件；加强宣传和引导，吸引社会各类人才积极投身到农村劳动力培训工作中来。

四是加强"兼职"培训教师队伍建设。组建一支由大学退休教师、企事业单位专家和技术人员等组成的兼职教师队伍，这是农村劳动力培训专职教师的良好补充。

五是建立培训教师认证考核体系。重点从老师的文化素质、思想品德、专业知识、教学水平、经验及教学成绩等方面对教师进行认证考核，培训教师的工作绩效可一年一考核，优胜劣汰。

（四）加大经费投入

政府作为农村劳动力培训工作的主导者，应加大培训资金投入，以专项资金方式建立长效机制，提高实施主体和受训者补贴水平并优化补贴机制，强化农村劳动力培训持续发展保障力度。积极拓宽融资渠道，鼓励企业、个人等社会资金参与农村劳动力培训工作，扩大农村劳动力培训的资金来源，逐步建立起以政府为主导、多方支持的经费投入机制。

（五）加大宣传力度

乡村劳动力培训面对全体农民，覆盖面广，对提高农民文化素质、促进传统农业向现代农业转变具有重要意义。但由于目前农民群体文化程度相对偏低，加之有传统思想束缚，政策知晓率不高，主动接受培训意识不强，参训率有待提高。为扩大农村劳动力培训普及率，促进更多农民主动参加培训，需要加大培训宣传力度。

有关部门在有效利用传统和新兴媒体手段及时帮助农民了解开展农村劳动力培训的意义，营造有利于农村劳动力培训发展的舆论氛围的同时，还要采取个案方式（包括访问农户、定点咨询等）和群体方式（包括示范、现场参观、讲习班等），让更多农民了解到农村劳动力培训的实质，利用当前"三下乡"活动等多种途径宣传农村劳动力培训工作，提高农民对相关政策的了解程度。

第四章

乡村振兴背景下的乡村人力资源社会保险*制度完善

党的十八大以来，党中央把社会保障体系建设摆上更加突出的位置，对我国社会保障体系建设作出顶层设计，推动我国社会保障体系建设进入快车道。截至2020年年底，我国社会保险制度建设取得长足进步，基本养老保险参保人数为99864.9万人，失业保险参保人数为21689.5万人，工伤保险参保人数为26763.4万人。与此同时，随着我国经济社会发展进入高质量发展阶段以及新就业形态的快速涌现、人口流动性的不断增强，社会保险面临新的发展形势，现有管理方式与制度安排已不能完全适应新形势新要求。

公共管理与公共政策的生命力在于不断适应变化了的管理需求与政策需求。脱贫攻坚任务完成后，社会保险扶贫政策与"实施乡村振兴战略"衔接成为新的课题。根据党的十九届五中全会精神，2020年脱贫攻坚任务收官之后，"十四五"期间要"巩固提升脱贫成果，实现巩固拓展脱贫攻坚成果同乡村振兴有效衔接"。《中共中央 国务院关于实现巩固拓展脱贫攻坚成果同乡村振兴有效衔接的意见》强调："做好巩固拓展脱贫攻坚成果同乡村振兴有效衔接，关系到构建以国内大循环为主体、国内国际双循环相互促进的新发展格局，关系到全面建设社会主义现代化国家全局和实现第二个百年奋斗目标。"习近平总书记在中共中央政治局第二十八次集体学习时强调："我国社会保障制度改革已进入系统集成、协同高效的

---

* 本章中的社会保险仅限于基本养老保险、失业保险和工伤保险。

阶段。要准确把握社会保障各个方面之间、社会保障领域和其他相关领域之间改革的联系，提高统筹谋划和协调推进能力，确保各项改革形成整体合力。要强化问题导向，紧盯老百姓在社会保障方面反映强烈的烦心事、操心事、揪心事，不断推进改革。"

因此，必须立足新发展阶段，坚持以人民为中心的发展思想，深入贯彻新发展理念，高度重视当前与未来一段时期社会保险制度与管理当中存在的问题，谋划可能的解决之道，不断增强人民群众的获得感、幸福感与安全感。

第一节 我国社会保险制度现状与成效

改革开放以来，适应社会主义市场经济发展需要，我国不断深化制度改革，社会保障制度从单项突破到整体推进，形成了社会保障体系基本框架。党的十八大以来，以习近平同志为核心的党中央把社会保障全民覆盖作为全面建成小康社会的目标，把社会保障体系建设摆上更加突出的位置，坚持全覆盖、保基本、多层次、可持续，作出了一系列重大决策部署，各地区各部门认真抓好贯彻落实，推动我国社会保障体系建设进入快车道。经过不懈努力，我国用几十年时间走完了许多西方国家一百多年走过的历程，成功建设了具有鲜明中国特色的社会保障体系。

一 制度改革取得突破

不断加强社会保障制度顶层设计，改革的系统性、整体性、协同性进一步增强。

在养老保险制度建设方面，填补了部分群体缺乏保障的制度空白。2014年4月，国务院颁布《国务院关于建立统一的城乡居民基本养老保险制度的意见》，决定合并新型农村社会养老保险和城镇居民社会养老保险，建立全国统一的城乡居民基本养老保险制度。与此同时，机关事业单位养老保险制度改革也在逐步推进。2015年1月，国务院发布的《关于机关事业单位工作人员养老保险制度改革的决定》，实现机关事业单位和企业养老保险制度并轨。至此，我国基本养老保险呈现城镇企业职工基本养老保险、机关事业单位养老保险、城乡居民养老保险三种制度并存的格局，基本实现了养老保险制度的全覆盖。

在失业保险制度建设方面，积极发挥逆经济周期调节的作用。2015年《人力资源社会保障部 财政部关于调整失业保险费率有关问题的通知》印发，降低失业保险费率，贯彻落实中央"降成本"要求。实施"稳岗补贴"政策，为企业减负。2018年开始推进失业保险援企稳岗"护航行动"，扩大援企稳岗政策覆盖范围；推进失业保险支持技能提升的"展翅行动"，针对参保企业员工给予技能提升补贴，发挥失业保险预防失业、促进就业的功能。

在工伤保险制度建设方面，积极构建预防、补偿、康复"三位一体"现代工伤保险体系。自2013年开始，人力资源和社会保障部发布文件扩大工伤预防试点，从源头上减少工伤事故的发生。2017年推动建立健全建筑业按项目参加工伤保险的长效工作机制。此后，又积极探索利用费率浮动、从工伤保险基金提取资金等方式促进工伤预防机制建设。印发了《关于加强工伤康复试点工作的指导意见》，提出了"促进工伤康复工作健康发展"的基本思路和主要目标；制定颁布了《工伤康复服务规范（试行）》《工伤康复服务项目（试行）》和《工伤保险职业康复操作规范（试行）》3个康复技术标准。

在社会保险扶贫制度建设方面，2017年8月，人力资源和社会保障部联合财政部、国务院扶贫办出台《关于切实做好社会保险扶贫工作的意见》，制定实施代缴政策，明确各级财政为建档立卡未标注脱贫的贫困人员、低保对象和特困人员等困难群体代缴城乡居民基本养老保险保费等，为解决贫困人员的参保问题打开了政策通道。2018年印发《关于加快实现贫困人员居民基本养老保险应保尽保的通知》，将年满60周岁但未领取基本养老保险待遇的贫困人员纳入城乡居民基本养老保险制度，按月发放待遇。自人力资源和社会保障部出台政策以来，各省（市、区）积极响应，迅速出台政策文件，明确了通过地方政府代缴的方式，将建档立卡未标注脱贫的贫困人口、低保对象、特困人员等困难群体和年满60周岁、未领取国家规定的基本养老保险待遇的贫困人员纳入城乡居民基本养老保险制度保障范围。

二 参保覆盖面不断扩大

围绕全民覆盖、人人享有社会保障的目标，通过实施全民参保计划，精准推进重点群体参保，建立了世界上覆盖人数最多的社会保障体系。截至 2020 年年底，我国基本养老保险参保人数为 99864.9 万人，其中，城镇职工养老保险参保人数为 45621.1 万人，城乡居民养老保险参保人数为 54243.8 万人；失业保险参保人数为 21689.5 万人；工伤保险参保人数为 26763.4 万人。与 2012 年相比，我国基本养老保险参保人数增加了 21086.6 万人，其中，城镇职工养老保险参保人数增加了 15194.3 万人，城乡居民养老保险参保人数增加了 5874.3 万人；失业保险参保人数增加了 6464.8 万人，工伤保险参保人数增加了 7753.3 万人。此外，2012 年以来，6098 万建档立卡贫困人口参加基本养老保险，参保率稳定在 99.99% 以上，[1] 城乡居保扶贫工作取得了决定性胜利，基本完成"应保尽保、应代尽代、应发尽发"的政策目标。

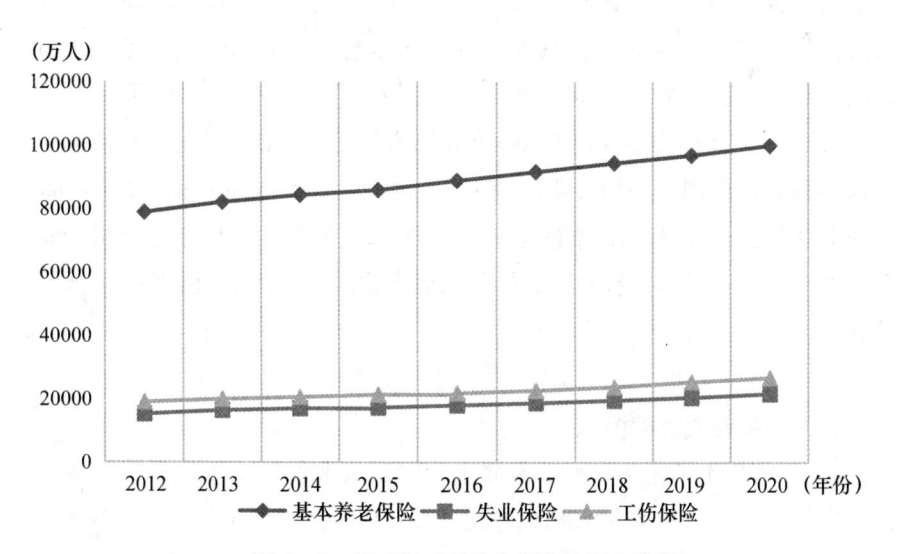

图 4—1 近五年三项社会保险参保人数[2]

---

[1] 数据来源：2020 年度人力资源和社会保障事业发展统计公报。
[2] 数据来源：国家统计局：《中国统计年鉴》（2021 年），中国统计出版社 2021 年版，第 794—795 页。

三 待遇水平稳步提高

坚持社会保障水平与经济发展相适应,稳步提高各项社会保障待遇,有效改善了低收入群体生活。建立健全养老金待遇确定和合理调整机制,连续调整企业和机关事业单位退休人员基本养老金,企业职工月人均养老金实现8连增,从2012年的1686元增长到2020年的2900元左右。[①] 同时,为推动城乡居民基本养老保险、失业保险和工伤保险待遇水平随经济发展而逐步提高,确保参保居民共享经济社会发展成果,促进各项保险制度健康发展,不断增强参保居民的获得感、幸福感、安全感,人力资源和社会保障部会同相关部门制定了《关于建立城乡居民基本养老保险待遇确定和基础养老金正常调整机制的指导意见》《关于调整失业保险金标准的指导意见》《人力资源社会保障部关于工伤保险待遇调整和确定机制的指导意见》,建立了相关保险待遇正常调整机制。城乡居民基本养老保险基础养老金实现了4次增长,2012年,中央确定的基础养老金标准为每人每月55元;2014年,新型农村社会养老保险和城镇居民社会养老保险合并后,城乡居民基本养老保险基础养老金最低标准提高至每人每月70元;2018年,该标准提高至每人每月88元;2020年7月之后,该标准提高到2020年的每人每月93元。失业保险待遇水平稳步提升,全国月平均失业保险金水平由2012年的686元提高到2020年的1506元。[②] 工伤保险待遇也稳步提升,2018年一次性工亡补助金标准达到72.29万元,伤残津贴、供养亲属抚恤金、生活护理费的人均水平都有较大幅度提高。[③]

四 保障能力持续增强

截至2020年年底,我国基本养老保险、失业保险、工伤保险三项社会保险基金收入分别为49228.6亿元、951.5亿元和486.3亿元;基金支

[①] 张纪南:《开启社会保障事业高质量发展新征程》,求是网,https://baijiahao.baidu.com/s?id=1702693901758100033&wfr=spider&for=pc。

[②] 张纪南:《开启社会保障事业高质量发展新征程》,求是网,https://baijiahao.baidu.com/s?id=1702693901758100033&wfr=spider&for=pc。

[③] 陈刚:《工伤保险70年:改革 创新 发展》,《劳动保护》2019年第10期。

出分别为54656.5亿元、2103.0亿元和820.3亿元；基金累计结存分别为58075.2亿元、3354.1亿元和1449.3亿元。与2012年相比，我国基本养老保险、失业保险、工伤保险三项社会保险基金累计结存分别增长了31831.7亿元、425.1亿元和587.4亿元。基金运行总体平稳，基金保障能力大大加强。稳步开展基本养老保险基金投资运营，合同规模1.24万亿元，年均投资收益率超过6.8%，累计投资收益额近2000亿元，在确保安全的前提下促进了基金保值增值。为应对人口老龄化，增加全国社会保障基金战略储备，目前基金权益约2.4万亿元。划转国有资本充实社保基金有序开展，共划转中央企业和中央金融机构国有资本总额1.68万亿元。[①] 健全基金管理监督和风险防控体系，完善政策、经办、信息、监督"四位一体"的运行机制，推进基金监督行政执法与刑事司法衔接，确保基金安全。

五 经办效能不断提升

当前，从中央到省、市、县、乡镇（街道），统筹城乡的五级社保经办管理服务网络基本形成，管理服务规范化、标准化、信息化建设进一步加强，群众社保事务就近办、线上办、快速办更加方便快捷。为更好地服务城乡居民，在人社部的统一部署下，各级人力资源和社会保障部门持续开展"解民忧 转作风"专项行动，加快推进"互联网+社保"，不断提升服务质效。全国多地简化社会保险经办流程，优化服务，大力推广网上办事、掌上社保等经办模式，逐步解决基层经办服务中的难点与痛点、堵点。打造城乡居保保费代扣代缴和村级金融便民服务体系，打通服务广大城乡居民的"最后一公里"。特别是在疫情期间，各级社保经办部门为最大限度降低交叉感染的风险，保障人民群众生命安全及身体健康，加快推动社保数字化和经办服务模式转型升级，推行社保"不见面"服务，积极提供"非接触"式服务办理参保登记、申报代缴、资格认证、待遇领取等业务，保障了各项社会保险经办工作的平稳有序开展。

---

① 张纪南：《开启社会保障事业高质量发展新征程》，求是网，http://www.qstheory.cn/dukan/qs/2021-06/16/c_1127561226.htm。

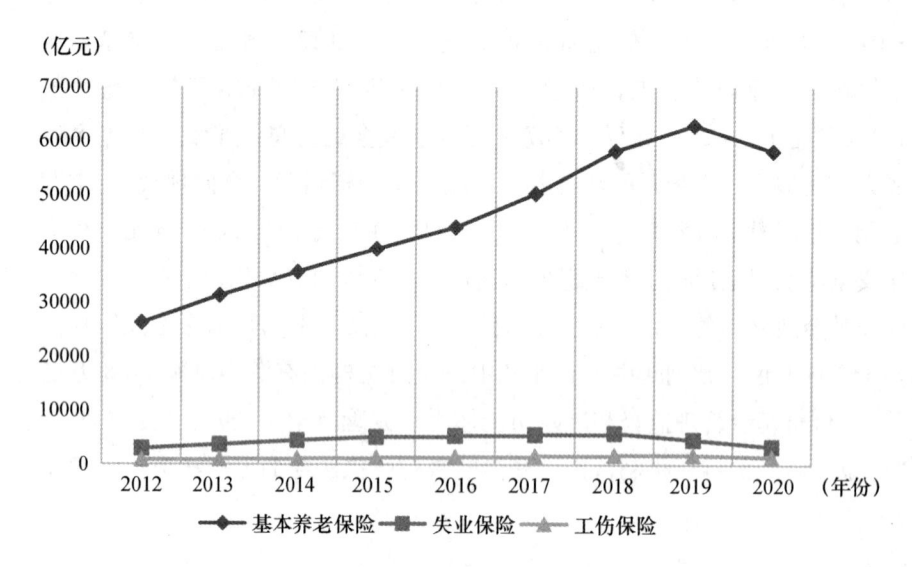

图 4—2　2012—2020 年三项社会保险基金累计结存情况

资料来源：国家统计局：《中国统计年鉴》（2021 年），中国统计出版社 2021 年版，第 793 页。

第二节　完善乡村人力资源社会保险制度面临的新形势新要求

我国经济社会发展进入高质量发展阶段，乡村人力资源参保面临新的发展形势，对优化乡村人力资源社会保险政策提出了新要求。

一　乡村人力资源参保面临的新形势

党的十九届五中全会指出，我国决胜全面建成小康社会取得了决定性成就，建成世界上规模最大的社会保障体系，同时明确提出 2035 年基本实现社会主义现代化远景目标，要求实现多层次社会保障体系更加健全，全体人民共同富裕取得更为明显的实质性进展。不断完善城乡居民基本养老保险、失业保险、工伤保险等社会保险制度，是推动社会保障向高质量发展的重要内容，是促进人民共同富裕的重要举措。

1. 人口老龄化加速发展。依照联合国教科文组织的老龄化标准，中国 65 岁以上的人口占总人口的比重于 1999 年达到 7.6%，进入老龄社会。2020 年第七次全国人口普查数据显示，普查登记的大陆总人口共 14.1 亿人，其中 60 岁及以上人口与 65 岁及以上人口分别为 2.64 亿人和 1.91 亿人，占总人口的比重分别为 18.70% 和 13.50%。与 2010 年第六次全国人口普查数据相比，60 岁及以上人口与 65 岁及以上人口占总人口的比重分别提高了 5.44 个和 4.63 个百分点，增幅分别达 41.03% 和 52.20%。"十四五"时期，我国人口老龄化程度进一步加深，农村人口的老龄化程度高于城镇人口，健全农村养老保障体系面临着更为严峻的挑战。

2. 新经济业态快速涌现。随着 AI、5G、互联网、大数据、区块链等智能交互技术与现代生产制造、文化消费、教育健康、流通出行、商务金融等深度融合，以数字经济为代表的新经济发展势头迅猛。特别是应对新冠肺炎疫情，新经济展现出强大的活力和韧性，众多领域成为新技术的"试验场"、新业态的"培育场"、新模式的"练兵场"。当前个体经营、自由或者自雇就业以及新就业形态等灵活多样的就业方式日渐增多，正在成为吸纳就业的重要渠道。近年来，我国共享经济、直播经济、数字经济催生大量就业岗位。目前我国已有 2 亿人实现灵活就业，其中很多是依托互联网的新就业形态。[①] 农村人力资源中的多数劳动者从事的是这类非正规就业。

大量新业态新模式快速涌现，如网络购物、网约车业务、外卖行业、快递行业等，而与之共同发展的就是新业态从业人员规模扩大。该群体往往在新业态平台企业提供劳动，如外卖员、快递员、网约车司机、网络主播、网店兼职客服等，具有年龄跨度大、就业门槛低、学历水平偏低、收入水平不一、缺乏正规劳动合同、工作灵活性高、就业不稳定性等特点。为了给新业态从业人员提供相应的社会保障，相关制度措施也需与时俱进。

3. 劳动力流动更加频繁。新中国成立 70 多年来，我国城乡关系巨变，城乡人口结构"倒挂"，城市人口从绝对的少数变为相对的多数。2019 年，我国户籍人口城镇化率 44.38%，常住人口城镇化率已经达到

---

① 邱玥：《就业优先，如何实现聚力增效》，《光明日报》2021 年 3 月 20 日第 5 版。

60.6%，这一比例仍在增长。随着城镇化的加速推进，农村劳动力大规模向城镇非农产业转移就业，这就要求社会保险更好适应劳动力的流动。游离于城乡之间的流动人口规模庞大，人口不再单纯地依附在城市或农村。同时，随着新经济业态的出现，"互联网＋传统行业"的灵活就业人员增加，涉及的领域及行业覆盖宽泛，随着时代的不断发展，利用新兴技术就业的灵活就业群体规模越来越庞大，就业类型越来越多样。这些都导致劳动力及其家庭成员流动更趋频繁，流动速度更快，参保问题更为复杂。

4. 基本公共服务均等化要求更高。基本公共服务实现均等化，是我国到2035年基本实现社会主义现代化远景目标的重要组成部分。党的十九届五中全会提出，"十四五"期间要健全基本公共服务体系，完善共建共治共享的社会治理制度，扎实推进共同富裕，不断增强人民群众获得感、幸福感、安全感。在城乡一体化背景下，社会保障基本公共服务均等化，是推进提高城乡公共服务水平的重要内容。城乡居民养老保险采用户籍地参保的做法，在人口流动频繁、新经济业态不断出现的形势下，户籍地与常住地不统一，在常住地无法办理参保缴费等业务，一定程度上造成居民参保缴费的困难和不便利，也对确保全员参保和提高保费征缴水平造成不利影响。就失业保险和工伤保险而言，因乡村人力资源多非正规就业，无法纳入现有保险制度中，乡村人力资源享受到的社会保险公共服务与需求间存在很大差距。

二 优化乡村人力资源社会保险政策的新要求

2017年在党的十九大报告中，习近平总书记首次提出实施乡村振兴战略。此后，《中共中央 国务院关于实施乡村振兴战略的意见》（以下简称"2018年中央一号文"）、中共中央 国务院印发的《乡村振兴战略规划（2018—2022年）》《中共中央 国务院关于实现巩固拓展脱贫攻坚成果同乡村振兴有效衔接的意见》《中共中央 国务院关于全面推进乡村振兴加快农业农村现代化的意见》（以下简称"2021年中央一号文"）等文件相继出台。

2018年，中央印发《关于实施乡村振兴战略的意见》《乡村振兴战略规划（2018—2022年）》等政策文件，明确了乡村振兴战略的总体要求、主要任务和发展目标。其中，推进健康乡村建设是提高农村民生保障水平、推动乡村振兴战略实施的重要内容。2018年中央一号文要求，"加强农村社会保障体系建设"。"完善城乡居民基本养老保险制度，建立城乡居民基本养老保险待遇确定和基础养老金标准正常调整机制"。还特别强调，"引导符合条件的新型职业农民参加城镇职工养老等社会保障制度"。2019年中央一号文要求，"完善城乡居民基本养老保险待遇确定和基础养老金正常调整机制。统筹城乡社会救助体系，完善最低生活保障制度、优抚安置制度"。2020年中央一号文明确，"农民工失业后，可在常住地进行失业登记，享受均等化公共就业服务。出台并落实保障农民工工资支付条例"。还要求，"开展新业态从业人员职业伤害保障试点"。

2021年4月，《中华人民共和国乡村振兴促进法》颁布，对社会保险及公共服务提出了总体要求。第五十四条规定："国家完善城乡统筹的社会保障制度，建立健全保障机制，支持乡村提高社会保障管理服务水平；建立健全城乡居民基本养老保险待遇确定和基础养老金标准正常调整机制，确保城乡居民基本养老保险待遇随经济社会发展逐步提高。国家支持农民按照规定参加城乡居民基本养老保险、基本医疗保险，鼓励具备条件的灵活就业人员和农业产业化从业人员参加职工基本养老保险、职工基本医疗保险等社会保险。国家推进城乡最低生活保障制度统筹发展，提高农村特困人员供养等社会救助水平，加强对农村留守儿童、妇女和老年人以及残疾人、困境儿童的关爱服务，支持发展农村普惠型养老服务和互助性养老。"第五十三条规定："国家发展农村社会事业，促进公共教育、医疗卫生、社会保障等资源向农村倾斜，提升乡村基本公共服务水平，推进城乡基本公共服务均等化。国家健全乡村便民服务体系，提升乡村公共服务数字化智能化水平，支持完善村级综合服务设施和综合信息平台。"

2021年8月，人力资源和社会保障部、民政部等部门联合印发《关于巩固拓展社会保险扶贫成果助力全面实施乡村振兴战略的通知》，进一步明确了相关要求："切实解决农村居民和进城务工人员在社会保险方面的急难愁盼问题，完善困难群体社会保险帮扶政策，推动社会保险法定人员全覆盖，提高社会保险保障能力，提升社会保险经办服务水平，充分发挥社会保险在保障和改善民生、维护社会公平、增进人民福祉等方面的积极作用，有效防止参保人员因年老、工伤、失业返贫致贫，为巩固拓展脱贫攻坚成果、全面推进乡村振兴贡献力量，推动人的全面发展、全体人民共同富裕取得更为明显的实质性进展。"在此基础之上，列出了5个方面的主要政策措施，即减轻困难群体参保缴费负担；推进社会保险法定人员全覆盖；提高社会保险待遇水平；提升基金安全性和可持续性；加强社会保险经办服务能力。

第三节 乡村人力资源参保存在的问题

有关调研发现，在乡村振兴战略实施过程中，乡村人力资源参保面临制度覆盖不到位、部分险种待遇不高、制度激励不足、制度间不能有效衔接等问题，亟待破解。

一 部分人群游离在制度之外

调研发现，当前有不少乡村人力资源游离在社会保险制度之外，主要表现为两种情形：一是制度本身覆盖不到位，乡村人力资源无法参保，如失业保险和工伤保险；二是制度已覆盖所有人群，但实际操作中并未参保（续保），如基本养老保险。

当前，加入失业保险制度和工伤保险制度的多是就业稳定、失业率低的群体，而风险较高、更需要社会保险保护的乡村人力资源（多从事非正规就业，以新形态从业、新型职业农民等为代表）群体却游离于制度之外。根据《失业保险条例》失业保险覆盖范围仅限于城镇企事业单位及其职工，《失业保险条例（修订草案征求意见稿）》拟将覆盖范围扩大到所有企事业单位和社会团体、民办非企业单位、基金会、律师事务所、会计师事务所等组织及其职工。根据《工伤保险条例》，工伤保险的覆盖范围为所有企事业单位、社会团体、民办非企业单位、基金会、律师事务所、会计师事务所等组织和有雇工的个体工商户等组织及其职工。按照这些规定，当前失业保险和工伤保险的覆盖面过窄，覆盖范围仍停留在传统意义上的劳动关系范畴，无法覆盖到大量的新形态从业人员（如快递员、外卖人员、餐饮业服务人员、电商雇员、家政人员、旅游休闲从业人员、网约车司机、美容美发人员等）和新型职业农民，难以充分反映我国城镇化的需求和就业形式多样化的实际。截至2020年年底，我国就业人数为75064万人（其中城镇就业人数为46271万人，农村就业人数为28793

万人），而失业保险参保人数为 21689.5 万人，工伤保险参保人数为 26763.4 万人。一半以上的城镇就业人员游离在失业保险范围之外，40%以上的城镇就业人员游离在工伤保险范围之外。乡村农民群体基本上也游离在失业保险和工伤保险范围之外。这表明，失业保险和工伤保险还有很大的扩面空间。

与失业保险和工伤保险不同，我国职保、居保两种基本养老保险制度已实现法定人群全覆盖。但在对河南、甘肃、贵州和云南贫困地区调研过程中发现，尽管各地居保参保率都在 90% 以上，但续保率却不容乐观，中断缴费人员占比较高。地方人力资源和社会保障部门反映，在断保群体中，相当一部分人是 40 岁以下的农村青壮年劳动力。这部分人流动性大，城市就业意愿强，是当前灵活就业人员、新形态从业人员的主要来源。对于这部分人而言，参加养老保险面临着"职保够不上，居保看不上"的尴尬局面。按照国务院关于完善企业职工基本养老保险制度的决定的相关规定，灵活就业人员参加基本养老保险的缴费基数为当地上年度在岗职工平均工资，缴费比例为 20%。而缴纳基数不得低于当地在岗职工平均工资的 60%。根据《国家统计年鉴（2020 年）》相关数据，2019 年全国 31 个省市中最高平均工资为 166803 元（北京市），最低为 72891 元（辽宁省）。依此标准，在不考虑其缴纳税收、其他社会保险缴费、在就业地的生活费用及其家庭成员支出的情况下，如果灵活就业人员选择参加城镇职工养老保险，仅为养老保险缴费一年要缴纳相当于就业地当地社会平均工资的 1.44（0.6×0.2×12 = 1.44）倍，北京缴纳 20016 元/年，辽宁缴纳 8747 元/年。考虑到多数灵活就业人员的收入水平低于就业地社会平均工资，且灵活就业人员的就业具有不稳定的特点，参加城镇职工基本养老保险对于多数灵活就业人员而言，难以企及。因此，尽管这部分群体在工作，但不少人既没有参加居保，也游离在以传统劳动关系为基础、单位关联型的现行职保制度之外。

二　部分险种未建立针对非正规就业者的缴费机制

根据《社会保险法》《工伤保险条例》《失业保险条例》的相关规定，目前我国社会保险的缴纳方式分为三种：用人单位和个人共同缴纳；用人单位缴纳；个人缴纳。其中，针对传统劳动关系下正规就业的城镇职工，适用的社会保险有城镇职工基本养老保险、城镇职工基本医疗保险、失业保险和工伤保险，城镇职工基本养老保险、城镇职工基本医疗保险、失业保险的保险费由用人单位和劳动者共同缴纳；工伤保险的保险费由用人单位缴纳，个人无须承担缴费责任。针对无雇工的个体工商户、未在用人单位参加职工基本医疗保险的非全日制从业人员以及其他灵活就业人员，适用的险种仅限于基本养老保险（包括城镇职工基本养老保险、城乡居民基本养老保险）与基本医疗保险（包括城镇职工基本医疗保险、城乡居民基本医疗保险），主要由个人承担缴纳责任，由个人选择缴费档次进行缴纳。

由此可知，当前在社会保险制度设计上，失业保险和工伤保险均未建立针对非正规就业者的缴费机制，而乡村人力资源大多从事的是非正规就业。在失业保险的缴纳上，由用人单位和个人按照工资一定比例缴纳失业保险费的方式对非正规就业者来说操作性较低：非正规就业者并无法律意义上的"用人单位"；同时非正规就业者工作方式、工作时间、地点具有较强的灵活性，对用工方的从属性较弱，多数情况下，用工方认为没有为其缴纳失业保险费用的义务。在工伤保险的缴纳上，由用人单位缴费、个人无须缴费的方式也带来了类似的问题。随着平台经济等新经济业态的发展，劳动者和用人单位之间的关系不再局限于传统的正规就业状态下稳定的劳动关系，新业态下灵活就业者大幅增加。互联网平台多以双方为合作关系或居间关系为由，拒绝承认其雇主地位，也就无所谓承担灵活就业者的工伤保险缴费责任。

三 部分险种的待遇领取资格条件适用性有限

我国现行失业保险和工伤保险制度建立在传统的劳动关系之上，劳动者对用人单位具有从属性，同用人单位形成了较强的依附关系。而由于乡村人力资源多从事非正规就业，因此失业保险与工伤保险对多数乡村人力资源而言适用性有限。

《失业保险条例》第十四条规定：具备下列条件的失业人员，可以领取失业保险金：（1）按照规定参加失业保险，所在单位和本人已按照规定履行缴费义务满1年的；（2）非因本人意愿中断就业的；（3）已办理失业登记，并有求职要求的。乡村非正规就业的人力资源较难符合这些条件。首先,在失业保险缴费期限上,这种较长时间缴费的制度设计不符合非正规就业者间断性、不稳定性的工作特征,由于缺乏就业保障和对劳动时间的控制,很多非正规就业者不满一年即陷入失业状态。其次,在"非自愿"失业的认定上,失业保险是为"非自愿"失业的劳动者提供失业期间收入替代的重要方式。就传统劳动关系而言,由于用人单位对劳动者进行直接管理,因此较容易认定劳动者是否为"非自愿"失业。但对非正规就业而言,从业者难以抵御一些生活风险,如在遇到疾病、生育、家庭照护等事项时,他们往往只能选择中断就业,但法律中又没有把照护或育婴作为"非本人意愿中断就业"的合法情形。在互联网平台经济下,非正规就业者(如平台从业者)可以自主决定工作时间及工作时长,且其工作具有碎片化特征,这就使得传统认定非本人意愿中断就业的方法[①]基本失效。[②] 最后,在办理失业登记上,我国《就业服务与就业管理规定》中明确列出的可以办理失业登记的人员中,不包括非正规就业者。

《工伤保险条例》第十八条规定,进行工伤认定时必须提交下列材料:(1)工伤认定申请表;[③](2)与用人单位存在劳动关系(包括事实劳动关系)的证明材料;(3)医疗诊断证明或者职业病诊断证明书(或者职业病诊断鉴定书)。乡村非正规就业的人力资源存在劳动关系认定和工伤认定均困难的问题。首先,就劳动关系认定而言,当前我国工伤保险制度中的工伤认定是以劳动关系为前提的,即只有当用人单位与劳动者之间存在合法的劳动关系或建立事实劳动关系才可以被认定为工伤。目前随着"互联网+"技术的不断发展,就业形式也逐渐呈现出多样化的特点,以网约车、外卖员、快递员等为典型代表的非正规就业人数在劳动力总数

---

① 根据《失业保险金申领发放办法》的规定,非因本人意愿中断就业指的是:终止劳动合同的;被用人单位解除劳动合同的;被用人单位开除、除名和辞退的;根据《劳动法》第32条第2、第3项与用人单位解除劳动合同的;法律、行政法规另有规定的。据此,该办法对"非因本人意愿"的释义是基于传统劳动形态中用人单位对劳动者直接进行管理而设计。但在新形势背景下,灵活就业人员自主选择工作内容、工作场所和时间,这就导致"非自愿"的失业状态认定遭遇障碍,不再适合传统的认定标准。

② 孟现玉:《互联网平台经济从业者的失业保险:制度困局与建构逻辑》,《兰州学刊》2020年第11期,第80页。

③ 要求工伤认定申请表应当包括事故发生的时间、地点、原因以及职工伤害程度等基本情况。

中所占比例越来越大。由于大部分的非正规就业者未与用人单位建立明确的劳动关系，有的属于隐蔽雇用，有的属于非标准雇用，还有的处于模糊不清的灰色地带，一旦发生事故伤害，难以进行工伤认定。在现行工伤保险制度体系下，非正规就业者被挡在了工伤保险制度的"入口"之外，导致非正规就业者在遭受工伤之后无法得到工伤保险保障。其次，就工伤认定而言，我国目前采用的是三要素标准，[①] 即考察劳动者所遭受伤害的时间要素、空间要素以及因果关系要素，并且只有三个要素同时具备时才能被认定为工伤。对非正规就业者特别是新形态从业者、灵活就业者而言，由于工作时间和工作地点有很大的灵活性，如果严格按照三要素同时具备的标准对其所遭受的伤害进行工伤认定，非正规就业者面临难以符合工伤认定条件的局面，在出现工伤风险时难以抵御风险。

四　部分险种待遇水平有待提高

尽管自 2014 年以来，国家基础养老金最低标准从每人每月 70 元提高到 93 元，且全国 31 个省市自治区和新疆建设兵团均已经建立城乡居民基本养老保险待遇确定和基础养老金正常调整机制，逐步提高城乡居民基本养老保险待遇水平，但从目前来看，城乡居民养老保险待遇水平仍然偏低，与低保、城镇职工养老保险制度间的待遇存在差距。随着物价水平的不断上涨，现有的城乡居民养老保险待遇难以满足老年居民的基本生活需求，不足以确保"保基本"制度目标的实现。城乡居民养老保险政策的吸引力还有待进一步增强。

据了解，2018 年全国城镇职工养老保险待遇的平均水平为 2700 元/

[①] 《工伤保险条例》第十四条规定，职工有下列情形之一的，应当认定为工伤：（1）在工作时间和工作场所内，因工作原因受到事故伤害的；（2）工作时间前后在工作场所内，从事与工作有关的预备性或者收尾性工作受到事故伤害的；（3）在工作时间和工作场所内，因履行工作职责受到暴力等意外伤害的；（4）患职业病的；（5）因工外出期间，由于工作原因受到伤害或者发生事故下落不明的；（6）在上下班途中，受到非本人主要责任的交通事故或者城市轨道交通、客运轮渡、火车事故伤害的；（7）法律、行政法规规定应当认定为工伤的其他情形。第十五条规定，职工有下列情形之一的，视同工伤：（1）在工作时间和工作岗位，突发疾病死亡或者在 48 小时之内经抢救无效死亡的；（2）在抢险救灾等维护国家利益、公共利益活动中受到伤害的；（3）职工原在军队服役，因战、因公负伤致残，已取得革命伤残军人证，到用人单位后旧伤复发的。

月，低保金为600余元/月，城乡居民养老保险约为150元/月。城乡居民的养老保险待遇仅占低保金的25%左右和城镇职工的5.6%左右。根据相关课题组对甘肃省、贵州省和云南省2369户建档立卡贫困户、低保户和特困户的数据调查分析结果，有36.47%（864户）的贫困户领取了养老金，每户每年平均领取养老金1762元，在贫困户收入中的占比为7.12%。有60.19%（1426户）的贫困户领取了低保金，每户每年平均领取低保金7553元，在贫困户收入中的占比为25.69%。每户每年平均领取的养老金比领取的低保金少5791元。待遇差距过大导致城乡居民养老保险制度的吸引力不足。

表4—1　　　　2019年贫困户领取的养老金与低保金对比

年份	均值	最大值	最小值	中位数
2019年贫困户领取的养老金（元）	1762	5223	590	1402
在家庭收入中占比（%）	7.12	71.03	0.69	5.32
2019年贫困户领取的低保金（元）	7553	30400	344	6496
在家庭收入中占比（%）	25.69	100.00	0.61	19.06

近年来，我国失业保险待遇水平有较大幅度提升，但与国外通常按照缴费工资一定比例确定失业保险金的做法相比，该待遇标准较低。根据《失业保险条例》，我国失业保险金的给付标准，按照低于当地最低工资标准、高于城市居民最低生活保障标准的水平由各省、自治区、直辖市人民政府根据当地实际情况确定。大部分省市失业保险待遇标准与城镇最低生活保障标准和最低工资标准相挂钩，仅少数省市将失业者实际的收入水平作为考虑因素。2017年9月，人力资源和社会保障部会同财政部共同印发《关于调整失业保险金标准的指导意见》，指导各地适当上调失业保险金标准，提出"各省要在确保基金可持续前提下，随着经济社会的发展，适当提高失业保障水平，分步实施，循序渐进，逐步将失业保险金标准提高到最低工资标准的90%"。从全国平均水平看，2018年我国失业保

险金人均1266元/月,[①] 当年度城镇单位就业人员平均工资为6872元/月,[②] 失业保险金替代率（失业保险金/就业人员平均工资）为18.4%。

五　部分险种制度激励手段不足

就城乡居民养老保险制度而言，当前的制度设计正向激励不足。

一是"多缴"所得有限。该制度自创建至今，资金结构总体上还存在"政府补贴占大头、个人缴费占小头"的明显特征，参保对象若选择高档次缴费，不能明显拉开与选择最低缴费档次之间的差距。以缴纳2000元档次为例，在不考虑资金利息收入和缴费补贴的情况下，连续15年缴纳2000元的参保对象与连续15年缴纳100元的参保对象养老金差距仅为205元。缴费差距（缴费为20倍）远远大于收益差距（收益为3倍），待遇水平难以达到参保对象缴费时的预期水平。多数参保对象认为最低档缴费性价比最高，因此更倾向于选择最低档次进行缴费。有的地方反映，按最高缴费档次缴费的部分参保人在发现其待遇水平难以达到缴费时的预期水平后，还会提出退费要求。从各地调研情况看，多数城乡居民倾向于选择较低缴费档次进行缴费。

二是"长缴"所得有限。相对于城镇职工养老保险，城乡居民个人账户缴费资金回报率低。政策规定个人账户按国家规定计息，但是在实际执行过程中，各地政府基本上仍然参照同时期银行一年期定期存款利率。通常利率在2.75%以下。尽管个人账户资金非常安全，但低回报率实际上意味着在退休时个人账户余额将会很少，从而削弱了对居民参与的激励。在这样的制度安排之下，参与者的目的只是获得基本养老金的领取资格，因而倾向于选择最低缴费标准和最短缴费期。这种制度安排既不利于提高保障能力，也将影响城乡居保制度可持续发展。

就失业保险制度而言，制度目标一方面是为失业人员提供生活保障，另一方面则是帮助失业人员尽快实现再就业。长期失业者容易对制度产生福利依赖，因此，增强制度激励性、促进失业人员早日实现再就业是提高

[①]　中华人民共和国人力资源和社会保障部:《2018年度人力资源和社会保障事业发展统计公报》,2019年6月21日。

[②]　国家统计局:《国家数据年度数据检索》,https://data.stats.gov.cn/, 2019年6月22日。

制度有效性的保障。当前，失业人员在领取失业保险金的期限内，领取的待遇都是同等水平，并未实行待遇阶梯递减机制，随着失业期延长而降低失业保险金待遇成为世界大多数国家的通用做法。这样的制度设计不利于促进失业人员尽快就业。

六　制度内部、制度之间存在衔接障碍

近年来，劳动力在城乡之间流动日趋频繁，但从农村走向城市务工的灵活就业人员、新业态从业人员无法在居保户籍地与参保地之间、两种养老保险制度（居保与职保）之间自由选择。

就基本养老保险而言，一是居保地区间的待遇差异导致居保在不同地区之间难以实现转移。自 2014 年全国范围内建立统一的居保制度至今，一直采用户籍地参保的做法，以户籍地作为参保缴费、领取待遇的认定地点。由于各地经济发展不平衡，尽管中央确定基础养老金是统一的水平（93 元），但各地最终发放的基础养老金因地方财政补贴力度而异，发达地区与欠发达地区之间的居保待遇差距较大。2020 年，上海市居保的基础养老金为 1100 元，与全国最低水平——贵州（98 元）相差 10.2 倍。由财政保障的基础养老金因地方财力的不同而呈现出显著的地区差异，既不利于制度公平，也不利于灵活就业人员、新形态从业人员跨地区就业。二是居保制度与职保制度之间难以实现有效衔接。当前，职保与居保两种制度之间已构建了衔接机制，但现行衔接机制仅对个人账户的转移进行了制度设计，没有考虑统筹账户的衔接问题。城乡居民如果选择参加职保，只能从居保制度退出，再以新进人员身份参加职保，两项制度之间无法实现有效衔接，不足以适应城乡居民特别是灵活就业人员、新形态从业人员的现实需求。此外，两种制度之间还存在待遇调整机制不同步、个人账户记账利率差距较大等问题，这进一步加大了城乡居保与城镇职工之间的待遇差距，削弱了城乡居保制度的吸引力。

就失业保险而言，失业保险具有三个方面的作用，一是保障失业者的基本生活，二是促进失业人员的再就业，三是预防失业。当前失业保险制度主要是对失业者提供一次性生活补助，缺乏相应的失业预警机制和就业促进措施，再就业的功能较弱。失业保险不仅要保障失业人员的基本生活，还要把重点放在事前预防和事后再就业上。

就工伤保险而言，工伤保险制度的预防、康复和赔偿三大功能，存在严重的发展失衡，使我国工伤保险制度越来越无法有效化解日益扩张的职业风险以及由此导致的社会风险。尤其是在互联网经济快速发展、灵活就业队伍不断壮大的背景下，以工伤赔偿为主的制度建构大大削弱了现行制度效果。工伤保险制度建立之初首先要解决工伤劳动者的收入损失补偿问题，但随着制度发展，工伤预防和工伤康复已成为更重要的制度目标，通过预防使劳动者免受工伤、通过康复使劳动者从伤病回归健康。但是，工伤预防和工伤康复在工伤保险待遇中仍然是比较薄弱的环节。当前我国工伤保险制度几乎只有工伤赔偿功能。虽然工伤预防工作已经开始推广，但由于安全生产管理、职业健康监督和工伤保险之间的互动和协作机制还有待健全，工伤预防的长效机制还未形成。工伤康复还未取得实质性进展，全国每年工伤认定达百万以上，接受工伤康复的只有几万人次。2019年，全国认定和视同工伤113.3万人，[①]但全国康复1000人次以上的省份仅有11个，其余省份工伤康复均不足千人次。[②]

七　公共服务水平有待进一步提高

新形势下，新经济业态快速涌现，劳动力通过共享经济、平台经济、"互联网+"等新兴技术为载体实现就业，从根本上改变了劳动力市场上的用工关系、参与主体、工作方式及薪酬支付方式。由于新业态下就业具有灵活性、流动性的特征，灵活就业人员、新形态从业人员工作地点变换频繁，难以维持长期性持续性的工作，该群体的工作往往没有固定的工作时间和地点。而我国社会保险当前统筹层次低，区域发展不平衡，不利于劳动力要素的合理流动和国内统一市场的形成。从城乡居民养老保险制度运行看，当前，城乡居民养老保险的基金征缴、业务经办、待遇发放等均在县级层面管理。由于缺乏全国及省级层面的统筹管理相关规定，各地社会保险政策不统一、管理办法不一致、经办流程不一致、发达地区与欠发

---

① 中华人民共和国人力资源和社会保障部：《2019年度人力资源和社会保障事业发展统计公报》。

② 陈刚主编：《中国工伤保险发展报告（2004—2020）》，中国劳动社会保障出版社，2021年，第131页。

达地区之间存在利益分割,对常住地参保的基金管理带来挑战。从我国失业保险制度运行看,目前失业保险经办机构形式多样,各地负责失业保险经办的有社会保险经办机构、公共就业服务部门、单独建立的失业保险经办机构及其他类型的失业保险经办机构,各类机构分属不同职能部门,不利于统一管理和信息互通。在经办过程中,由于我国社保经办机构普遍实行属地管理,多为分险种、按统筹层次设立,经办资源分散,服务"门窗"多,数据共享水平不高,跨区域业务协同不足,关系转移接续不够顺畅,城乡经办水平差距较大,农村和基层经办服务能力亟待提高。

第四节 强化乡村人力资源社会保险的对策建议

建议下一步社会保险政策调整的总体思路为:立足"十四五"时期,着眼 2035 远景规划,提升政策前瞻性,增强政策协同性,充分发挥基本养老保险在保障和改善民生、维护社会公平、增进人民福祉等方面的积极作用,保证基本养老保险制度长期可持续发展,促进居保制度从兜底型保障过渡为发展型保障,推动基本养老保险制度实现全面整合和全国统筹;积极将灵活就业人员、新形态从业人员纳入失业保险和工伤保险,助力乡村振兴,为巩固拓展脱贫攻坚成果、全面推进乡村振兴贡献力量,推动人的全面发展、全体人民共同富裕取得更为明显的实质性进展。

一 扩大失业保险和工伤保险覆盖范围

城镇灵活就业人员是失业保险、工伤保险制度覆盖的难点。应突破传统劳动关系的桎梏,逐步扩大失业保险和工伤保险的覆盖范围,将非正规就业的乡村人力资源纳入其中。最大限度地发挥失业保险保障就业人员的功能,将新经济新业态下的从业者(特别是工作时间与正规就业人员时间相当的从业者)纳入失业保险的保障范围。探索构建多层次工伤保险制度体系,将各类职业人群纳入工伤保险保障范围。继续扩大工伤保险覆盖面,巩固建筑业农民工参保成果,大力推进铁路、水利、能源等工程项目参保;探索新经济、新业态从业人员职业伤害保险办法,建立和完善"三新"经济业态下的工伤法规和政策体系,努力把所有职业人群都纳入工伤保障制度。

二 建立非正规就业者失业保险和工伤保险缴费机制

一是明确缴费主体并规定强制缴费义务。面对新形态下就业方式的变化，为了有效解决非正规就业者失业保险和工伤保险保障不足、覆盖率低的问题，应在扩大失业保险和工伤保险保障范围之后，明确缴费主体为用工方和劳动者个人双方，并规定强制履行缴费义务。之所以灵活就业者个人应当承担部分保险费用，是因为灵活就业者虽然在本质上是以劳动者的身份参与到用工方的发展和运营当中，但其对于用工方的从属性远不能与传统劳动者相比，因而个人应当承担部分缴费责任。之所以用工方也需要承担部分保险费用，是因为尽管非正规就业者对用工方的从属性弱化，但用工方需要对非正规就业者进行一定的管理与控制并依靠非正规就业者取得收益，因此用工方应当承担起支付非正规就业者部分失业保险和工伤保险费用的职责。

二是合理确定缴费的费基与费率。缴费基数是社会保险制度合理设计和平稳运行的关键参数，在社会保险制度运行中具有重要作用，它直接决定了缴费负担、待遇水平以及基金财务平衡性。[1] 对于非正规就业者而言，由于其收入波动较大，因此可考虑借鉴当前非正规就业者参加养老保险和医疗保险的经验，将就业人员平均工资[2]作为计算缴费基数的基础并设置缴费区间。在缴费区间设置上，可参照个体工商户和灵活就业人员参加企业职工基本养老保险的规定。在费率上，就失业保险而言，可参照《降低社会保险费率综合方案》的规定，与正规就业者参加失业保险保持一致。就工伤保险而言，应根据不同行业的特点和风险系数以及各地区工伤保险基金收支情况，根据地区、行业的不同采用"行业差别费率"和"浮动费率"相结合的缴费模式，更为精确、合理地确定灵活就业者的工伤保险基本费率。

---

[1] 米海杰、金维刚、王晓军：《我国社会保险缴费基数确定中存在的问题与对策》，《保险理论与实践》2018年第4期，第55—70页。

[2] 《降低社会保险费率综合方案》中规定目前的就业人员平均工资计算口径为本省城镇非私营单位就业人员平均工资和城镇私营单位就业人员平均工资加权计算。

三 放宽非正规就业者待遇领取资格

应放宽非正规就业者失业保险和工伤保险待遇领取资格。针对失业保险，首先，应灵活确定缴费期限。在非正规就业者失业保险待遇领取资格上，鉴于其工作时间的碎片化、灵活性特征，应对缴费年限满1年的规定进行修改，可改为按季度或月度为单位进行计算，可考虑将非正规就业者的工作时间折算成全日制工作时间（按月计算）后参与失业保险。其次，应合理界定"非自愿"失业。在非本人意愿中断就业上，应该增加兜底条款，即非本人意愿应包括具有合理理由，理由可以与雇主有关，也可以是私人原因（如身体疾病、结婚育儿、家庭照护等原因）。为防止道德风险的发生，应同时加强制度约束。再次，在失业登记上，应为非正规就业者设置较为简单易行的登记政策，同时应减少相关限制，如户籍或就业年限，以符合非正规就业者的流动性特点。

针对工伤保险，首先，应对传统的劳动关系认定方式予以调整。劳动关系中的从属性要求不应当局限于某一刻板的标准当中，而应当具有一定的弹性，尤其是在非正规就业环境中，更应当有较强的包容性。其合理的范围应当是以"典型的劳动关系为原点向外发射"，随着用人单位对劳动者约束程度减弱和劳动者劳动自主性的增强，劳动者对用人单位的从属性不断降低，最终在劳动自主性超越指挥监督状态下的约束性时，达到了劳动从属性"射程"的边缘，① 对处于"射程"之内的劳动者平等的予以工伤保险保障。其次，应提高工伤认定的灵活性，在工伤认定过程中弱化"时间要素"和"空间要素"，并适当放宽这两个方面的认定条件，合理认定工伤。在时间要素方面，由于非正规就业者需要借助互联网平台完成接单等工作，因此可将非正规就业者的工作时间覆盖至预备接单、进入接单平台之时，以及关闭平台返回接单地或者家中的路途时间，以实现整个工作流程的全覆盖。在空间要素方面，非正规就业者的工作范围大多处于不确定的状态，需要按照客户的需求随时变换工作地点，具有较强的不固定性和机动性。有必要将空间要素进一步弹性化，只要非正规就业者为了完成工作内容，在较为合理的空间范围内都应被认定为工作地点。应更加

---

① 王天玉：《劳动法规制灵活化的法律技术》，《法学》2017年第10期，第76—89页。

强调"因果关系要素",即着重对工作与伤害之间的关联程度进行考察,将其作为认定工伤的首要因素,当对是否属于工作原因认识不清时,可以借助对工作时间和工作场所的规定,进行综合判断分析。

四 提高社会保险待遇水平

立足于基本养老保险缩小初次分配带来的差距、保障制度公平性的功能,着力提高居保待遇水平,弥合居保与低保、职保之间的待遇差距,充分发挥居保制度的"保基本"兜底保障作用,提高居保制度的吸引力。建立以财政资金为主的多重资金保障机制,统一将中央规定的基础养老金提高到与低保接近的水平,提高居民参保续保的积极性。确保所有参保人员都能够获得与经济发展互相适应的养老金额,推动全体人民共同富裕取得更为明显的实质性进展。有效落实城乡居民养老金待遇调整机制,将其与人均GDP、物价相关联,让城乡居民的养老金和生活水平相匹配。在综合考虑经济发展水平、通货膨胀率、居民收入增长率等多方因素的基础上,要定期科学合理对养老金进行调整,实现与城镇职工基本养老保险待遇同步调整,保持城乡居民对养老金待遇提高的合理期待。

提高失业保险待遇水平。应最大限度地发挥失业保险制度平滑经济波动的反经济周期的功能,提高现行制度内失业人员待遇保障水平,保障失业人员生活水平,促进经济增长。可考虑将失业保险金的标准与缴费工资挂钩,待遇标准取决于缴费工资和缴费时间,同时设定缴费工资的上限和下限。

五 提升制度内在激励性

就城乡居民养老保险制度而言,一方面,调整资金投入结构,推动居保制度逐步实现良性、可持续发展。取消基础养老金中地方基础养老金部分,统一为中央基础养老金,消除基础养老金的地区差距;而将基础养老金之外的地方财政投入主要用于撬动个人账户资金积累,即在分梯次设置养老保险缴费档次的同时,对缴纳高档次保险费的城乡居民进行合理的更高的补贴,引导居民提高个人缴费水平,改变当前"政府补贴占大头、个人缴费占小头"的局面,逐步实现制度自身的良性、可持续发展。另一方面，加快推进城乡居民养老保险个人账户基金省级管理和委托投资运营，提高城乡居民养老保险个人账户基金的投资比例，并委托社保基金理事会等专业机构进行投资，在有效控制投资风险的情况下实现基金的保值增值，扭转当前城乡居民养老保险收益率过低的局面，将个人账户收益率提升至与城镇职工养老保险持平或接近的水平。

就失业保险制度而言，应增加制度内在约束以提高再就业激励性。为防止或减少失业保险待遇提高所带来的道德风险，有必要对领取失业待遇期间的义务做出调整，可考虑实行梯次递减的发放方式，促进制度内领取失业金人员尽快再就业。

六 加快推进制度间的衔接与协同

随着新经济和新业态的不断发展，灵活就业人员规模将越来越大，完善灵活就业人员参保政策，既是保障灵活就业人员、新业态从业人员合法权益，维护劳动力市场的可持续性发展的必然要求，也是新业态下社会经济发展的必然趋势。该群体工作职业不稳定、工作地点不固定，所参加的养老保险也时常在城镇职工养老保险和城乡居民养老保险间切换，不但有损于个人利益，还不利于我国养老保险的可持续发展。建议以灵活就业人员为突破口，探索建立两种基本养老保险制度的衔接机制。探索建立城乡居民养老保险最高档次缴费、待遇标准与城镇职工养老保险最低缴费、待遇标准相衔接的机制。可考虑针对新业态下灵活就业人员的需求，构建居保与职保的转移接续机制，根据"工作地缴费，分段计算；退休地发放，全国结算"的总体思路，设计账户转移接续的办法，明确居保和职保的缴费年限折算办法，修改居保的待遇计发办法使其与职保具有可比性，强化转移接续的合理性，累计计算缴费年限，分段计发养老金，搭建行之有效的养老保险转移接续机制，打破二元养老保险模式，从而实现地区间、两种制度间的顺畅转移接续。

统筹考虑、合理定位居保与低保、因病或非因公死亡职工遗属生活困难补助、职工病残津贴等各类保基本、兜底线的制度待遇水平，避免制度执行中的不平衡与倒挂现象。建议各类兜底保障制度待遇以基本养老保险制度为基础，相关待遇在基本养老保险待遇上作叠加。

针对失业保险，应正确处理失业保险"保、防、促"三者之间的关系，要在确保充分实现保生活功能发挥的基础上，强化预防失业和促进就业的制度功能，使失业保险在稳定就业、预防失业、促进就业方面发挥更大的作用。建立健全失业预警制度，通过失业动态监测及时制定失业调控预案，应对规模失业隐患。完善失业保险与促进就业的联动机制，提高促进就业支出的比例，激励失业人员提升个人劳动技能和专业素养，满足择业标准和市场需求，帮助失业人员尽快实现再就业。此外，可通过多种形式实现再就业，如将失业保险金作为再就业奖励，提升失业者的求职积极性；将失业保险金作为创业资助资金，扶持创业企业带动就业，等等。

针对工伤保险，要突出工伤保险制度工伤预防和工伤康复的功能定位，完善"预防、康复、补偿"三位一体的工伤保险制度体系。相比于事后提供经济补偿，工伤保险更应注重在事前预防工伤的发生，在事后注重促进工伤职工的身体康复。应加大对健康监护、危险作业场所的监测，以做到早发现、早改造、早预防和早治疗，进而有效控制、降低、防止事故及职业病的发生，减少对从业者的伤害，从源头上控制工伤发生率，减少伤残亡人数、保护劳动者的职业安全；加大工伤康复力度，通过康复技术和服务设施，尽可能恢复和提高工伤职工的集体功能、生活自理能力和职业劳动能力，从而促进其重返工作岗位或回归社会。

七 建立全国统一的社保经办服务平台

优良的保险制度设计，需要以精准科学的运营体系为载体，将制度优点完整体现。新形势下，随着社会的发展和人们观念的转变，社会保险成为人们生活密不可分的一部分，特别是在互联网信息和新兴技术快速发展的新业态下，应积极推进"互联网+"、大数据为代表的新理念、新技术、新模式在失业领域的广泛应用，加快实现失业保险服务和管理工作全程信息化，全面提升服务能力和管理水平。

加强社保经办服务平台的建设，不仅能方便参保人员各项社保问题的解决，推动经济社会的发展，更是助力我国政府向服务型政府转型，实现公共服务均等化的必然要求。建议建立国家社会保险公共服务平台，作为全国统一的社会保险公共服务平台的总枢纽。国家社会保险公共服务平台统筹建设公共服务门户，与国家政务服务平台对接，实现公共服务入口、运行调度监控、数据交换共享和业务推送支撑等功能，负责跨地区、跨部门、跨层级社会保险服务数据的汇聚共享和业务协同，为各地区信息交互提供通道和支撑。逐步实现数据向国家社会保险公共服务平台集中，创新引领数据应用，支撑宏观政策决策、经办数字化转型和业务创新发展。地方社会保险公共服务平台是全国统一的社会保险公共服务平台的具体办事平台，主要依托省、市、县以及乡镇（街道）、村（社区）基层服务平台的实体窗口和信息平台办理业务、提供服务。线下实现"一门式""一窗式"服务；线上逐步通过省级集中统一的信息平台，提供"一网式"服务。纵向推进数据向上集中，服务向下延伸，实现"同城通办""异地可办"；横向拓宽服务渠道，做好地方信息平台与政府政务服务平台、城乡社区综合服务平台的有效对接。

第五章

乡村振兴背景下的返乡入乡创业发展

支持农民工、大学生、退役军人、科技人员等返乡入乡创业，是党中央、国务院作出的重大决策部署。近年来，返乡入乡创业呈现蓬勃发展态势，激发了全社会创新创业创造活力，助推了脱贫攻坚，促进了城镇化建设和城乡融合发展，加快了乡村振兴，带动了就业。但同时，返乡入乡创业仍然存在一些突出矛盾和亟待解决的问题。本章围绕返乡入乡创业创新，聚焦重点群体、重点政策、典型案例，调查分析乡村振兴战略实施背景下返乡入乡创新创业的现状、问题以及促进返乡入乡创新创业发展的举措。

第一节 返乡入乡创业的实践特征

乡村振兴战略实施以来，农村人力资源要素支撑逐步强化，吸引了一大批有情怀、有资源、有能力的人返乡入乡兴办实业，涌现出了一批带动能力强、示范效应明显的创业创新主体，汇聚了一大批资金、技术和人才要素，扩大了农村产业发展规模、丰富了乡村产业类型，逐渐形成了以产业带创业、以创业带就业、以就业促增收的良好格局。根据国家农业农村局公布的数据，2020年，全国返乡入乡创业创新人员达1010万人左右，比2019年增长了160万人，增长18.8%，全国返乡全年农业生产托管服务面积超过16亿亩次，农村网络零售额实现1.79亿元。

一 返乡入乡创业生态圈多主体协同赋能

近年来，农村创业环境不断改善，吸引大批外出农民工、大学毕业生、退役军人和科技人员返乡入乡创新创业，多主体共同赋能形成了一个共同生存、协同进化的创业生态系统。

1. 农民工返乡创业持续发展。数据显示，截至2021年年底，四川省农民工返乡创业累计达到95.1万人，累计创办企业43.9万户，实现创业产值6779亿元。① 2021年前三季度，四川省实现地区生产总值38998.66亿元，同比增长9.3%；新增返乡创业9.99万人，新增带动就业23.68万人，新增创办企业3.74万户，新增创业总产值156.51亿元，实现劳务收入4731.77亿元。②

2. 退役军人和农业科技人员成为返乡入乡创新创业的生力军。以农产品加工领域创业为例。自2018年实施农产品加工业提升行动以来，农民合作社、家庭农场的农产品产地初加工加速发展，农产品加工副产物综合利用水平得到提升，农产品加工业从数量增长向质量提升、从要素驱动向创新驱动、从分散布局向集群发展转变，吸引了一批创业主体，特别是退役军人和农业科技人员返乡入乡创新创业。农业农村部的数据显示，到2020年年底，全国已建成超过17万座农产品初加工设施，马铃薯、水果、蔬菜产后损失率从15%降至6%以下，加工转化率从2015年的65%提高到2020年的68%。农产品加工业营收约23.5万亿元，农产品加工业与农业总产值比达到2.4∶1。③ 在福建，截至2021年8月底，由科技特派员创办创建的企业和专业合作社达5700余家。④ 实地调研发现，一大批从农村走出去的退役军人投身到了现代农业发展中。⑤ 例如，在广西，三年间全区退役军人创业企业增加到3万家，"拥军贷"名单内企业累计获贷7.85亿元。这些人在部队，受到了良好的教育和管理熏陶，开拓了

---

① 《四川：95万！农民工返乡创业潮起》，中工网，http://www.workercn.cn/34168/202201/28/220128074651996.shtml。
② 《家乡为国家乡村振兴重点帮扶县》，载于《华西都市报》2021年12月8日A5要闻版。
③ 《福建科技特派员创业和技术服务实现乡镇全覆盖——把论文写在田野大地上》，载于《人民日报》2021年10月8日第13版。
④ 《国家农民合作社示范社发展指数（2020）研究报告在京发布国家示范社2020年经营收入均值1514万元》，中华人民共和国农业农村部官网，http://www.moa.gov.cn/xw/zwdt/202201/t20220122_6387349.htm。
⑤ 《广西退役军仪就业创业工作现场交流会在柳州召开》，http://gx.people.com/n2/2022/0525/c390645-35284957.html。

视野也提升了能力，回乡创业有优势，其中一些人已经成为农村致富带头人。

3. 大学毕业生成为返乡创业的重要力量。麦可思—中国应届大学毕业生培养质量跟踪评价和麦可思—中国大学生毕业三年后职业发展跟踪评价的数据显示，[①] 2020届大学生毕业半年后返乡创业人群占0.6%，见表5—1；在就业的大学生中，返乡创业人群占0.8%，见表5—2；在创业的大学生中，返乡创业人群占31%，见表5—3。

表5—1　　全体毕业生中，返乡创业人群的占比（毕业半年后）　　　　单位：%

学历层次	2016届	2017届	2018届	2019届	2020届
本科	0.6	0.5	0.5	0.4	0.3
高职	1.2	1.2	1.2	1.1	1.0
合计	0.9	0.8	0.8	0.7	0.6

表5—2　　就业的毕业生中，返乡创业人群的占比（毕业半年后）　　　　单位：%

学历层次	2016届	2017届	2018届	2019届	2020届
本科	0.8	0.7	0.7	0.5	0.4
高职	1.4	1.4	1.4	1.3	1.3
合计	1.1	1.1	1.1	0.9	0.8

注：就业人群包括"受雇工作""自由职业""自主创业"三类。

表5—3　　创业的毕业生中，返乡人群的占比（毕业半年后）　　　　单位：%

学历层次	2016届	2017届	2018届	2019届	2020届
本科	27	26	27	27	26
高职	32	32	33	33	34
合计	30	30	31	31	31

---

① 样本累计覆盖800余所高校（其中本科院校300余所，高职院校500余所），涵盖全国30个省、自治区、直辖市。

从不同视角看，大学生创业有如下特点。

一是毕业三年后，返乡创业的毕业生占全体毕业生的2.0%，大大高于毕业半年后返乡创业的人群占比，见表5—4。

表5—4　　全体毕业生中，返乡创业人群的占比（毕业三年后）　　单位：%

学历层次	2016届	2017届
本科	1.1	0.9
高职	3.3	3.2
合计	2.1	2.0

二是国家乡村振兴重点帮扶县毕业生返乡创业率高于全国占比数量。具体而言，160个国家乡村振兴重点帮扶县毕业生中，返乡创业人群占0.8%，比全国的占比高0.2个百分点，见表5—5；在创业的毕业生中，返乡创业人群占32%，比全国的占比高1个百分点，见表5—6。

表5—5　　家乡为160个国家乡村振兴帮扶县的毕业生中，
　　　　　　返乡创业人群的占比（毕业半年后）　　单位：%

学历层次	2016届	2017届	2018届	2019届	2020届
本科	0.5	0.5	0.4	0.4	0.4
高职	1.4	1.4	1.3	1.3	1.1
合计	1.0	1.0	0.9	0.9	0.8

表5—6　　家乡为160个国家乡村振兴重点帮扶县的创业毕业生中，
　　　　　　返乡创业人群的占比（毕业半年后）　　单位：%

学历层次	2016届	2017届	2018届	2019届	2020届
本科	20	22	21	23	26
高职	29	31	29	31	34
合计	27	28	27	29	32

三是中西部大学生返乡创业的比例较高。在本科层面，毕业半年后，在不同区域就业的 2020 届毕业生中，东部、中部、西部、东北部返乡创业的占比分别为 0.4%、0.7%、0.5%、0.6%，见表 5—7；在不同区域创业的毕业生中，东部、中部、西部、东北部返乡创业的占比分别为 26%、30%、24%、26%，见表 5—8。在高职层面，毕业半年后，在不同区域就业的 2020 届毕业生中，东部、中部、西部、东北部返乡创业的占比分别 1.1%、1.6%、1.5%、1.1%；在不同区域创业的毕业生中，东部、中部、西部、东北部返乡创业的占比分别为 32%、38%、36%、30%。

表 5—7　　在不同区域就业的毕业生中，返乡创业人群的占比（毕业半年后）　　单位：%

学历层次	就业所在区域	2016 届	2017 届	2018 届	2019 届	2020 届
本科	东部地区	0.6	0.5	0.5	0.5	0.4
	中部地区	1.0	1.0	1.0	0.9	0.7
	西部地区	0.8	0.7	0.7	0.7	0.5
	东北地区	0.9	0.8	0.8	0.7	0.6
高职	东部地区	1.2	1.2	1.1	1.1	1.1
	中部地区	1.8	1.8	1.8	1.7	1.6
	西部地区	1.7	1.6	1.7	1.6	1.5
	东北地区	1.5	1.4	1.4	1.3	1.1

注：就业人群包括"受雇工作""自由职业""自主创业"三类。

东部地区指北京、天津、河北、上海、江苏、浙江、福建、山东、广东和海南 10 省（市）；中部地区指山西、安徽、江西、河南、湖北和湖南 6 省；西部地区指内蒙古、广西、重庆、四川、贵州、云南、西藏、陕西、甘肃、青海、宁夏和新疆 12 省（区、市）；东北地区指辽宁、吉林和黑龙江 3 省。

表 5—8　　　　　　在不同区域创业的毕业生中，
　　　　　　　　返乡人群的占比（毕业半年后）　　　　单位：%

学历层次	创业所在区域	2016 届	2017 届	2018 届	2019 届	2020 届
本科	东部地区	26	26	26	27	26
	中部地区	29	29	31	31	30
	西部地区	26	25	26	25	24
	东北地区	28	27	27	26	26
高职	东部地区	30	30	30	31	32
	中部地区	34	35	35	36	38
	西部地区	33	33	35	35	36
	东北地区	31	31	30	31	30

注：东部地区指北京、天津、河北、上海、江苏、浙江、福建、山东、广东和海南 10 省（市）；中部地区指山西、安徽、江西、河南、湖北和湖南 6 省；西部地区指内蒙古、广西、重庆、四川、贵州、云南、西藏、陕西、甘肃、青海、宁夏和新疆 12 省（区、市）；东北地区指辽宁、吉林和黑龙江 3 省。

四是高职高专毕业生的返乡创业率高于本科毕业生的返乡创业率。无论是返乡创业毕业生占全体毕业生的比例，还是占全体就业毕业生的比例，都呈现这一特征。

二　返乡入乡创业过程多阶段多要素迭代互动

返乡入乡创业涉及多个主体，包括政府、大学/科研机构、客户、孵化器等。就学理而言，返乡入乡创业的多主体集聚并非无序、随机，而是遵循追求机会开发背后所带来的潜在价值的商业逻辑，是一个多阶段多要素迭代互动的动力过程。在早期的阶段，首先触发到原有创业价值网络中的某一环节，如产业政策的推动或技术革新，产业发展进而将整个创业价值网络引入深耕阶段，在这一阶段中，新的市场环境和就业环境得以营造，从而吸引网络内其他主体以新方式集聚起来共同开发机会。而后，在相对成熟阶段，伴随机会在价值网络内的不断传递及多主体对多个机会的共同开发，熟人社会网络（亲情和乡情等）及政策创新进一步为实现价值共创的创业生态系统贡献力量。

根据实地调研的情况，当前吸引和推动农民工、毕业生、退役军人和科技人员返乡入乡创新创业的价值要素汇聚表现为产业带动、乡情推动、亲情拉动、营商环境牵动、优惠政策联动等方面。在触发阶段，产业变革催生了休闲农业、乡村旅游等新产业新业态，这些领域市场需求、启动门槛也相对较低，开办农家乐、乡村民宿等创业活动开始出现。在深耕阶段，本土营商环境优化的结果是创业主体会更多考虑到本地市场情况，认为老家附近相比大城市或其他地方"办事方便""好找熟人"。从创业启动来看，一方面"在老家亲戚朋友多，招人相对容易"，另一方面农业与服务业的融合相对来说创业门槛较低，例如，一大批大学生投身农村电商，由于供应链在农村，所以返乡就成了其首选。在成熟阶段，考虑到"落叶归根""在外面挣了钱、学了技术，回老家自己当老板"以及"大城市是机会多，但照顾不到家里人"，乡情和亲情的社会网络力量在返乡创业的乡贤群体中体现得更为明显。此外，优惠的政策联动，如有关大学生返乡创业的补贴政策、贷款优惠政策等也是关键的要素。

三 新产业、新业态、新商业模式推动城乡创新创业价值对接

近年来，我国农业多种功能不断拓展，休闲农业、乡村旅游等产业不断壮大，体验农业、创意农业等新产业新业态大量涌现。各地瞄准城乡居民对休闲观光、乡土文化、生态环境等的新需求，促进乡村经济多元化，挖掘和释放农业的多种功能、乡村的多元价值，大力发展乡村新产业、新业态、新商业模式。在此基础上，新产业、新业态、新商业（"三新"）驱动城乡创业供需互动，城乡创业产业互联，城乡创业经济互促。各类返乡入乡创新创业主体积极引入大都市圈的科技、创意、文化、经营、管理等的元素，开发农产品初加工、农村电商、乡村休闲旅游、乡土特色手工等城乡联动的新产业新业态，带动城乡产业链条纵向延伸、功能横向拓展、价值多向提升。

根据农业农村部公布的数据，新增创业项目的65%以上具有创新因素，80%以上属于产业融合类型，55%左右广泛运用互联网、智慧农业、共享经济等模式，促进了视频农业、直播直销、云乡游、云赏花等快速发展，形成城乡关联、产业梯度发布的发展格局。2021年3月农业农村部监测显示，创新创业领域由最初的种养业向农产品初加工、农村电商等转变，特别是新冠肺炎疫情进一步强化了乡村产业新业态发展，打造了

"网红产品",促进了"三产"融合,贯穿产加销服、农文旅教等领域,新兴元素和现代产业要素深入其中,智创、文创、农创新产品不断涌现,创造了更多的就业岗位,仅淘宝村就创造了828万个创业就业岗位。

调研发现,近年来农事体验、电商直播等蓬勃兴起,直播农业成为农村经济新亮点,为农业供应链转型和价值链提升提供了新动能。根据农业农村部发展规划司公开的数据,截至2019年年底,注册在县及县域以下的农村电商数量超过800万家,全国农村网络零售额达到1.7万亿元,农产品电商零售总额达到3975亿元。[①] 根据农村农业部2021年公布的数据,全国已创建388个全国休闲农业重点县,认定1216个"一村一景"的美丽休闲乡村,累计推介970个功能完备、特色突出的美丽休闲乡村和1000条精品旅游线路。2019年,全国休闲农业和乡村旅游营业收入超过8500亿元,年均增速9.8%,直接带动1200万农村劳动力就业增收。[②] 由此,创新创业已经成为乡村产业发展和农民增收的新引擎,联农带农机制也不断实现完善。

相关调研还发现,返乡入乡创业人员创办的项目小农户参与度高、受益面广,形成了"订单收购""分红""农民入股""保底收益""按股分红"等合作创业模式,带动农民增收致富。据统计,2019年151个国家产业园近70%的农户与各类新型经营主体建立了利益联结机制,农民人均可支配收入达到2.1万元,比全国平均水平高31%。[③] 据监测,返乡入乡创业创新项目的经营场所87%设置在乡镇及以下,90%是多人联合、合作创业,70%具有带动农民就业增收效果,40%的项目带动农户脱贫,一个返乡创业创新项目平均可吸纳6.3人稳定就业、17.3人灵活就业。[④]

---

① 《农业现代化成就辉煌全面小康社会根基夯实》,中华人民共和国农业农村部官网,http://www.moa.gov.cn/xw/zxfb/202105/t20210510_6367489.htm,2021年5月10日。

② 潘宇静:《跨界融合 乡村富民产业加快发展》,中国证券报,https://caifuhao.eastmoney.com/news/20210625064537214918790,2021年6月25日。

③ 《高质量建设现代农业产业园 示范引领农业现代化——农业农村部、财政部有关司局负责人就国家现代农业产业园建设有关问题答记者问》,中国政府网,http://www.gov.cn/zhengce/2021-01/10/content_5578640.htm。

④ 《农业现代化辉煌五年系列宣传之二十二:返乡创业热 农民增收多》,http://www.jhs.moa.gov.cn/ghgl/202106/t20210622_6370060.htm。

在"农户+合作社+加工营销"利益联合机制推动下,更多的就业岗位留在了农村、更多的产业链增值收益留给了农民。以青海省为例,截至2021年9月中旬,全省已扶持和培育农牧民专业合作社和家庭农牧场100个以上,村集体通过成立种植养殖专业合作社,种植党参、当归、黄芪等中药材,并做药材的收购、加工和销售,农户则以土地流转的方式入股合作社,进行分红。①

四 乡村产业融合发展平台载体"圈"状发展

近年来,为更好地服务返乡入乡创业,各地积极探索建设农村创业创新园区、孵化实训基地、现代农业产业园、农村一二三产业融合发展示范园等载体,为各类返乡入乡人员提供创新创业的平台,初步形成了政府搭建平台、平台聚集资源、资源服务创业的返乡入乡创业创新平台支持体系。农业农村部公开的数据显示,截至"十三五"末,已认定1096个具有区域特色的农村创业创新园区和孵化实训基地,并向社会推介了200个全国农村创业创新典型县范例,连续举办四届全国农村创业创新项目创意大赛,选拔了一批优秀创新项目和创业人才,推动了返乡入乡创业创新高质量发展。② 此外,一些地方还加快建设优势特色产业集群大型经济圈、现代农业产业园中型经济圈、农业产业强镇小型经济圈和"一村一品"微型经济圈,推动构建乡村产业"圈"状发展格局,初步形成了国家、省(区、市)、市(州)、县四级联动乡村产业体系。数据显示,截至2021年全国累计创建特色优势产业集群50个、国家级现代农业产业园151个、农村产业融合示范园228个、农业产业强镇811个。③ 总体来看,目前我国已经基本形成功能有机衔接、区域性辐射带动、"点线面"结合的乡村产业"圈"状发展格局。

---

① 《青海:双创在乡村这片热土沸腾》,载于《青海日报》2021年8月18日第5版。
② 《农业现代化辉煌五年系列宣传之二十二:返乡创业热 农民增收多》,http://www.jhs.moa.gov.cn/ghgl/202106/t20210622_6370060.htm。
③ 《乡亲们的身边事 乡村产业兴 增收路更宽》,载于《人民日报》2022年1月7日第18版。

第二节 返乡入乡创业政策供给

2019年至今，相关部门聚焦融资、用地、人才、服务等方面的问题，先后印发《关于进一步推动返乡入乡创业工作的意见》《关于推动返乡入乡创业高质量发展的意见》《关于深入实施农村创新创业带头人培育行动的意见》《关于做好当前农民工就业创业工作的意见》《关于推进返乡入乡创业园建设提升农村创业创新水平的意见》等文件。总体来看，在各地各部门的共同努力下，返乡入乡创业与新型城镇化建设、乡村振兴和脱贫攻坚等紧密结合，返乡入乡创新创业体制机制不断完善、政策举措不断创新、服务保障不断强化，主体带动能力、平台服务能力、要素支撑能力不断提升，市场主导、政府引导、部门协同、上下联动的返乡入乡创业制度体系有序运转，为各类人员返乡入乡创业提供了体系化的政策支撑。具体来看，当前面向返乡入乡创业群体的政策供给主要集中在以下几个方面。

一 提供全周期的返乡入乡创业培训支持

强化返乡入乡创业培训是返乡入乡企业政策的重要组成部分，其核心指向强化创业意愿、提升创业素质能力、提高创业效能，现行返乡入乡创业培训政策主要涉及如下内容。

1. 开展有针对性的返乡入乡创业培训。2019年12月，人力资源和社会保障部、财政部、农业农村部联合印发的《关于进一步推动返乡入乡创业工作的意见》要求，将有培训需求的返乡入乡创业人员全部纳入创业培训范围，依托普通高校、职业院校、教育培训机构等各类优质培训资源，根据创业意向、区域经济特色和重点产业需求，开展有针对性的返乡入乡创业培训。2020年1月，国家发改委等19个部门联合印发的《关于推动返乡入乡创业高质量发展的意见》提出，持续实施返乡入乡创业培训行动计划，使每位有意愿的创业者都能接受一次创业培训。实施返乡入乡创业带头人培养计划，对具有发展潜力和带头示范作用的返乡入乡创业人员，依托普通高校、职业院校（含技工院校）、优质培训机构、公共职业技能培训平台等开展创业能力提升培训。大规模开展职业技能培训，大力培养适应返乡入乡创业企业需求的高素质劳动者。2020年6月,农业农村部、国家发改委、教育部、科技部、财政部、人力资源和社会保障部、自然资源部、退役军人部、银保监会9部委联合印发的《关于深入实施农村创新创业带头人培育行动的意见》提出,实施返乡入乡创业带头人培养计划,对具有发展潜力和带头示范作用的返乡入乡创业人员,依托普通高校、职业院校、优质培训机构、公共职业技能培训平台等开展创业培训。2020年8月,人力资源和社会保障部、国家发改委等15个部门联合印发的《关于做好当前农民工就业创业工作的意见》进一步明确要求,面向返乡农民工就近开展职业转换培训和创业培训。《"十四五"农业农村人才队伍建设发展规划》就开展乡村产业振兴带头人培育"头雁"项目、农村创业带头人培育行动以及培育农村创业主体等作出了政策部署。①

2. 提供多元形式和多维内容的返乡入乡创业培训。2019年12月,《关于进一步推动返乡入乡创业工作的意见》提出,积极探索创业培训+技能培训,创业培训与区域产业相结合的培训模式,根据返乡入乡创业人员特点,开发一批特色专业和示范性培训课程。实施培训下乡"直通车"、农民夜校、远程培训、网络培训,推动优质培训资源城乡共享,提高培训的针对性、实用性和便捷度。探索组建专业化、规模化、制度化的创业导师队伍,发挥"师带徒"效应。2020年1月,《关于推动返乡入乡创业高质量发展的意见》提出,坚持需求导向,依托科教园区、各级各类学校特别是职业院校,实施产教融合、校企合作,开设返乡入乡创业特色产业相关专业,支持返乡入乡创业企业与院校合作订单式培养急需紧缺专业人才。2020年6月,《关于深入实施农村创新创业带头人培育行动的意见》提出,支持有条件的职业院校、企业深化校企合作,依托大型农业企业、知名村镇、大中专院校等建设一批农村创新创业孵化实训基地,为返乡入乡创新创业带头人提供职业技能培训基础平台。充分利用门户网站、远程视频、云互动平台、微课堂、融媒体等现代信息技术手段,提供灵活便捷的在线培训,创新开设产品研发、工艺改造、新型业态、风险防

---

① 《农业农村部关于印发〈"十四五"农业农村人才队伍建设发展规划〉的通知》,中华人民共和国农业农村部官网,http://www.moa.gov.cn/govpublic/RSLDS/202201/P020220125425577629991.ofd。

控、5G 技术、区块链等前沿课程。大力推行互动教学、案例教学和现场观摩教学，开设农村创新创业带头人创业经验研讨课。

3. 发放返乡入乡创业培训补贴。2019 年 12 月，《关于进一步推动返乡入乡创业工作的意见》提出，对参加返乡入乡创业培训的农民工、建档立卡贫困人口、大学生和退役士兵等人员，按规定落实培训补贴。有条件的地方可按规定通过项目制方式购买培训项目，为符合条件的返乡入乡创业人员提供培训。各地可结合实际需要，对师资培训、管理人员培训、管理平台开发等基础工作给予支持。2020 年 6 月，《关于深入实施农村创新创业带头人培育行动的意见》提出，将农村创新创业带头人纳入创业培训重点对象，支持有意愿人员参加创业培训。符合条件的，按规定纳入职业培训补贴范围，所需资金从国家职业技能提升行动（"315"行动）专账资金列支。

二 提供多元化的返乡创业融资支持

创业资金不足、融资难融资贵是很多返乡入乡创业者都面临的问题，强化融资支持一直是返乡入乡创业政策的重要关注点。

1. 加大贷款支持。2002 年，中央财政针对重点就业群体创业和小微企业融资，出台小额贷款贴息政策。2015 年起，此项政策调整为创业担保贷款贴息政策。2019 年 12 月，《关于进一步推动返乡入乡创业工作的意见》要求，加大对符合条件的返乡入乡创业人员创业担保贷款贴息支持力度。落实创业担保贷款奖补政策，合理安排贴息资金。2020 年 1 月，《关于推动返乡入乡创业高质量发展的意见》提出，各地要加强与相关金融机构合作，创新金融产品和服务，加大对返乡入乡创业企业金融支持。推动城市商业银行、农村商业银行、农村信用社业务逐步回归本源，县域吸收的存款优先用于返乡入乡创业。鼓励和支持国有商业银行合理赋予县域支行信贷业务审批权限，激发县域支行支持返乡入乡创业融资积极性。支持相关银行对暂时存在流动资金贷款偿还困难且符合相关条件的返乡入乡创业企业给予展期。适当提高对返乡入乡创业企业贷款不良率的容忍度。2020 年 4 月，财政部联合人力资源和社会保障部、中国人民银行印发《关于进一步加大创业担保贷款贴息支持力度全力支持重点群体复工复产的通知》，放宽小微企业申请条件，对优质创业项目免除反担保要求。2020年6月,《关于深入实施农村创新创业带头人培育行动的意见》提出,引导相关金融机构创新金融产品和服务方式,支持农村创新创业带头人创办的企业。落实创业担保贷款贴息政策,大力扶持返乡入乡人员创新创业。

2. 引导直接融资。2019年1月,中国人民银行、中国银保监会、农业农村部等五部门印发《关于金融服务乡村振兴的指导意见》,鼓励金融机构简化贷款审批流程,合理确定贷款额度、利率和期限。中国农业银行创新推出乡村振兴"园区贷",国开行和农发行河南分行推出省级产业园金融产品。2019年12月,《关于进一步推动返乡入乡创业工作的意见》提出,鼓励创业担保贷款担保基金运营管理机构等单位多渠道筹集资金,开启"互联网+返乡入乡创业企业+信贷"新路径,将"政府+银行+保险"融资模式推广到返乡入乡创业。2020年1月,《关于推动返乡入乡创业高质量发展的意见》要求,切实发挥国家中小企业发展基金、国家新兴产业创业投资引导基金及各地的产业引导基金、创业投资基金等作用,撬动更多社会资本支持返乡入乡创业。进一步放开资本市场,积极利用上市、发行债券等方式拓宽融资渠道。支持私募股权投资基金加大对返乡入乡创业支持力度。加大债券产品创新,支持返乡入乡创业企业通过发行创新创业公司债券等进行融资。2020年6月,《关于深入实施农村创新创业带头人培育行动的意见》提出,引导各类产业发展基金、创业投资基金投入农村创新创业带头人创办的项目。推广"互联网+返乡创业+信贷"等农村贷款融资模式。2020年11月,《关于推进返乡入乡创业园建设 提升农村创业创新水平的意见》提出,引导资本投入,支持返乡入乡创业企业通过发行创业创新公司债券、县城新型城镇化建设专项企业债券等方式,实现债权融资。此外,安徽省率先创设区域性股权市场农业板,是全国农业专板第一大板块,截至2020年年底,农业板块已累计挂牌企业1557家,其中235家企业获得融资12.13亿元。依托省区域股权市场,牵头成立了省金融支农协作联盟,着力打造省级金融支农政策及金融要素综合服务平台。

3. 完善抵押担保机制。2019年12月,《关于进一步推动返乡入乡创业工作的意见》要求,建立诚信台账和信息库,探索建立信用乡村、信用园区、创业孵化示范基地、创业孵化实训基地推荐免担保机制。2020

年1月,《关于推动返乡入乡创业高质量发展的意见》提出,探索实施返乡入乡创业信用贷款政策,鼓励在返乡创业试点地区拓展返乡入乡创业企业信用贷款业务。完善创业担保贷款政策,放宽小微企业创业担保贷款申请条件。加快完善政府性融资担保体系,充分发挥国家融资担保基金等作用,积极为符合条件的返乡入乡创业市场主体实施融资担保。推广"银行保险+政策性担保"合作融资模式,鼓励保险公司为返乡入乡创业人员提供贷款保证保险产品。加快宅基地、集体建设用地以及农房等农村不动产确权登记,完善集体经营性建设用地抵押制度。在宅基地制度改革试点框架下,有条件的地区按照风险可控原则,稳妥探索宅基地使用权抵押贷款业务。探索实施利用大型农机具、股权、商标、应收账款等抵(质)押贷款,不断拓展抵(质)押物范围。2020年6月,《关于深入实施农村创新创业带头人培育行动的意见》提出,发挥国家融资担保基金等政府性融资担保体系作用,积极为农村创新创业带头人提供融资担保。安徽省率先成立省级农业信贷担保公司,指导研发"劝耕贷"等模式。截至2020年11月底,省农担公司累计为33983户(次)新型农业经营主体提供融资担保177.84亿元,在保13452户(次),在保金额86.34亿元。

4. 发展特色金融保险。2007年以来,中央财政实施农业保险保费补贴政策,补贴品种已由最初种植业的5个,扩大到种、养、林3大类16个。鼓励开展地方优势特色农产品保险,允许有条件的地方给予一定的保费补贴。2019年,中央财政开展对地方优势特色农产品保险奖补试点,支持地方自主选择2个品种申请中央财政补贴,2020年试点地区扩大至20个省份(含兵团),补贴品种由2个增加至3个。2020年11月,《关于推进返乡入乡创业园建设 提升农村创业创新水平的意见》提出,创新金融保险,设立信用园区,形成支持白名单,逐步取消反担保,建立绿色通道,做到应贷尽贷快贷。2021年4月,《关于2021年银行业保险业高质量服务乡村振兴的通知》提出,引导银行保险机构大力支持返乡入乡创业园区建设,强化农村创业信用贷款政策。

三 加强财税扶持的协同引导

利用财税手段扶持返乡入乡创业的重要指向是减轻创业负担,降低创业成本，其具体举措主要涉及如下几个方面。

1. 针对特殊人群发放创业补贴。2019年12月，《关于进一步推动返乡入乡创业工作的意见》提出，落实创业扶持政策。返乡入乡创业人员可在创业地享受与当地劳动者同等的创业扶持政策。对返乡入乡创业人员符合条件的，及时落实税费减免、场地安排等政策。对首次创业、正常经营1年以上的返乡入乡创业人员，可给予一次性创业补贴。对返乡入乡创业企业吸纳就业困难人员、农村建档立卡贫困人员就业的，按规定给予社会保险补贴，符合条件的可参照新型农业经营主体支持政策给予支持。2020年6月，《关于深入实施农村创新创业带头人培育行动的意见》提出，统筹利用好现有创新创业扶持政策，为符合条件的返乡入乡创业人员和企业提供支持，农村创新创业带头人可按规定申领。对首次创业、正常经营1年以上的农村创新创业带头人，按规定给予一次性创业补贴。对入驻创业示范基地、创新创业园区和孵化实训基地的农村创新创业带头人创办的企业，可对厂房租金等相关费用给予一定额度减免。2020年8月，《关于做好当前农民工就业创业工作的意见》进一步提出，对符合条件的返乡入乡创业农民工，按规定给予税费减免、创业补贴、创业担保贷款及贴息等创业扶持政策，对其中首次创业且正常经营1年以上的，按规定给予一次性创业补贴，正常经营6个月以上的可先行申领补贴资金的50%。2020年11月，《关于推进返乡入乡创业园建设 提升农村创业创新水平的意见》提出，对首次创业、正常经营1年以上的返乡入乡创业人员，可给予一次性创业补贴。

2. 支持地方政府发行专项债券。2020年1月，《关于推动返乡入乡创业高质量发展的意见》提出，充分利用外经贸发展专项资金，支持中西部和东北地区承接加工贸易梯度转移，带动促进返乡创业。允许发行地方政府专项债券支持符合条件的返乡入乡创业产业园、示范区（县）建设项目。2020年6月，《关于深入实施农村创新创业带头人培育行动的意见》提出，鼓励地方统筹利用现有资金渠道，支持农村创新创业带头人兴办企业、做大产业。允许发行地方政府专项债券，支持农村创新创业园和孵化实训基地中符合条件的项目建设。

3. 依据特定条件实施税费减免。2020年1月，《关于推动返乡入乡创业高质量发展的意见》提出，对返乡入乡创业企业招用建档立卡贫困人口、登记失业人员，符合条件的，按规定落实税收优惠等政策。对入驻返乡入乡创业示范基地、创新创业园区（基地）、创业孵化基地等场所或租用各类园区标准化厂房生产的返乡入乡创业企业，各地可对厂房租金、卫生费、管理费等给予一定额度减免。2020年11月，《关于推进返乡入乡创业园建设 提升农村创业创新水平的意见》进一步明确要求，落实税费减免，对厂房租金、房租物业费、卫生费、管理费等给予一定额度减免。

四 多措并举缓解返乡入乡"用地难""用地贵"问题

用地问题是返乡入乡创业的特色问题，不仅涉及创业主题，还涉及创业基础条件保障。因此，创业用地问题是促进返乡入乡创业健康发展必须解决好的问题。

1. 创新土地流转政策。2020年1月，《关于推动返乡入乡创业高质量发展的意见》提出，鼓励承包农户依法采取转包、出租、互换、转让及入股等方式流转承包地，鼓励长期外出务工的农民家庭将相对闲置的承包地集中流转给返乡入乡创业企业，用于农业生产经营。拓展农村宅基地所有权、资格权、使用权"三权分置"改革试点，鼓励针对返乡入乡创业人员和企业先行先试。返乡入乡人员创办农业休闲观光度假场所和农家乐的，可依法使用集体建设用地。2020年6月，《关于深入实施农村创新创业带头人培育行动的意见》进一步要求，推进农村集体经营性建设用地入市改革，支持开展县域农村闲置宅基地、农业生产与村庄建设复合用地、村庄空闲地等土地综合整治，农村集体经营性建设用地、复垦腾退建设用地指标，优先用于乡村新产业新业态和返乡入乡创新创业。允许在符合国土空间规划和用途管制要求、不占用永久基本农田和生态保护红线的前提下，探索创新用地方式，支持农村创新创业带头人创办乡村旅游等新产业新业态。

2. 统筹安排相关产业用地。为顺应农村产业发展规律，保障农村一二三产业融合发展合理用地需求，2020年国家自然资源部取消土地计划因素分配方式，明确以真实有效项目落地作为配置计划依据，按照"土地要素跟着项目走，既算增量账、更算存量账"的原则，统筹安排新增和存量建设用地，切实保障有效投资用地需求。对符合要求的重大项目用地，实行计划指标重点保障，在批准用地时直接配置；对未纳入重点保障的项目用地，配置计划指标与处置存量土地挂钩，由各省（自治区、直辖市）统筹安排，量入为出。2020年1月，《关于推动返乡入乡创业高质量发展的意见》要求，各地在安排年度新增建设用地计划指标时，要加大对返乡入乡创业人员从事新产业新业态发展用地的支持。移民搬迁旧宅基地腾退节余的建设用地指标和村庄建设用地整治复垦腾退的建设用地指标，优先用于返乡入乡创业生产经营。盘活工厂、公用设施等的闲置房产、空闲土地，结合交通区位、产业基础、生产条件等实际情况，依法依规实施改造利用，为返乡入乡创业人员提供低成本生产和办公场地。2020年6月，《关于深入实施农村创新创业带头人培育行动的意见》进一步提出，各地新编县乡级国土空间规划、省级制订土地利用年度计划应做好农村创新创业用地保障。2021年1月，国家农业农村部联合自然资源部、国家发改委印发的《关于保障和规范农村一二三产业融合发展用地的通知》提出，引导农村产业在县域范围内统筹布局、拓展集体建设用地使用途径、盘活农村存量用地、优化用地审批和规划许可流程等6方面政策措施。

3. 支持创业孵化园区建设。2020年8月，《关于做好当前农民工就业创业工作的意见》要求，加强创业载体建设，政府投资开发的孵化基地等创业载体可安排一定比例的场地，免费向返乡入乡创业农民工提供，支持高质量建设一批返乡入乡创业园（基地）、集聚区，吸引农民工等就地就近创业就业。2020年11月，农业农村部联合科技部、财政部、人力资源和社会保障部、自然资源部、商务部和银保监会等7部门印发的《关于推进返乡入乡创业园建设 提升农村创业创新水平的意见》提出，到2025年，在全国县域建设1500个功能全、服务优、覆盖面广、承载力强、孵化率高的返乡入乡创业园。该意见强调，要以培育初创型和成长型企业为重点，推进要素集聚、政策集成、服务集合，高质量建设一批县域返乡入乡创业园，重点是"四个一批"：新建一批返乡入乡创业园，利用现有涉农资金项目构建多位一体、上下游产业衔接的创业格局；提升改造一批返乡入乡创业园，依托现有创业园改造配套设施，集成实训功能，增强服务功能；拓展一批返乡入乡创业园，依托现有产业园区，配置现代产业要素，嫁接成熟生产技术，匹配优秀管理人才，引入金融资本和风投创投；整合一批返乡入乡创业园，依托现有大型企业和知名村镇挖掘现有设施潜力，集中提供公共服务，支持返乡入乡创业创新。

五 完善返乡入乡创业公共服务体系

公共服务相对薄弱，是返乡入乡创业发展的一个短板，亟待破解。因此，强化创业服务和普适性基本公共服务已经成为返乡入乡创业改革的重要选择。

1. 优化基本公共服务。2020年1月，《关于推动返乡入乡创业高质量发展的意见》提出，进一步放开城镇落户条件，对符合条件的各类返乡入乡创业人员及其共同生活的配偶、子女和父母全面放开落户限制。增加优质教育、住房等供给，解决返乡入乡创业人员子女入学、居住等实际问题。将符合条件的返乡创业人员纳入城镇住房保障范围。加快推进全国统一的社会保险公共服务平台建设，切实为返乡入乡创业人员妥善办理社保关系转移接续。

2. 完善创业基础设施配套。2019年12月，《关于进一步推动返乡入乡创业工作的意见》提出，鼓励有条件的地方，在符合条件的乡村开辟延伸寄递物流线路及网点，降低返乡入乡创业企业生产经营成本。2020年1月，《关于推动返乡入乡创业高质量发展的意见》进一步要求，通过加大政府投资、引导社会资本投入等多种方式，支持中西部和东北地区进一步完善信息、交通、寄递、物流等基础设施。进一步健全以县、乡、村三级物流节点为支撑的物流网络体系，打通农村物流"最后一公里"。深化电子商务进农村综合示范工作。

3. 提升基层创业服务能力。2019年12月，《关于进一步推动返乡入乡创业工作的意见》提出，依托县乡政务服务中心办事大厅设立创业服务专门窗口，为返乡入乡创业人员就地就近提供政策申请、社保接续等服务。完善县以下公共就业服务机构创业服务功能，建立基层服务人员管理和培训机制。2020年1月，《关于推动返乡入乡创业高质量发展的意见》提出，大力发展"互联网+政务服务"，鼓励网上审批，加快推进政务服务"一网通办"，推广实施网上办、马上办、全程帮办等服务。鼓励县级以上地区设立返乡入乡创业"一站式"综合服务平台。整合优化县乡服务资源，积极打造覆盖县、乡、村的创业服务网络。2020年6月，《关于深入实施农村创新创业带头人培育行动的意见》要求，县乡政府要在政务大厅设立农村创新创业服务窗口，打通部门间信息查询互认通道，集中提供项目选择、技术支持、政策咨询、注册代办等一站式服务。各级政府在门户网站均应设立农村创新创业网页专栏，推进政务服务"一网通办"、扶持政策"一键查询"。2020年11月，《关于推进返乡入乡创业园建设 提升农村创业创新水平的意见》提出，优化创业服务，推进政务服务"一网通办"，建立"互联网＋创业创新"模式，打造生产协同、创新协同、战略协同的创业链，为返乡入乡创业团队提供一站式、个性化服务。

4. 做好企业用工服务。2019年12月，《关于进一步推动返乡入乡创业工作的意见》提出，建立返乡入乡创业企业用工需求信息采集制度，提供信息发布、用工指导等服务。引导返乡入乡创业企业对技能岗位招用人员积极开展培训。对返乡入乡创业的农民专业合作社、专业技术协会、手工艺传承人等机构或个人作为主体提供培训的，可按规定给予培训补贴。实施专业技术人才知识更新工程，对返乡入乡创业专业技术人才给予倾斜支持。2020年1月，《关于推动返乡入乡创业高质量发展的意见》提出，围绕地方和返乡入乡创业发展需求，支持部分返乡创业试点地区建设一批公共实训基地，支持有条件的职业院校、企业深化校企合作并建设产教融合实训基地，依托大中型企业、知名村镇、大中专院校等力量建设一批农村创新创业孵化实训基地，为返乡入乡创业提供职业技能培训基础平台支撑。

5. 健全社会保险和社会救助机制。2019年12月，《关于进一步做好返乡入乡创业工作的意见》提出，推进扶贫车间、卫星工厂、返乡入乡创业小微企业等按规定参加工伤保险。开展新业态从业人员职业伤害保障试点。对返乡入乡创业失败的劳动者，按规定提供就业服务、就业援助和社会救助。2020年1月，《关于推动返乡入乡创业高质量发展的意见》提出，建立以社会保障卡为载体的"一卡通"服务管理模式，做好社会保障服务工作。对创业失败的劳动者，符合条件的，按规定提供就业服务、就业援助和社会救助。

六 强化典型引领、示范带动作用

强化榜样力量，营造良好社会氛围，是促进事业发展的有效措施，返乡入乡政策也充分运用这一手段工具。

1. 推动返乡入乡创业示范县建设。2019年12月，《关于进一步推动返乡入乡创业工作的意见》提出，以劳务输出规模较大、返乡入乡创业意愿较强、工作基础和条件相对成熟的县为重点，推出一批返乡入乡创业示范县，各地在资金、政策等方面给予倾斜支持。建设一批返乡入乡创业示范载体，推动创业创新资源集聚。遴选一批创新性强、适用面广、示范性好的优质返乡入乡创业示范项目，给予跟踪帮扶。

2. 加大典型人物宣传。2019年12月，《关于进一步推动返乡入乡创业工作的意见》提出，鼓励举办返乡入乡创业大赛、项目展示交流等活动，组建返乡下乡创业联盟，大力宣传推进返乡入乡创业的政策措施、经验做法和创业典型人物，大力弘扬创业创新文化，营造鼓励创业创新的良好氛围。对为当地经济社会发展作出突出贡献、带动就业效果好的返乡入乡创业优秀带头人和优秀乡村企业家，加强典型宣传推介，并按规定予以表彰。2020年1月，《关于推动返乡入乡创业高质量发展的意见》进一步要求，大力宣传返乡入乡创业典型和优秀乡村企业家案例，鼓励举办创新创业大赛、创业训练营、创业大讲堂和各类展示活动，营造全社会广泛关心、支持和参与返乡入乡创业的良好氛围。2020年6月，《关于深入实施农村创新创业带头人培育行动的意见》提出，挖掘一批农村创新创业带头人鲜活案例，讲好励志创业故事。对创新创业活跃、联农带农紧密、业绩特别突出的农村创新创业优秀带头人，可按国家有关规定予以表彰。充分运用报刊、电视、广播、网络等全媒体资源，宣传农村创新创业带头人典型事迹，营造激情创新创业、梦圆乡村振兴的良好氛围。

第三节 返乡入乡创业存在的问题

各地在积极探索鼓励和支持农民工等人员返乡入乡创业的创新实践中，已经积累了不少成功经验。但总的来看，政策措施比较分散，政策体系尚不完善。相比其他群体创业,返乡入乡创业比例和成功率还有较大差距,一些政策并没有达到预期目标和效果。尤其是2019年突如其来的新冠肺炎疫情对农村劳动力流动带来一些冲击,农民工返城受阻,部分农民工选择留在家乡发展,创业需求显著增强。调研发现,返乡入乡创业在政策供给、创业选择、经营管理中存在以下三个方面的突出问题。

一 政策供给:要素支撑缺少有效协同

返乡入乡创业需要资金、场地、人才等多方面的要素支撑。虽然近年来,有关部门和地方出台并实施了一系列相应政策和举措,但是创业资金不好筹、创业用地不好拿、项目人才不好招,仍然是返乡入乡创业普遍面临的"三大难题"。以返乡创业大学生的创业资金来源为例,见表5—9,在调研中我们发现,在返乡入乡创业企业的资金来源中,创业者自有资金和私人借款占了绝大部分,贷款难、还款压力大是造成这一问题的主要原因。同样地,资金筹集也是返乡农民工创业的最大障碍。

表5—9　　　　返乡创业大学生创业资金来源　　　　单位:%

学历层次	创业资金来源	返乡创业	外地创业
本科	父母/亲友投资或借贷	54	45
	个人积蓄	24	26
	银行贷款/信用卡透支	5	8
	政府科研/创业基金或优惠贷款	4	4
	风险投资	2	3
	其他	11	14
高职	父母/亲友投资或借贷	52	43
	个人积蓄	22	25
	银行贷款/信用卡透支	7	9
	政府科研/创业基金或优惠贷款	5	5
	风险投资	2	3
	其他	12	15

注:数据来源于麦可思—中国应届大学毕业生培养质量跟踪评价,表中数据为2016—2020届合并数据。

在资金支持方面，返乡农民工的创业启动资金主要来源于多年在外务工积蓄和技术积累，但务工所得的有限积蓄相对创办企业的投入来说经常是不够的，向亲戚朋友借款也常常不容易，而向银行申请贷款时又往往缺少抵押物或担保，就算有资格申请，贷款手续复杂、周期长、成本高也往往让其"望而退步"。实地调研了解到，多数新生代农民工创业起步于"小微企业"或个体工商业，贷款达不到金融机构要求的条件，部分项目因为规模小，初期发展专业技术水平不高，财政扶持力度不足。还有一些现代农业项目，由于缺乏抵押物，要申请贷款扩大投资生产模式缺资金，"只能挣点钱添点设备"。实施上，返乡创业者仅靠自筹一部分资金，只能暂时解决创业启动经费问题，如果在创业过程中不能得到及时的资金补充支持，日常运作经营就会出现资金问题，影响市场的开拓与发展，阻碍创业项目做大做强，一旦出现资金断流，甚至会影响创业项目的稳定经营。

在场地支持方面，调研中发现，目前返乡创业项目较多的还是集中在加工制造和农业生产方面，仓储、晒场、冷库、生产用房等附属设施建设是创业发展的重要基础保障。然而在目前用地管理日益趋紧的态势下，占地相关手续审批也日益困难。调研发现，有一定数量的农民工返乡创业项目，陷入建设用地成本高、各类园区难进、流转土地难拿的用地困境。调研中有返乡创业人员抱怨，现在农业创业用地审批很困难，要经过多层级、多部门盖章。

在创业所需的用工和人才支持方面，目前的主要问题集中在普工招工难和高层次人才留用难两方面。第一，微利项目是大多数返乡入乡创业企业的主要经营业务，但由于这些项目生产结构以劳动密集型和手工操作为主，产品技术含量偏低，普工的主要来源是返乡农民工和当地农民，但由于"缺乏工资收入优势，也没有大城市的吸引力，很难招到人"。第二，相对高端一点的专业人才留用难。目前，农村懂经营、懂技术的专业人才更是少之又少，如果外聘人才，又会受到工作条件、工资待遇等方面的局限，人才聘不来、聘来留不住的困难普遍存在。有调查显示，目前能够通过电子商务平台进行经营性农产品交易的新生代农民工不到10%，① 大多数仍是通过传统方式销售，专业技能欠缺制约了新生代农民工创业的创新能力和发展潜力。

在风险保障和支持方面，市场经济条件下，开展任何经营活动都会存在风险。对于返乡入乡创业而言，无论是返乡农民工还是高校毕业生、退伍军人、科技人员，他们返乡创业大多是"首次创业"，创业思想尚处于成熟发展期，由于缺少创业实践经验、社会资源，加之管理经验不足、法律意识淡薄，对于创业认知容易出现偏差，应对创业困难思想准备多有不足，资源整合能力相对薄弱，这都提高了其创业的风险。而对于涉农返乡创业项目，除受到市场风险、管理风险影响外，还受到自然风险、种养风险等影响，创业风险防控难度更大。另外，相比城市中的一些创业群体，返乡入乡创业群体大多自身抗风险能力较弱。调研中了解到，目前不少返乡入乡创业者只参加了养老保险和新农合，如果创业失败，缺少有力的保险和救助保障，抵御创业风险难度大。事实上，创业本身是一种高风险的活动，对于返乡入乡创业者来说，为他们创业失败提供有力的生活保障和"二次创业"支持是激发创业活力的重要因素。

二　创业选择：项目选择缺少系统评估

在创业初期最重要的就是创业项目的选择，选择一个好的创业项目是创业成功的关键因素。对于返乡农民工、高校毕业生、退役军人、农业科技人才等群体来说，由于大多是初次创业，缺乏项目的系统评估和论证是一个潜在的创业风险，见表5—10。一些返乡创业者在创业过程中由于对各项创业扶持政策了解不到位、对创业风险的识别能力不高，在创业项目选择上存在一定的从众心理，导致创业项目出现同质化严重的情况。这会导致创业项目竞争力弱、规模难以做大、发展动力不足等问题，这些问题又会影响其创业成功率和项目成活率。

---

① 林永民、史孟君、陈琳：《构建富民强村返乡创业政策体系》，载于《前线》2020年第2期。

表 5—10　　返乡创业大学生可能面临的创业风险　　单位:%

学历层次	创业风险	返乡创业	外地创业
本科	缺少资金	25	28
	缺乏企业管理经验	25	24
	市场推广困难	24	23
	技术水平不够高	11	10
	项目论证不够	3	4
	其他	12	11
高职	缺少资金	30	33
	缺乏企业管理经验	21	22
	市场推广困难	20	17
	技术水平不够高	13	13
	项目论证不够	3	3
	其他	13	12

注：数据来源于麦可思—中国应届大学毕业生培养质量跟踪评价，表中数据为2016—2020届合并数据。

对于返乡入乡创业者而言，尤其是大学生，要么选择与专业、经验、特长相关的项目，见表 5—11 和表 5—12，要么选择市场前景较好的项目。现实是有的项目前景很好，但启动门槛高、市场拓展难。

表 5—11　　返乡创业群体的学科门类/专业大类分布（毕业半年后）　　单位:%

学历层次	学科门类/专业大类名称	返乡创业	外地创业
本科	艺术学	33	27
	工学	21	27
	管理学	17	17
	文学	8	7
	教育学	7	7
	理学	6	5
	经济学	4	5
	其他学科门类合计	4	5

续表

学历层次	学科门类/专业大类名称	返乡创业	外地创业
高职	财经商贸大类	25	24
	装备制造大类	13	14
	土木建筑大类	11	11
	电子信息大类	10	13
	文化艺术大类	6	7
	医药卫生大类	6	6
	教育与体育大类	6	5
	农林牧渔大类	4	3
	旅游大类	4	4
	交通运输大类	4	5
	资源环境与安全大类	2	2
	生物与化工大类	2	1
	其他专业大类合计	7	5

注：数据来源于麦可思—中国应届大学毕业生培养质量跟踪评价，表中数据为2016—2020届合并数据。

表5—12　返乡创业大学生占比较高的前10专业（毕业半年后）

学历层次	排序	专业名称
本科	1	音乐学
	2	环境设计
	3	财务管理
	4	美术学
	5	艺术设计
	6	广播电视编导
	7	英语
	8	音乐表演
	9	视觉传达设计
	10	体育教育

续表

学历层次	排序	专业名称
高职	1	会计
	2	机电一体化技术
	3	电子商务
	4	工程造价
	5	市场营销
	6	建筑工程技术
	7	护理
	8	计算机应用技术
	9	汽车检测与维修技术
	10	物流管理

注：数据来源于麦可思—中国应届大学毕业生培养质量跟踪评价，表中数据为2016—2020届合并数据。

在调研中我们发现，一些返乡入乡创业者，尤其是高校毕业生，在选择项目时存在盲目跟风的情况，即挑一些目前最流行最赚钱的行业，没有经过任何评估，就一头栽入。这些行业往往市场已趋于饱和，新进入者很难有竞争优势，见表5—13、表5—14。目前，低门槛项目是大多数返乡创业者的选择。共青团咸阳市委曾经对282名返乡农村青年做过一份调查，结果显示在创业项目的选择上，89%的受访者选择劳动密集型行业。这些返乡农村青年来自咸阳市下属县城的农村，他们所从事的行业主要集中于建筑运输、餐饮服务和农产品加工等劳动密集型行业，但这类行业一般规模较小、结构单一、产品科技含量低，又缺少外部扶持，创业实则存在诸多障碍。调查中，返乡创业的农村青年除了自身的创业需求，还有一部分人是迫于谋生需要，这个比重在受访者中占比约为三分之一。77.8%的农民工在返乡创业时会选择和农业相关的产业，其中养殖业占比46.4%，农产品加工10.4%，农资经销9.2%，另有5.2%打算从事观光农业。这一调查结果在一定程度上说明了农村青年返乡后在创业过程中面临项目选择时，存在一定的局限性。[1]

---

[1] 《避免同质化竞争返乡创业思路再不改变就来不及了》，载于《中国青年报》2021年8月24日第7版。

表5—13　返乡创业大学生行业分布的年度变化情况（毕业半年后）　　单位：%

学历层次	行业名称	2016届	2017届	2018届	2019届	2020届
本科	教育	24.0	26.4	25.2	26.9	28.0
	批发和零售业	16.0	16.2	17.3	14.5	13.0
	制造业	12.0	12.5	11.5	12.4	11.6
	文化、体育和娱乐业	9.7	9.1	10.4	12.5	9.1
	住宿和餐饮业	5.5	5.4	5.5	5.9	5.2
	信息传输、软件和信息技术服务业	3.6	3.0	4.9	5.4	5.0
	建筑业	5.0	4.7	4.7	4.6	4.1
	居民服务、修理和其他服务业	3.2	3.7	3.6	3.3	3.1
高职	制造业	14.8	15.7	16.5	15.7	16.2
	批发和零售业	19.9	18.3	18.6	16.8	15.8
	教育	6.9	8.9	8.4	9.9	10.2
	住宿和餐饮业	7.8	7.3	8.1	10.8	9.3
	建筑业	7.3	8.0	6.9	6.3	6.4
	农、林、牧、渔业	3.9	5.1	4.1	5.8	6.4
	文化、体育和娱乐业	7.9	5.8	6.2	6.2	5.9
	居民服务、修理和其他服务业	4.6	7.4	5.9	5.0	4.5

注：数据来源于麦可思—中国应届大学毕业生培养质量跟踪评价，表中数据为2016—2020届合并数据。

表5—14　不同行业大学生返乡与外地创业分布情况（毕业半年后）　　单位：%

学历层次	行业名称	返乡创业	外地创业
本科	教育	26.1	21.1
	批发和零售业	15.4	14.6
	制造业	12.0	12.9
	文化、体育和娱乐业	10.2	14.7
	住宿和餐饮业	5.5	4.7
	建筑业	4.6	4.0
	信息传输、软件和信息技术服务业	4.4	6.4
	居民服务、修理和其他服务业	3.4	3.9

续表

学历层次	行业名称	返乡创业	外地创业
高职	批发和零售业	17.9	15.6
	制造业	15.8	16.8
	教育	8.8	7.4
	住宿和餐饮业	8.6	7.2
	建筑业	7.0	7.4
	文化、体育和娱乐业	6.4	6.8
	居民服务、修理和其他服务业	5.5	5.7
	农、林、牧、渔业	5.0	2.8

注：数据来源于麦可思—中国应届大学毕业生培养质量跟踪评价，表中数据为2016—2020届合并数据。

项目选择缺少系统评估的一个突出表现就是创业项目的同质化，容易导致同质性产品数量增加从而形成恶性价格竞争。福建农林大学经济与管理学院讲师王玉玲及其团队成员，于2020—2021年对41位返乡创业青年进行调研访谈后发现，县域内返乡创业青年的创业领域相对集中，主要围绕当地特色农产品衍生出的电子商务、商贸服务、现代物流及生活服务类产业。同质化竞争者越来越多、物料成本不断上涨、价格战愈演愈烈，成为不少返乡创业者不得不面对的困境。[①] 例如，2020年，由于猪肉涨价迅猛，不少人选择开办养猪场。随着玉米价格的上涨，以玉米为主的猪饲料价格也跟着涨了起来。且随着生猪供应量增大，利润空间被压缩，新加入的其他养殖户也在不断进行技术更新与培训，养猪户创业者举步维艰。又如，在快递行业，由于近年来同行竞争压力大，不少快递公司只能采取薄利多销的对策，有的甚至不惜通过打价格战来争取顾客，形成恶性竞争，在一定程度上影响了创业者的热情。

三　经营管理：运营过程缺少科学指导

经营管理决定着创业项目的生命力和竞争力。调研中发现，对于部分

[①] 王玉玲、施琪：《县域视野下青年返乡创业研究》，载于《中国青年研究》2021年第7期。

返乡入乡创业者来说，由于应对市场竞争压力等能力相对较弱，加上雇工多为当地老龄化农民，管理层亲戚朋友居多，创业项目很难实现规范化管理。创业经验不足，又缺乏先进的企业经营管理知识，导致很多返乡入乡创业者常常照搬别人的模式创业。由于盲目跟进，低水平、重复建设而致最终破产的现象较为严重。

调研发现，不少返乡创业企业采用家庭管理模式，思维方式传统，经营观念落后，难以适应市场变化。此外，受传统小农经济思想的影响，返乡创业中"小富即安""小成即满"的思想比较严重。一部分返乡农民工营销观念落后，市场开拓能力差，存在短期行为，缺乏长远眼光和经营管理经验，加之产品科技含量不高，产品市场竞争力和抗风险能力不强，导致企业发展后劲明显不足。一些返乡创业人员在外打拼积累了一定的经验，但是返乡后对当地实际和市场需求不能准确把握，不能根据当地的实际情况来更好地经营和管理，造成其企业管理与当地实际情况不相适应。一些返乡创业者在城市打工期间虽然得到一定的锻炼和提升，但在其之前的工作经历中，多是被管理者，缺乏管理经验。因此，在他们返乡自己创办企业时，管理能力不足问题就会凸显。企业经营管理能力缺乏的背后是创业教育与创业培训的缺失，亟须通过加强创业教育来补齐短板。

第四节　推进返乡入乡创业的对策建议

当前，世界经济格局将深刻调整，经济社会发展复杂性加剧，乡村振兴进入关键窗口期。需要加快培育高素质农民，推动返乡入乡创业健康持续发展，特别是要带动一批年轻化、知识化的返乡入乡创业创新人员领办、创办新型农业经营主体，为全面实施乡村振兴战略、推进农业现代化赋予新的活力。

一　完善返乡入乡创业支持政策的基本思路

（一）依托创业培训开发返乡入乡创业人员创业潜能

推动农民工、高校毕业生、退役军人、科技人员等返乡入乡创业，既需要优良的创新创业环境助推，也要通过职业技能培训来提升返乡入乡创业者的思维和技能水平。

首先是思维创新。农村相对于城市有更宽广的地域和可深耕的产业领域，相较于20世纪，随着地租和人工等成本的增加，我国农业正逐步进入高成本时代。返乡入乡创业项目如何在日益激烈的商业竞争中存活下来，创新思维是关键。创业培训要形塑创业者前瞻性和全局性视角，并以产业性、现代企业管理和互联网思维去规划和布局。比如，引入合作制、股份合作制、片长制、链长制等形式，培植家庭农场、农民合作社、农业企业、农业社会化服务组织等新型经营主体，利用互联网思维和技术，实施"互联网＋"行动等，带动乡村在设施、技术、营销、管理等方面补齐短板，实现产业规模化、标准化、集约化。

其次是知识技能提升。在数字化时代背景下，传统培训形式受限，需要充分运用"互联网＋"职业技能培训的模式，根据创业领域、意向和地域产业特色，开展分类别、多元化的创业指导。这方面，各地有已经形成了比较好的经验模式。比如，在外出务工达2500万人的四川省，南江、合江等多地通过对农民工在种植、养殖、餐饮等多方面的免费技能培训，助力农民工返乡创业。这些职业技能培训，既尊重了创业者的意愿，又系统地强化了其专业知识和技能，为返乡农民工创业成功奠定了基础。

（二）提高政策靶向性以激活返乡入乡人员创业动能

为提升返乡农民工创业成功率，给创业人员提供更加宽松的外部环境，相关部门先后制定出台了定向税费减免、创业投资类基金支持和信贷服务、强化社会保障、给予创业用地支持等一系列创业支持政策。特别是2020年3月，为减少新冠肺炎疫情对外出务工人员的冲击，有效保障农民工就业和收入水平，国务院出台了《扩大返乡留乡农民工就地就近就业规模实施方案》，扶持返乡或留乡农民工创业。整体上看，创业扶持的基本政策体系已经形成，但在具体实施过程中，尚存在一些问题，比如：因为项目规模化问题而导致财政补贴无法享受，办理程序烦琐等，有待于进一步改善。要坚持问题导向，提高政策精准性、可操作性的细化程度。

（三）以产业多元化发展为牵引推动返乡入乡创业能级提升

长期以来，传统的规模化养殖、种植等领域是返乡入乡创业的主战场，但这些领域已经出现投资大、利润率低、污染大等问题。破解这些问题的重要路径是加快一二三产业融合，推进生态和相关产业结合，互联网和自动化与农村产业发展结合，充分发挥乡村自然景观、人文资源以及存量劳动力资源优势，发展休闲农业、乡村旅游、农村电商等新业态。比如，当前火爆的农产品网店和直播带货等销售模式，或将股份、合作等商业模式引入农产品开发。从当前形势看，返乡入乡创业也是提升农民收入和消费水平，推动国内经济大循环，实现经济高质量增长的重要措施。创业者面临的困难不容忽视，需要政府找准短板，在返乡创业群体的个体职业技能培训、政策制定的针对性和执行的有效性等方面多加努力，为返乡创业者搭建广阔的创业平台。

二　完善返乡入乡创业支持政策的主要举措

（一）加强返乡入乡创业指导，做实创业培训

各地方要根据本地的区位优势、资源优势、产业特色等，因地制宜地制订针对返乡入乡创业者的教育培训计划。

一是在培训内容方面，培训前期要开展深入细致的调研工作，充分了解不同返乡创业群体的能力素质、创业想法、创业"堵点"，制订具有实用性、针对性、时效性的培训计划。

二是在培训师资方面，要遴选一批懂农业、爱农村、爱农民的专家、企业家和创业带头人组建农村创业导师队伍，开展点对点指导。可采取联合高校、培训机构以及外聘专家等方式进行系统性的创业培训和指导。

三是在培训方式上，要引入仿真模拟训练等新工具，提升创业实操培训质量，增强风险应对能力和控制力。改革高校创业教育，在教学上增设或扩展与返乡创业有关的课程安排。

四是要给予创业项目选择方面的指导。比如，2020年11月26日，四川省就推出了以"雁归天府共创未来"为主题的农民工及企业家返乡入乡创业项目推介活动，项目涵盖现代农业、文旅康养、食品加工、科技研发等多个领域。2021年4月8日，四川省农民工服务中心公布2021年全省农民工及企业家返乡入乡创业项目202个，其中，第一产业项目71个，第二产业项目55个，第三产业项目42个，产业融合项目34个，项目整体基础条件较好，地方政策支撑到位，较好满足了农民工及企业家多

元化的返乡入乡创业需求。① 四川省的诸多举措有力地拓宽了返乡入乡创业项目选择空间，开拓了创业者视野、提升了创业者选择和对接项目的效率，是一个较为成功的典型示范。

（二）聚焦返乡入乡创业特点，构建多层次金融服务体系

目前，各类创业扶持的政策性贷款所涉及的项目种类较多，但针对返乡入乡创业群体贷款所需资质审核、贷款发放手续、发放方式等的办理门槛仍偏高，过程也较为烦琐复杂。应根据返乡入乡创业群体资产情况，增加信贷担保方式，将农村集体土地承包经营权、农村宅基地使用权等各类农村产权纳入融资担保抵押范围，加大对返乡入乡创业活动的信贷支持。设立由政府提供担保的返乡创业基金，鼓励更多的社会资本进入乡村。增加针对返乡农民工、高校毕业生、退役军人、科技人员等的创业贷款扶持项目，进一步明确贷款资格、获取流程，可根据群体及创业项目等的特点，分类设置贷款额度、贷款贴息比例以及偿还期限等条件。优化信贷支持管理，构建贷款使用跟踪系统，观察创业的进展过程以及资金使用情况，并给予相关的专业指导，同时让创业者定期提交资金使用情况，确保资金使用过程清晰、可控并做到物尽其用。基于创业者的社保缴纳情况、技能等级水平等，根据实际情况，灵活调整贷款额度、还款期限等贷款指标。

（三）加快农村产权制度改革，释放土地要素活力

创业用地不足是目前制约返乡入乡创业的重要障碍之一。2015年，安徽金寨县被中央批准为全国15个农村宅基地制度改革试点县之一，以促进耕地保护和宅基地节约集约利用为目标，将宅基地制度改革与扶贫搬迁等政策相结合，构建了符合农村实际的宅基地制度体系，探索出"对超标占用宅基地的实行有偿使用、鼓励引导农村居民自愿有偿退出宅基地、宅基地腾退复垦节余指标省内有偿调剂"3条经验。据统计，全县共退出宅基地4.4万多户，共腾退复垦宅基地4.85万亩，宅基地腾退户数和复垦面积均居15个试点县首位。盘活农村闲置宅基地和闲置住宅，有助于地方因地制宜利用闲置住宅发展符合乡村特点的新产业新业态。安徽

---

① 《我省推出202个项目等你来返乡入乡创业》，载于《四川日报》2021年4月9日第1版。

作为全国农村集体产权制度改革整省推进试点省份,于2019年年底在全国率先完成农村集体资产清查工作,共清理核实资产1203.4亿元,完成农村集体产权制度改革的村（居）达到15063个,占总村数的93.7%。天长市创新推出了农村集体资产股权与农村土地承包经营权"农权贷"融资产品。这一制度改革,给返乡创业群体提供了较好的土地要素支撑。①

（四）提升创业载体平台能级,完善返乡入乡创业公共服务体系

加快建设农村创业创新园区、孵化实训基地等平台载体,集聚资源要素、配套基础设施、完善服务功能,帮助返乡入乡在乡人员顺畅创业。以发展乡村地方产业特色为导向,因地制宜,将创业孵化基地的发展与乡村产业振兴结合。用好国家现代农业产业园、国家现代农业科技示范展示基地、双创基地等平台,建立农业公共服务人才学习实训基地,提高服务能力和服务水平。加快公益性信息化服务平台建设。构建公共网络创业信息服务平台,帮助创业者能够及时、便捷地获取创业项目信息和市场信息。逐步开展村级电商服务站建设和电商销售模式,为地方特色产品开拓国内市场。强化互联网基础设施建设,为电子商务等新产业、新业态、新商业模式提供通畅的公共硬件设施条件,提高乡村人居环境品质,建设宜居的返乡环境,完善保障创业生活基础的教育医疗公共服务质量。

（五）完善鼓励创业和宽容失败并重的扶助体系

在现代化发展进程中,农业和乡村创业具有天然脆弱性,急需加大力度建立健全返乡入乡创业人员的风险保障体系,允许创业失败,建立风险保障基金和风险补偿机制。积极发挥农业政策性保险和商业财产保险在创业活动中的作用,完善社会保险制度,鼓励和支持返乡入乡创业人员参加城乡各类社会保险制度。通过补救保障手段,提振返乡入乡创业者信心。例如,结合完善社会保障制度,优化创业失败后的生活补贴机制,降低失败成本,保证创业者基本生活。通过构建良好的创业氛围对创业行为形成激励作用。可采取精神奖励与物质奖励相结合的激励方式,鼓励和吸引更

---

① 案例资料相关信息来源于国家农业农村部发展规划司《农业现代化辉煌五年系列宣传之四十三：安徽省"十三五"农业现代化发展回顾》,http：//www.jhs.moa.gov.cn/ghgl/202109/t20210913_6376340.htm。

多人返乡入乡创业创新。一是要加大对乡村规划的宣传力度，展现返乡入乡创业发展前景；二是积极举办各类返乡入乡创新创业大赛，增进人才、项目、资金等的交流与结合；三是将返乡入乡创业人员优先纳入乡村振兴先进工作者、优秀创业者、优秀企业家、优秀毕业生、优秀党员等的候选对象，加大表彰、嘉奖、经验介绍、树典型等形式的荣誉激励。在待遇和职业技能等级认定等方面实行倾斜政策，树立注重创新价值、能力、贡献的人才评价导向，激励人才扎根一线建功立业。

第 六 章

乡村振兴背景下的乡村治理人才队伍建设

乡村治理，人才是关键。随着我国乡村振兴战略的持续推进，乡村治理发生了巨大变化，对乡村治理人才的需求也随之发生改变。当前，专业化的乡村治理人才紧缺已成为制约各地乡村治理体系和治理能力现代化建设的重要因素，打破乡村治理人才队伍建设瓶颈乃当务之急。夯实乡村治理的人才基础，选优配强村"两委"成员特别是村党支部书记是关键。为此，本章以推动村党组织带头人队伍整体优化提升为核心，重点分析村"两委"委员的开发现状、存在问题，提出适应乡村振兴需求的村干部队伍建设的建议。

第一节　乡村治理人才的基本状况

根据中央办公厅 国务院办公厅印发的《关于加快推进乡村人才振兴的意见》（以下简称"中办发 2021 年 9 号文"），我国乡村治理人才主要包括乡镇党政人才、村党组织带头人、农村社会工作人才、农村经营管理人才、农村法律人才等。本章根据当前乡村治理人才数据统计的实际，主要依据各年度《中国人口和就业统计年鉴》中的相关数据，从职业结构的视角来分析我国乡村治理人才的基本状况。

一 乡村治理人才的职业结构

(一) 职业结构的内涵

职业结构反映了一定社会经济条件下劳动力的职业配置状况，其变动反映了产业发展、技术进步因素等对劳动力职业分布的影响。① 回顾历史，我国农村的产业结构经历了从单一的产业结构到产业结构丰富化再到产业结构深化三个重要阶段，产业结构趋于合理化。② 随着农村经济快速发展，尤其是产业结构的调整变迁，劳动力的职业结构也随之发生了显著变化。按照《中国人口和就业统计年鉴》，就业人员的职业构成主要包括单位负责人、专业技术人员、办事人员和有关人员、商业和服务业人员、农林牧渔水利业生产人员、生产运输设备操作人员及有关人员、其他等7类，与《中华人民共和国职业分类大典（2015年版）》（以下简称《大典》）中的8个大类（除军人外）基本吻合。

(二) 乡村治理人才的职业结构

依据《大典》的分类体系表，第一大类单位负责人，即党的机关、国家机关、群众团体和社会组织、企事业单位负责人，主要参照我国政治制度与管理体制现状，对具有决策和管理权的社会职业依组织类型、职责范围的层次和业务相似性、工作的复杂程度和所承担的职责大小等进行划分与归类，包括6个中类，即中国共产党机关负责人（1-01）、国家机关负责人（1-02）、民主党派和工商联负责人（1-03）、人民团体和群众团体、社会组织及其他成员组织负责人（1-04）、基层群众自治组织负责人（1-05）、企事业单位负责人（1-06）。第三大类办事人员和有关人员，主要依据我国公共管理与社会组织中从业者的实际业态进行划分，强化公共管理、企事业管理等领域行政业务、行政事务属性，包括3个中类，即办事人员（3-01）、安全和消防人员（3-02）、其他办事人员和有关人员（3-99）。其中，村"两委"干部中，村党支部书记属于中国共产党机关负责人（1-01-00-00），村委会主任系村民委员会负

---

① 郭宇强：《中国职业结构变迁研究》，首都经济贸易大学出版社2008年版。
② 张馨：《基于农村产业结构调整变迁的农村职业教育发展探究》，《农村经济与科技》2016年第11期。

责人（1-05-00-02），其他村两委成员分别属于行政业务办理人员（3-01-01）、行政事务处理人员（3-01-02）、行政执法和仲裁人员（3-01-03）、其他办事人员（3-01-99）等。

按照党的十九大报告中提出的乡村振兴战略的总目标，结合我国乡村振兴人才发展现状和未来需求，乡村振兴人才主要分为农业生产经营人才、农村二三产业发展人才、乡村公共服务人才、乡村治理人才、农业农村科技人才和新型职业农民等类型。遵循农村劳动力职业结构的划分标准，乡村单位负责人、办事人员和有关人员这两个职业大类所对应的劳动力大致可归入乡村治理人才的范畴。

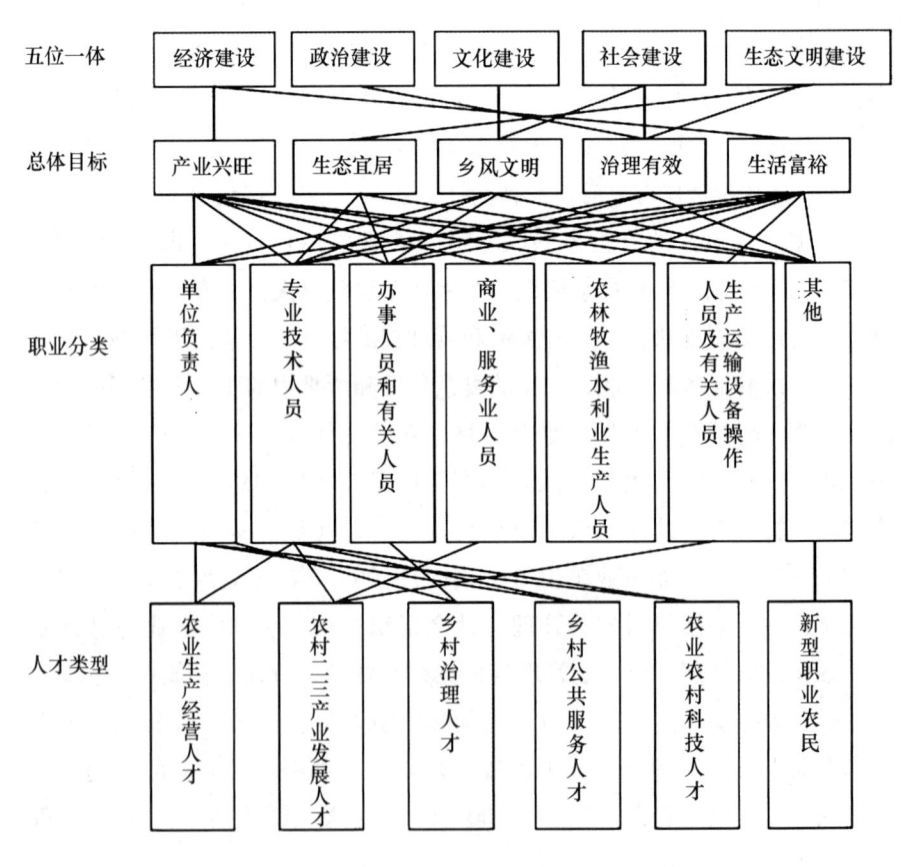

图6—1 乡村振兴人才与职业结构对应关系示意

表6—1　乡村治理人才对应的职业分类体系

大类编码	大类名称	中类编码	中类名称	小类编码	小类名称	职业编码	职业名称
1	党的机关、国家机关、群众团体和社会组织、企事业单位负责人	1-01	中国共产党机关负责人	1-01-00	中国共产党机关负责人	1-01-00-00	中国共产党机关负责人
		1-05	基层群众自治组织负责人	1-05-00	基层群众自治组织负责人	1-05-00-01	居民委员会负责人
				1-05-00	基层群众自治组织负责人	1-05-00-02	村民委员会负责人
3	办事人员和有关人员	3-01	办事人员	3-01-01	行政业务办理人员	3-01-01-01	行政办事员
						3-01-01-02	社区事务员
						3-01-01-03	统计调查员
						3-01-01-04	社团会员管理员
						3-01-01-05	劝募员
				3-01-02	行政事务处理人员	3-01-02-01	机要秘书
						3-01-02-02	秘书
						3-01-02-03	公关员
						3-01-02-04	收发员
						3-01-02-05	打字员
						3-01-02-06	速录师
						3-01-02-07	制图员
						3-01-02-08	后勤管理员
				3-01-03	行政执法和仲裁人员	3-01-03-01	行政执法员
						3-01-03-02	仲裁员
				3-01-99	其他办事人员	—	—

资料来源:《中华人民共和国职业分类大典（2015年版）》。

二 乡村治理人才的基本状况

（一）乡村治理人才的数量逐年增加

随着经济发展和社会变革，我国城镇和农村的社会分工也在不断优化调整。据统计，2019年我国就业人员总数为77471万人，较2010年增长了1366万人，累计增长2.0%，而乡村就业人员人数在减少，2019年为33224万人，较2010年减少了9184万人，累计下降19.7%。从2017—2019年农村职业结构变化情况看，单位负责人、办事人员和有关人员的占比都有所提高，其中单位负责人从2017年度的0.4%提升为2019年的0.7%，办事人员和有关人员从2017年度的2.5%提升为2019年的5.1%。单位负责人、办事人员和有关人员的数量分别从2017年的131万人、894万人增长至2019年的232万人、1736万人，增幅非常明显。

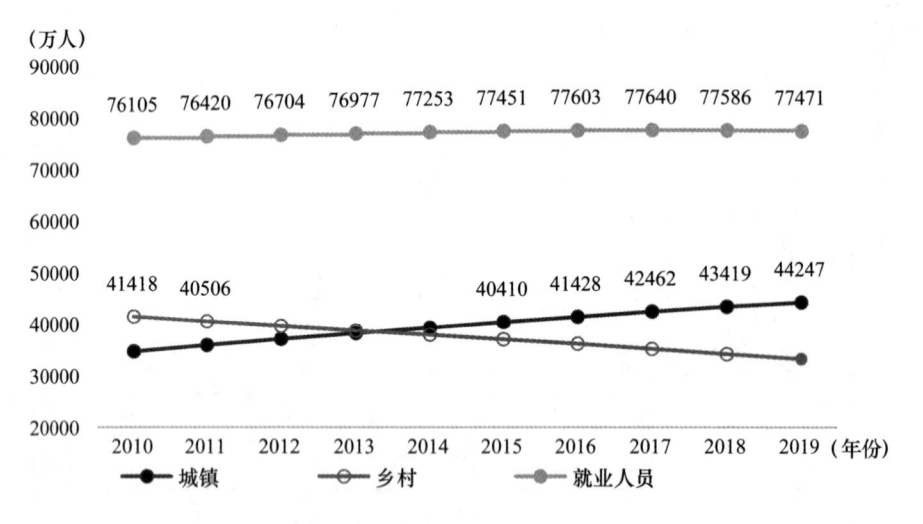

图6—2 2010—2019年我国城乡就业人员数量变化情况

资料来源：国家统计局人口和就业统计司编：《中国人口和就业统计年鉴——2020》，中国统计出版社2020年版。

表 6—2　　2017—2019 年我国乡村就业人员的职业结构变化情况

年份	地域	项目	就业人员	单位负责人	专业技术人员	办事人员和有关人员	商业、服务业人员	农林牧渔水利业生产人员	生产运输设备操作人员及有关人员	其他
2017	全国	百分比（%）	100.0	1.7	9.0	9.3	30.1	27.6	21.7	0.6
		数量（万人）	77640	1320	6988	7221	23370	21429	16848	466
	城镇	百分比（%）	100.0	2.8	13.7	14.9	39.8	7.6	20.4	0.8
		数量（万人）	42462	1189	5817	6327	16900	3227	8662	340
	农村	百分比（%）	100.0	0.4	3.3	2.5	18.4	51.7	23.3	0.4
		数量（万人）	35178	131	1170	894	6470	18202	8186	126
2018	全国	百分比（%）	100.0	1.6	8.7	9.3	31.3	26.6	21.9	0.5
	城镇	数量（万人）	77586	1241	6750	7215	24284	20638	16991	388
		百分比（%）	100.0	2.6	13.2	14.8	41.1	7.4	20.3	0.6
		数量（万人）	43419	1129	5731	6426	17845	3213	8814	261
	农村	百分比（%）	100.0	0.3	3.0	2.3	18.9	51.1	24.0	0.4
		数量（万人）	34167	112	1019	789	6439	17425	8177	127
2019	全国	百分比（%）	100.0	1.7	9.8	11.6	32.8	22.5	21.4	0.2
		数量（万人）	77471	1317	7592	8987	25410	17431	16579	155
	城镇	百分比（%）	100.0	2.5	13.9	16.7	40.0	7.5	19.2	0.2
		数量（万人）	43419	1085	6035	7251	17368	3256	8336	87
	农村	百分比（%）	100.0	0.7	4.6	5.1	23.6	41.6	24.2	0.2
		数量（万人）	33224	232	1557	1736	8042	14175	8243	68

注：有关农村的数据是根据相关统计年鉴中有关全国和城市数据所进行的大致推算。

资料来源：国家统计局人口和就业统计司编：《中国人口和就业统计年鉴——2018》，中国统计出版社 2018 年版。

国家统计局人口和就业统计司编：《中国人口和就业统计年鉴——2019》，中国统计出版社 2019 年版。

国家统计局人口和就业统计司编：《中国人口和就业统计年鉴——2020》，中国统计出版社 2020 年版。

（二）乡村治理人才的学历结构明显优化

当前，我国农村职业结构变迁很大程度上仍是由经济发展的力量自发推动的,职业结构内的劳动力素质跟农村人口结构相关,总体上水平不高,这在一定程度上已成为农村职业结构优化的硬约束。据测算,截至2019年年底,乡村就业人员中未上过学、小学、初中、高中、大学专科、大学本科、研究生等的占比分别为2.2%、15.7%、40.6%、18.7%、12.0%、9.7%、1.1%,与2017年相比,大学专科及以上(含高等职业教育)占比提升了19.5个百分点。从单位负责人的学历结构看,2015—2017年大学专科及以上(含高等职业教育)学历人员占比从6.8%提升至47.7%,学历水平大幅提升。从办事人员和有关人员的学历结构看,2015—2017年大学专科及以上(含高等职业教育)学历人员占比从11.8%提升至56.6%,学历水平同样大幅提升。由此可见,在我国农村劳动力不断减少的进程中,乡村治理人才的素质水平提升与农村经济社会发展需求逐步适应。

表6—3 　　2017—2019年我国乡村不同职业就业人员的受教育程度构成　　单位:%

年份	受教育程度	就业人员	单位负责人	专业技术人员	办事人员和有关人员	商业、服务业人员	农林牧渔水利业生产人员	生产运输设备操作人员及有关人员	其他
2017	总计	100	100	100	100	100	100	100	100
	未上过学	4.5	0.1	1.4	0.2	1.6	6.6	2.2	2.9
	小学	30.8	11.1	9.9	12.7	14.8	39.2	29.1	39.3
	初中	49.9	54.0	39.2	52.3	62.6	48.1	42.9	0.0
	高中	8.8	22.4	13.8	15.3	11.8	4.9	16.3	25.7
	中等职业教育	2.7	5.5	12.0	7.7	4.1	0.7	4.8	9.5
	高等职业教育	0.5	1.1	3.2	1.5	0.7	0.1	0.8	1.1
	大学专科	2.1	5.7	14.9	7.5	3.2	0.3	2.9	14.3
	大学本科	0.7	0.0	5.7	2.3	1.1	0.1	1.0	7.4
	研究生	0.0	0.0	0.0	0.5	0.0	0.0	0.0	0.1

续表

年份	受教育程度	就业人员	单位负责人	专业技术人员	办事人员和有关人员	商业、服务业人员	农林牧渔水利业生产人员	生产运输设备操作人员及有关人员	其他
2018	总计	100	100	100	100	100	100	100	100
	未上过学	2.3	0.3	0.4	0.3	0.8	6.8	0.8	1.3
	小学	16.4	3.9	2.0	3.4	8.8	38.0	13.3	14.0
	初中	43.1	26.3	12.3	19.1	45.0	48.4	57.8	40.7
	高中	12.8	18.7	9.3	15.2	18.4	5.1	13.7	16.6
	中等职业教育	5.2	6.6	8.2	7.5	7.2	0.8	5.6	4.1
	高等职业教育	1.1	1.7	2.1	2.1	1.6	0.1	0.9	1.1
	大学专科	9.7	20.5	25.1	25.0	11.1	0.5	5.4	14.2
	大学本科	8.5	19.7	35.0	25.4	6.8	0.2	2.4	7.7
	研究生	0.9	2.4	5.6	2.0	0.4	0.0	0.1	0.2
2019	总计	100	100	100	100	100	100	100	100
	未上过学	2.2	0.1	0.1	0.2	0.7	7.5	1.0	3.0
	小学	15.7	3.1	1.0	2.9	9.1	39.1	15.7	21.3
	初中	40.6	23.1	9.3	17.3	44.4	46.0	57.7	47.0
	高中	18.7	26.0	16.3	23.0	26.2	6.6	18.4	18.2
	大学专科	12.0	23.0	29.5	27.7	12.6	0.7	5.4	7.1
	大学本科	9.7	21.9	37.6	26.4	6.5	0.2	1.7	2.7
	研究生	1.1	2.8	6.3	2.5	0.5	0.0	0.1	0.7

注：有关农村的数据是根据相关统计年鉴中有关全国和城市数据所进行的大致推算。

资料来源：国家统计局人口和就业统计司编：《中国人口和就业统计年鉴——2018》，中国统计出版社2018年版。

国家统计局人口和就业统计司编：《中国人口和就业统计年鉴——2019》，中国统计出版社2019年版。

国家统计局人口和就业统计司编：《中国人口和就业统计年鉴——2020》，中国统计出版社2020年版。

(三) 乡村治理人才服务农村产业结构转型的能力逐步提升

随着乡村治理人才队伍的发展壮大，其服务于农村产业结构转型升级的作用日益凸显。近年来，各职业领域的劳动力与产业发展需求的适应性逐年提升。随着我国产业结构的调整，第一、第二、第三产业就业人员的比例由 2010 年的 36.7∶28.7∶34.6 调整为 2019 年的 25.1∶27.5∶47.4，就业人员在三次产业中的布局日趋优化。从农村就业人员职业结构看，商业、服务业人员所占的比例从 2017 年的 18.4% 提升到 2019 年的 23.6%，涉及第三产业的职业配置比例大幅提升；而涉及农业的农、林、牧、渔、水利业生产人员所占的比例从 2017 年的 51.7% 下降到 2019 年的 41.6%，涉及第一产业的职业配置比例大幅降低，见表 6—2，这一趋势与全国就业人员在三次产业中的分布走势大致相同。

三 乡村治理人才职业结构的变化态势

党的十九大报告中提出了我国乡村振兴战略"产业兴旺、生态宜居、乡风文明、治理有效、生活富裕"的总目标。要实现这个目标，需要素质较高的乡村治理人才予以支撑，这对当前我国农村的乡村治理人才职业结构提出了新的要求。

(一) 高素质的单位负责人、办事人员和有关人员的需求将非常旺盛

如前所述，2017—2019 年，我国农村劳动力中单位负责人、专业技术人员、办事人员和有关人员等的占比有不同程度的提升，但总体增幅偏小。从我国乡村振兴战略的总体部署和要求看，未来农村对单位负责人（如村"两委"负责人、私营企业主、公共文化单位负责人、基础教育机构校长等）、办事人员和有关人员（行政业务办理人员、行政事务处理人员、行政执法和仲裁人员、其他办事人员等）等将产生非常旺盛的需求，必须在全国范围内配置适宜的劳动力资源。此外，近年来，农村办事人员和有关人员的占比虽有所提高，但从内部结构来看，从事司法、法律、仲裁等服务的从业人数非常少，必须极力破除这一阻碍乡村职业结构优化调整进程的重要因素。

(二) 从业人员的职业结构与产业结构的匹配性将大幅提升

从总体上看，当前乡村人员的职业结构还不能满足农村产业结构升级的需求，各职业从业人员的数量、质量和增长速度与农村产业结构的匹配程度有很大的提升空间。按照乡村振兴战略中"产业兴旺"的要求，农村产业结构优化升级势在必行，与之对应的职业结构也必然产生调整：农村第一产业的就业比例仍将保持低速下降趋势；以农产品生产加工为代表的第二产业就业比例从短期的小幅上升必然过渡到大幅提升；第三产业的就业比例将出现大幅度上升的态势。也就是说，农村职业结构必须满足农村相关产业发展的需要，乡村治理人才职业结构的优化调整也要服务农村产业结构转型。当然，我国农村产业格局和职业结构的形成与发展是一个长期的过程，职业结构优化调整也必然是一个复杂的长期过程。

（三）农民职业化水平将显著提高

新型职业农民与传统农民不同，它不再是身份，而是一种主动选择的"职业"，在农村职业结构变迁中必须予以重点关注。据统计，2019 年全国农民工总量 28560 万人，比 2018 年减少 276 万人，其中外出农民工 16959 万人，比 2018 年减少 307 万人。《2020 年农民工监测调查报告》显示，2020 年，农民工平均年龄为 41.4 岁，其中 40 岁及以下农民工所占比重最大（49.4%）。对于农业劳动力特别是素质相对较高的青壮年劳动力而言，离乡进城仍然是他们主要的就业选择。近年来，这种严重失衡的劳动力流动方式虽有所好转，但依然没有逆转，一定程度上危及了我国现代农业发展的根基。根据第十一次中国公民科学素质调查结果，2020 年农村居民具备科学素质的比例为 6.45%，明显低于城镇居民（13.75%）。从长远看，新型职业农民是乡村治理人才的重要来源，培育高素质职业农民将成为乡村治理人才队伍建设的一项基础性工作。

第二节 村干部队伍的建设现状

如前所述，无论是村党支部书记、村委会主任，还是其他村"两委"成员在《大典》中都有其特定的位置。村"两委"成员特别是村党支部书记，担负着组织和领导村民实现乡村振兴的重要任务，有着乡村治理人才共性的发展特征，同时又具有自身的特殊性。近年来，各级党委和政府高度重视村干部队伍建设，村干部队伍逐渐呈现出多元化、年轻化、知识化等特征，在队伍建设方面也日益呈现选任规范化、能力提升经常化、待遇保障统筹化等趋势。

一　村干部来源多元化

总体而言，村干部的来源呈现多样化特点：一是注重从本村致富能手、外出务工经商返乡人员、本乡本土大学毕业生、退役军人中的党员里培养选拔村党组织书记；二是落实向重点乡村选派驻村第一书记和工作队制度，完善区级以上机关年轻干部在农村基层培养锻炼机制；三是优先从本村致富能手、外出务工经商人员、返乡创业人员、本乡本土大学毕业生、复员退伍军人、入党积极分子等群体中挑选有特长、有能力、有意愿，善于做群众工作的人才，充实壮大村党组织"带头人"后备力量，建立村级后备干部库。有调查显示，① 除了传统的原来村级"两委"推荐（44.86%），越来越多的村干部通过选拔考试进入（39.72%），致富带头人、大学生返乡、当兵复员占到19.12%左右。

从地方实践看，四川旺苍县为确保"能人战略"顺利实施，积极拓宽选人视野，采取内选、外引、下派等措施，通过"六个一批"计划进一步拓宽选人渠道，选优配强村"两委"班子成员，即从现任村党组织书记（第一书记）中择优留任一批、从"五类基层服务人员"中遴选一批、从本地党员能人中选拔一批、从返乡农民工"四项培养计划"优秀党员中培养一批、从机关事业单位下派一批、从"青蓝计划"后备人才中优选一批。② 安徽定远县在2020年村和社区"两委"换届中，坚持"思想政治素质好、带富能力强、办事公道正派、热心服务群众、廉洁奉公守法"标准，选优配强定远县258个村和社区"两委"班子成员1738名，其中从党员致富能手、产业带头人等群体中选配村党组织书记46人。③

近年来，各地党委、政府都十分重视从优秀退役军人中选拔培养村"两委"后备力量，一大批优秀退役军人走上"兵支书"岗位，为乡村基层治理注入新鲜血液。据报道，截至2021年4月，南宁市西乡塘区金陵

---

① 《全国214位村干部收入调研报告》，《乡村新政知见》2021年6月18日。图6—3、图6—4、图6—5、图6—6、图6—7、图6—8、图6—9都来自该调查报告。
② 赵春玲、敬雯：《让村干部成为有吸引力的职业》，《四川党的建设》2018年第15期。
③ 张伟：《安徽定远县：突出四个坚持 抓好村干部队伍建设》，《潇湘晨报》2020年12月17日。

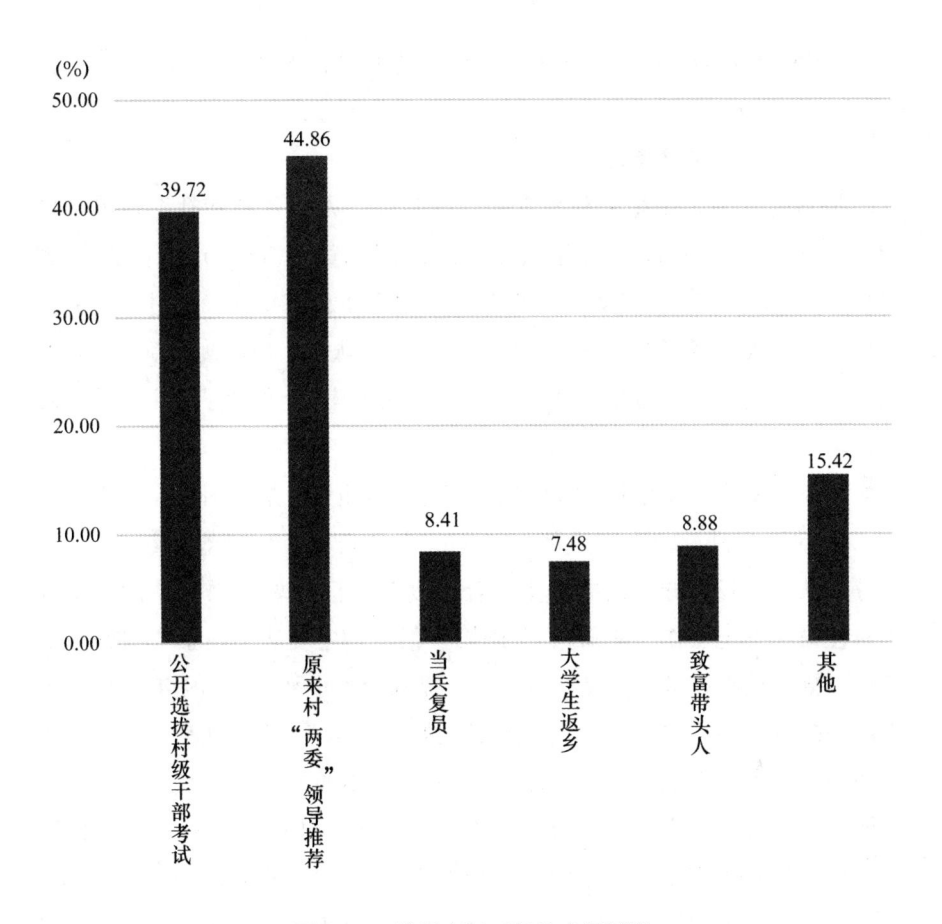

```
(%)
50.00
         44.86
40.00  39.72
30.00
20.00
                                                    15.42
10.00        8.41   7.48   8.88
 0.00
       公    原    当    大    致    其
       开    来    兵    学    富    他
       选    村    复    生    带
       拔    "    员    返    头
       村    两         乡    人
       级    委
       干    "
       部    领
       考    导
       试    推
            荐
```

图 6—3　被调查村干部的来源渠道

镇共有 920 名退役军人，在 2021 年金陵镇 16 个村、社区换届选举后，共新增 3 名优秀退役军人加入村"两委"任职，至此 50% 的村"两委"队伍中都有退役军人，退役军人数量共 10 名，总数比上一届多 1 名;[①] 截至 2021 年 7 月，茂名 1900 多个村（居）委会有 300 多名"兵支书"，在参与社会基层治理、推动乡村振兴上发挥了"领头雁"作用;[②] 2020 年 12 月以来，宁波海曙区村（社）党组织、村（居）委员会完成了换届，

[①] 马惠萍：《善用"兵支书（委员）"助力乡村振兴》，http：//www.xxtq.gov.cn/jlz/gzdt/t4705667.html. 2021 年 4 月 7 日。

[②] 《兵支书的故事——"兵支书"搭起"民心桥"，村民生活比荔枝还要甜！》，https：//m.thepaper.cn/baijiahao_13760942，2021 - 07 - 27。

211名退役军人当选，人数创历史新高，其中"兵支书"43人。①

二　村干部年龄年轻化

2008年3月，中组部和教育部、财政部、人力资源和社会保障部联合下发《关于选聘高校毕业生到村任职工作的意见（试行）》，在31个省（区、市）和新疆生产建设兵团部署开展大学生村官工作。经过多年的扎实推进，一大批年轻的大学生村官加入村干部队伍，他们接受新鲜事物的能力、创新能力和学习能力都较强，这在一定程度上优化了村干部的年龄结构。

向农村基层、急难险重岗位选派"第一书记"，是我国的一项创新举措。2015年5月，中央组织部办公厅、中央农村工作领导小组办公室、国务院扶贫开发领导小组办公室联合印发《关于做好选派机关优秀干部到村任第一书记工作的通知》，明确第一书记的主要职能在于"建强基层组织、推动精准扶贫、为民办事服务、提升治理水平"。2019年《中共中央国务院关于坚持农业农村优先发展做好"三农"工作的若干意见》继续强调建立第一书记制度的长效工作机制，并且向乡村振兴任务重的村庄拓展。2021年，中共中央办公厅印发《关于向重点乡村持续选派驻村第一书记和工作队的意见》，要求各地区各部门结合实际认真贯彻落实。"第一书记"制度成为一项强化基层治理的制度安排，"第一书记"承担着多元化职能。从实践效果来看，各地选派的"第一书记"主要是选派优秀年轻干部，"第一书记"岗位已成为干部培养的渠道抓手，有效地优化乡村治理结构，具有很强的制度优势。②

有调查表明，村干部主要年龄段在30—40岁，占41.59%，虽仍有部分超过60岁的还在当村干部的现象，但20—30岁的村干部已占到16.36%。从各地善用"兵支书（委员）"助力乡村振兴的实践看，"兵支书（主任）"队伍也在一定程度上优化了村干部的年龄队伍，与当前村干部换届选举年轻化要求的形势相适应。譬如，在2021年南宁市西乡塘区

---

① 《干好"兵支书"，不忘兵之本》，宁波市海曙区人民政府网站，http://www.haishu.gov.cn/art/2021/2/19/art_1229116290_58935123.html。

② 肖琳：《农村第一书记制度的实践》，《湃客：新乡土》，2021年3月12日。

金陵镇 16 个村、社区换届选举后，村"两委"队伍中退役军人的平均年龄为 45 岁，比上一届平均年龄降低 6 岁，最年轻的 33 岁。在 2021 年 3 月三亚市 149 个村（社区、居）党组织换届选举中，全市共选举产生村（社区、居）党组织班子成员 847 人，进一步提升了年轻干部、妇女干部、退役军人的结构比例，实现了学历和年龄"一升一降"等预期阶段目标。①

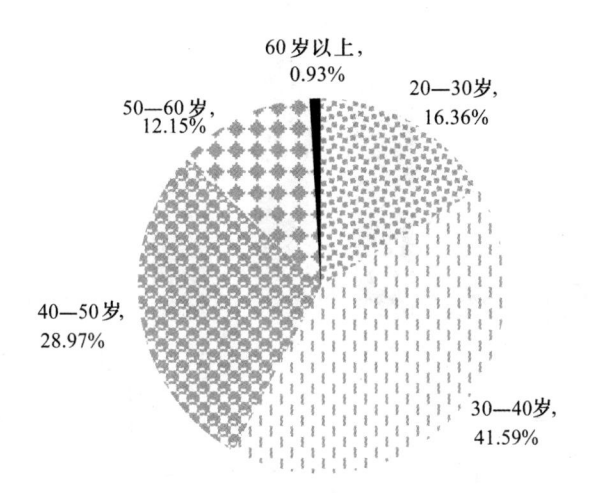

图 6—4　被调查村干部的年龄结构

（60 岁以上，0.93%；50—60 岁，12.15%；40—50 岁，28.97%；30—40 岁，41.59%；20—30 岁，16.36%）

三　村干部素质知识化

随着镇级统一招聘村干部比例的提高以及大学生村干部的招录，越来越多的具有大专、本科学历的人员加入村干部队伍。同时，一些在职村干部也通过自学考试、成人高考、"一村一名大学生"培育计划等提升学历。从现实情况看，新招录的大学生村干部和志愿者相对学历都较高，一般均为大专以上学历。有调查表明，村干部的学历主要集中在高中和大专，累计占比约 79%，具有本科学历的村干部占 14.02%。在某市的调研中发现，有些村委会工作人员具有大专及以上学历的比例达到 80%，在

---

①　黄媛艳：《三亚完成村（社区、居）党组织换届选举》，《海南日报》2021 年 3 月 29 日。

一定程度上反映出当前村委会工作人员逐渐由低学历向知识化转变。此外，有调查也表明，92.99%的受访村干部认为目前工作不好干，其中仅10%左右的村干部认为"对电脑、手机操作要求高"是不好干的主要原因，这也从另外一个侧面反映出了大多数村干部已经具备了一定的信息素养。

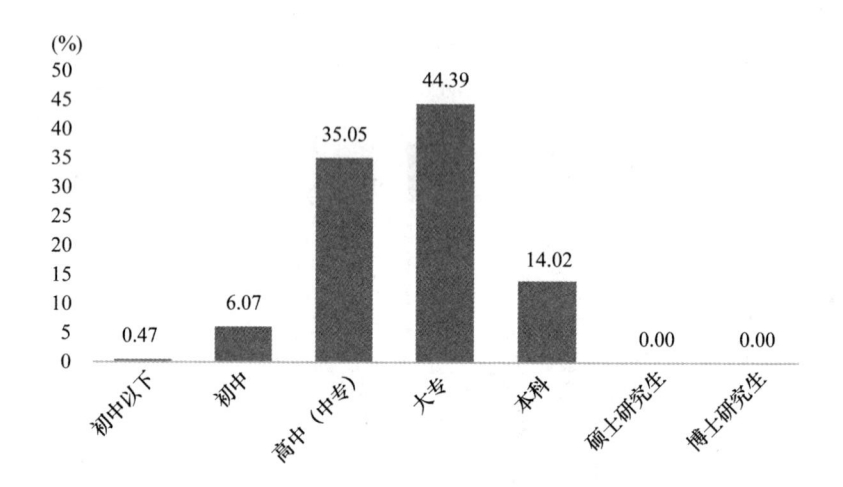

图6—5 被调查村干部的学历结构

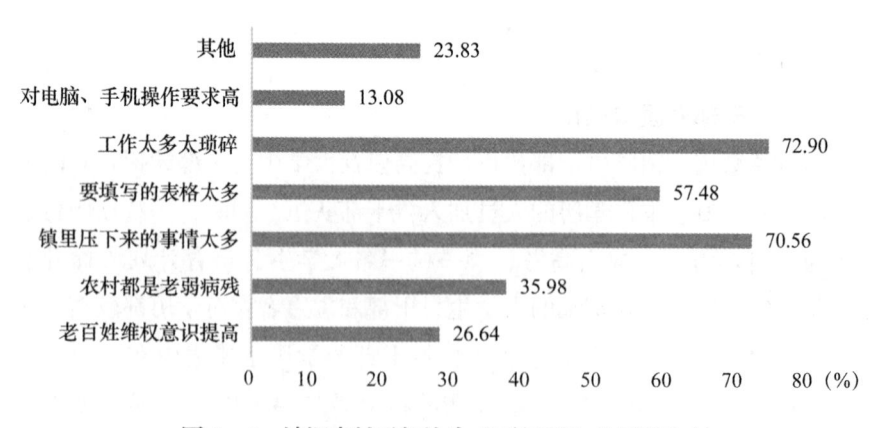

图6—6 被调查村干部认为"不好干"的原因分布

从各地"兵支书（委员）"发挥作用的效果看，"兵支书（主任）"队伍也在一定程度上优化了村干部的学历结构。譬如，在2021年南宁市西乡塘区金陵镇16个村、社区换届选举后,村"两委"队伍中退役军人的最高学历为大学专科,有效地优化了村"两委"队伍的学历结构。

四 村干部选拔任用规范化

"群众富不富,关键在支部""支部强不强,要看领头羊",村党组织带头人有觉悟、有干劲、有能力、有群众基础和奉献精神,作风正派、办事公道,才能搞好乡村治理,发展好村级经济。近年来,青岛崂山区在实践中创新、在探索中前行,围绕打造一支懂农业、爱农村、爱农民的基层"三农"工作队伍,进一步明确社区书记选任标准,细化任职调整流程、规范完善书记档案,从严从实把好选人用人关口;实施"人才回引"和社区后备人才递进培养计划,挖掘本土优秀人才,建立社区后备人才库,确保从"好人"中选"能人"、"能人"中选"好人",为推进乡村振兴做好人才储备和组织保障。

据报道,咸阳市乾县坚持民主、公开、竞争、择优原则,采取"两推一选"、组织任命、实行"双跨双选",推行跨村推选、跨村比选、群众评选、亮绩直选等方式选任。由各镇办党委成立研判工作组,对各个村"两委"班子逐村进行综合研判。采取"述职汇报、民主测评、个别访谈、实地察看"的方式,对村"两委"班子思想状况、党建促脱贫、移民搬迁等进行综合分析,针对存在的问题当面提出整改意见和措施,确保通过研判,选出能力强、实绩多、作风硬、群众评价好的村干部。

2021年1月15日至4月30日,三亚市完成89个村、55个社区、5个农垦居"两委"换届工作。[1] 此次换届涉及面广,工作量大,时间紧、任务重、要求高,三亚早谋划、早部署、早行动,在"把方向、管大局、保落实"上下功夫。一是把方向,找准突破口。做足准备夯实基础、强化领导明确方向、抓实培训依规推进、严格纪律保驾护航、指导督导精准把关、宣传教育深入人心等措施,确保村(社区、居)"两委"换届工作有序推进。二是管大局,扭住关键点。超前谋划"三个先行"夯实换届工作基础。施策解难,把调研摸底、调整班子、职数设置等做足提前量。

---

[1] 黄媛艳:《三亚完成村(社区、居)党组织换届选举》,《海南日报》2021年3月29日。

梳理出全市18个重难点村、3个村改居任务；总结软弱涣散党组织整顿经验，提前调整班子、增补人选，特别是创造条件让书记人选提前"亮相"，争取党员群众的支持；从大学生村干部、招录的网格员中物色人选，提前做好人选布局。三是保落实，打出组合拳。优化党组织设置，对符合条件的43个村（社区）升格为党总支、46个村（社区）升格为党委，对今后农村基层党建工作进行长远谋划和大胆改革；共确定了149个村（社区、居）党组织委员职数847个，村（居）委会委员职数964个，通过严控职数倒逼各区提前对人选结构进行谋划，确保换届工作高质量进行。

五 村干部能力提升经常化

当前，瞄准农业高质高效、乡村宜居宜业、农民富裕富足目标，各地县、乡、村三级联动逐级开展上岗培训，重点突出系统治理、依法治理、综合治理、源头治理等内容，抓实新一届村"两委"班子政治思想和业务能力培训。三亚市市级党委每年至少对村党组织书记培训1次，支持村干部参加学历教育；通过村党组织书记全员轮训、村书记工作交流会、村级党组织"比学赶超大比武""村书记导师帮带制"等载体，选优训强基层党组织"带头人"。青岛崂山区依托浙江大学、复旦大学等国内知名高校和干部教育基地，采用"封闭管理＋集中授课"模式每年对全区社区党组织书记居委会主任进行集中轮训。南宁市西乡塘区金陵镇加大"兵支书"的培训力度，建立长期跟踪培养机制。由镇政府每年不定期安排培训，引导"兵支书（委员）"广泛学习各种先进知识和管理理念，同时，施行以老带新的跟班锻炼机制。从2019年年初开始，对正在村"两委"任职的优秀退役军人干部，落实村支书和1名镇包村领导成员进行结对培养，扎实开展"传帮带"，兴贤村、那龙社区新上任的支书都是通过这种方式培养的"兵支书"。安徽定远县自2020年以来县乡共组织村"两委"主要负责人、一般村干部和各类专干开展抓党建促脱贫攻坚、农村实用基础等各类培训班24期，培训1500余人次，先后组织325名村干部外出参观考察、交流学习，组织5名村干部到县直部门跟班学习，1名村党组织书记到发达地区挂职锻炼。[1]

与此同时，共青团组织在基层社会治理青年人才培养中发挥了重要作用。以贵州为例，全省范围内共有各类共青团组织84494个（根据智慧团建系统最新数据统计）。[2] 共青团在深化改革的过程中，新成立了内设机构"社会联络部"，负责联系、凝聚、培育、引导青年社会组织，从组织层面加强了统筹联络青年社会组织的抓手。以共青团贵州省委为例，有贵州省青少年发展基金会、贵州省青年志愿者服务基金会、贵州省青年就业创业服务基金会、贵州省春晖发展服务基金会等四个团属的社会公益组织，也成为直接对接服务青年社会组织的有效载体。再如，贵州省内有农村青年致富带头人省级协会1个、265人，市（州）级协会8个、822人，县（区）级协会69个、3076人，全省共有78个协会，青年会员4163人。这些会员都是基层社会治理中至关重要的青年群体，除了发挥致富带头人的作用，也成为基层社会治理的中坚力量。

六 村干部待遇保障统筹化

村干部是直接与"三农"对接的主体，任务繁杂，既要完成上级交办的任务，又要兼顾基层常规性工作，工作难度很大。近年来，各地将提高村干部待遇和保障水平作为固本强基的重要举措，统筹解决村干部收入水平偏低、待遇保障缺失等难题。以锦州为例，2018年锦州市委以村干部"在岗有合理待遇、干好有发展前途、离任有生活保障"为目标，制定出台了《关于建立健全村干部激励保障机制的实施意见》，[3] 提出：在基本报酬上，从2018年起，村书记基本报酬达到1.8万元以上，全市村干部年人均报酬达到1.5万元以上，比现行标准1.045万元人均增加4500多元，增长43.5%，跻身全省中上等水平。在绩效报酬上，每年从村"两委"干部的基本报酬中拿出15%作为绩效报酬，由乡镇（涉农街道）结合年初确定的村干部年度工作任务指标，年底进行量化考核评分，完成

---

[1] 张伟：《安徽定远县：突出四个坚持 抓好村干部队伍建设》，《潇湘晨报》2020年12月17日。

[2] 吕亚超、萧琳淑：《脱贫攻坚中基层社会治理人才的培养——基于贵州共青团的实践》，《中国共青团》2020年第21期。

[3] 宋春光：《让激励保障机制成为村干部的"定心丸"》，人民网，2018年2月24日。

任务指标的全额发放绩效报酬；完不成任务指标的从绩效报酬中逐一扣减，扣减部分列入该村当年办公或服务经费。在报酬增长上，从2018年起，每三年按适当比例调增一次，力争使村党组织书记的基本报酬逐步达到所在地区上年度农村居民人均可支配收入2倍的水平。在生活补助上，保障年满60周岁、任职满三届或三届以上正常离任的正职村干部享受省里规定的标准，有条件的县（市、区）可适当提高补助标准；提倡有条件的县（市、区）对不符合现有补助条件的其他正常离任村干部给予一定的生活补助。同时，还对村干部的政治待遇、关怀帮扶给出了明确规定。

广东省则对照《广东省加强党的基层组织建设三年行动计划(2018—2020年)》，将粤东西北14个地级市及江门台山市、开平市、恩平市在职行政村"两委"干部补助人数从原来的每村5人，调整为每村7人，切实将村"两委"干部补助待遇保障到位；健全基层村级组织干部待遇正常增长机制，将欠发达地区行政村（社区）办公经费补助提高至每村（社区）每年10万元；对欠发达地区行政村按每村每年6万元标准设立村党组织服务群众经费。与此同时，广东实施基层党组织"头雁工程"，设立村（社区）党组织书记绩效奖励经费；对担任村（社区）"两委"正职满15年且任职期间获省部级以上荣誉称号的优秀村（社区）党组织书记或村（居）委会主任，从60岁起按标准发放政府奖励津贴。[①]

此外，中山市将村"两委"干部的基本工资、岗位津贴、绩效奖金、社保医保等全部纳入镇财政预算，统筹发放，让村"两委"干部特别是经济落后村的"两委"干部，不再把农村工作当成"副业"，真正让村级干部能够扑下身子抓好农村工作这项"主业"。青岛崂山区建立农村干部"基础报酬+绩效补贴"的结构性岗位补贴长效机制，落实社区干部免费体检制度，每年安排30余万元财政经费用于社区书记主任体检。

---

① 李刚：《村干部补助待遇保障到位》，《人民日报》2018年7月31日。

第三节 村干部队伍建设面临的挑战

在对村干部开发现状进行系统梳理的基础上,坚持问题导向和需求导向进行分析,研究发现村干部队伍建设仍面临着一些新形势和新要求。

一 农村现有的职业结构不能有效助力乡村振兴

自然资源部调查数据显示,2016年年末全国乡村实用人才总量近1900万人,占乡村就业人员总数的比例不到5%。[①] 职业结构上连产业布局,下接人力资源和人口资源调整。[②] 可以说,农村的职业结构与农村功能定位是分不开的,随着农村产业结构的变迁而调整;同时,农村职业结构的调整,同样会带来人力资源的重新配置,这个过程中也许会伴随着人口迁徙。因此,在我国实现农业农村现代化的进程中,仅凭农村现有劳动力资源和人口资源,不仅难以承担农业现代化建设任务,更不可能承担农村现代化建设任务。在这种情况下,必须构建合理的人才资源配置机制,引导农村以外各方面人才参与农业农村现代化建设,推进城乡之间人才资源的双向流动,以人才集聚助力乡村职业结构跃升,进而推动农村产业发展和社会进步。

二 村干部的素质水平不能适应乡村振兴的发展需要

如前所述,近年来,随着我国村干部队伍的不断优化,整体呈现出年轻化、高学历化的趋势,但从基层治理现代化的现实需要来看,农村现有治理人才队伍无论是文化程度还是年龄结构都远远无法适应,尤其是在西部欠发达省份这种情况更加严重。内蒙古自治区基层社会治理人才发展状况调研结果表明,[③] 被调查的村(嘎查)"两委"成员中大学(大专)文化程度的只占17%,高中(中专)文化程度的占30%,初中文化程度的

[①] 张雅光:《新时代推进乡村人才振兴的困境与对策》,《中国人才》2018年第11期。

[②] 董鑫、李岩、邹春霞:《京津冀发展要保持合理职业结构》,《北京青年报》2017年12月21日。

[③] 张彦君:《内蒙古基层社会治理人才成长困境及应对策略》,《内蒙古民族大学学报》(社会科学版)2021年第1期。

占到48%，还有近5%的村"两委"成员为小学及以下文化程度。30岁以下的村"两委"成员占11%，30—39岁的占24%，40—49岁的占40%，50—59岁的占23%，另有2%的村干部超过60岁。

同时，从我国乡村振兴战略的总体部署和要求看，未来乡村发展对单位负责人（如基层群众自治组织负责人，人民团体和群众团体、社会组织及其他成员组织负责人等）尤其是专业性的乡村治理干部会有非常旺盛的需求，必须在全国范围内配置适宜的人才资源，不断优化村干部队伍结构。在此过程中，要加强政治建设和能力建设，坚持把政治标准放在首位，选拔思想政治素质好、道德品行好、带富能力强、协调能力强、公道正派、廉洁自律、热心为群众服务的党员担任村党组织书记，培养造就一支守信念、讲奉献、有本领、重品行的农村基层干部带头人，切实担负起全面推进乡村振兴的使命责任。有调查表明，在贵州省10个被调查地区中，社会治理人才总量仅有8442人，人才配备情况远低于服务人口1%的比例；从需求情况看，基层管理人才岗位的需求较大，占比为49.49%，而乡村规划建设人才、法律服务人才、乡村生态环保人才的需求分别为20.37%、12.89%、11.88%。[1]

三 村干部后备力量不足以支撑乡村治理的现实需要

实现乡村有效治理，需要以村"两委"干部为核心的基层管理人才共同推进基层组织自治。近年来，虽然我国非常重视基层组织"接班人"问题，相继组织机关干部到村任"第一书记"、实施"大学生村官"制度等，但也很难从根本上改变村干部后备人才不足难题。如何培养合格的"接班人"、避免断层，成为我国乡村治理的一道难题。据有关研究团队在某市走访时发现，有的地方近70%的行政村存在乡村治理人才空缺，且有近60%的职位空缺难以填补，同时该类型人才处于

---

[1] 王武林、包滢晖、毕婷：《乡村振兴的人才供给机制研究》，《贵州民族研究》2021年第4期。

"紧缺"程度①相对较高状态（3.14）。另外，有调查表明，大部分村干部村干工龄在 10 年内（占比接近 80%），3 年以内的占到 38.79%，这在一定程度上说明当前村干部大多数是新时代中青年骨干，成熟型的村干部相对短缺。

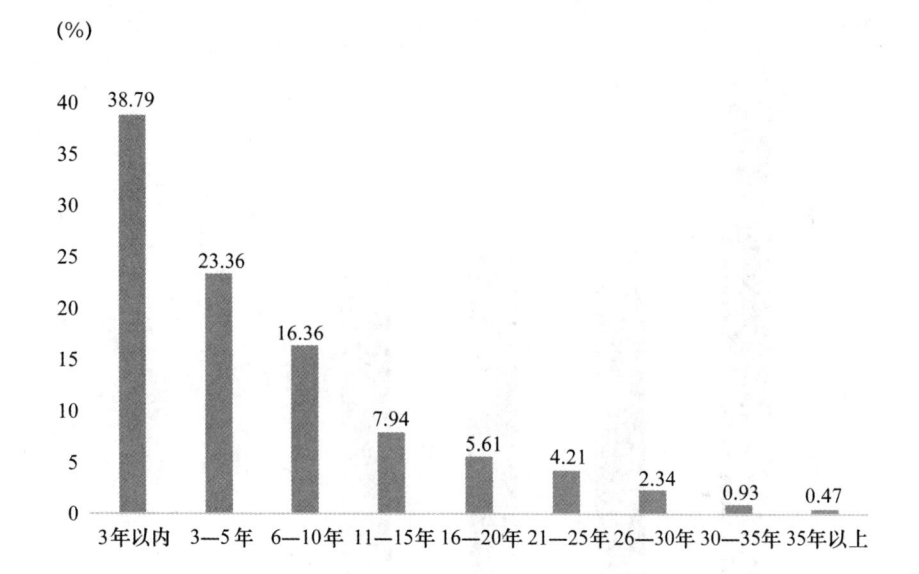

图6—7 被调查村干部村干工龄分布

四 现行激励保障政策与村干部职业发展需要存在较大差距

有调查表明，88.32% 的村干部的愿望是提高基本工资、绩效工资待遇，63.08% 的愿望是给予企业职工养老保险，60.75% 的愿望是给予转成事业编和公务员的计划。从被调查的村干部参加养老保险的情况看，仅有 7.48% 的村干部享受了企业职工养老保险，40.65% 参加村乡居民养老保险，7.94% 参加灵活就业人员养老保险，甚至有 43.93% 的村干部不知道享受什么养老保险。同时，在当村干部的动机方面，69.63% 的人是抱着

---

① 人才紧缺程度为五点计分量表，其中，"5" 表示 "急缺"，指 "尽快招募到岗"；"4" 表示 "十分紧缺"，指 "1 个月内计划招募到岗"；"3" 表示 "紧缺"，指 "3 个月内计划招募到岗"；"2" 表示 "比较紧缺"，指 "6 个月内计划招募到岗"；"1" 表示 "一般紧缺"，指 "12 个月内计划招募到岗"。分值越大，说明该类型人才紧缺程度越高。

"为人民服务"的思想，43.93%的人是为了在村里有成就感，但随着大专本科学历村干部数量的增加，33.13%的人对事业单位、公务员转岗的期待增强。

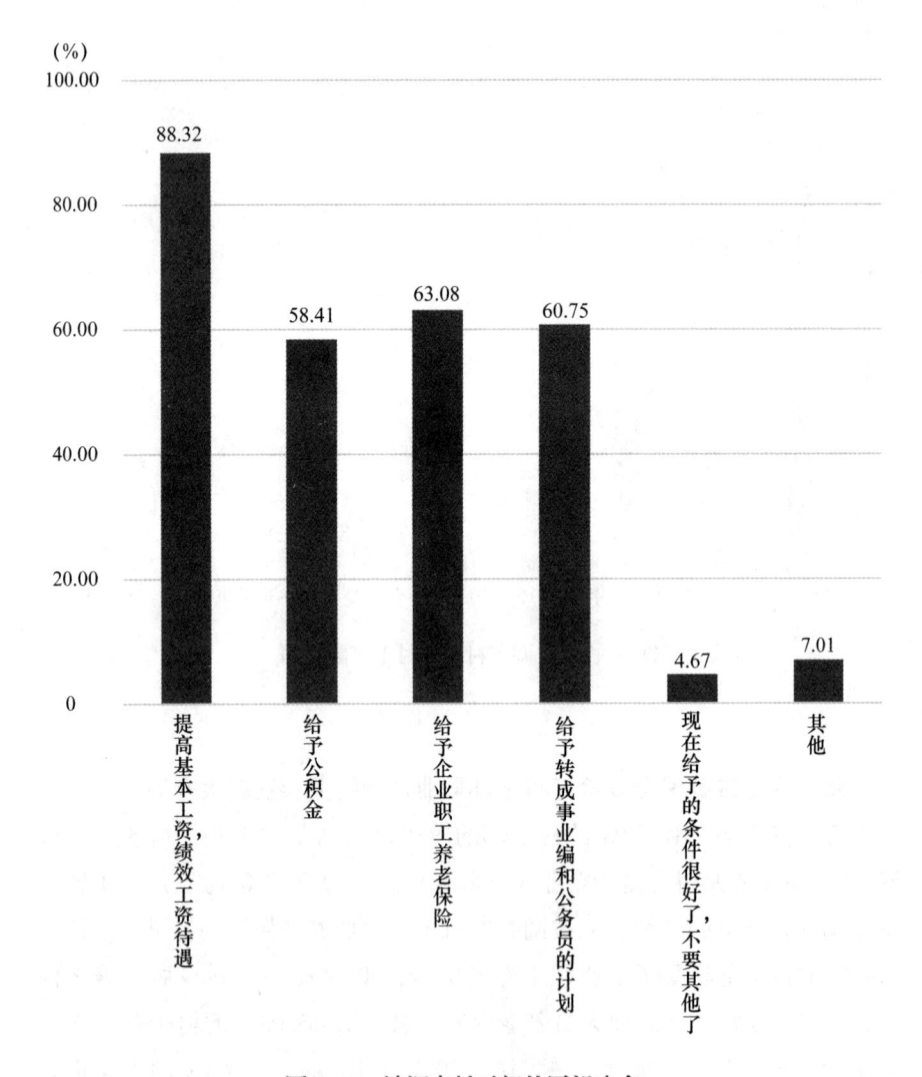

图6—8 被调查村干部的愿望分布

（数据：提高基本工资绩效工资待遇 88.32；给予公积金 58.41；给予企业职工养老保险 63.08；给予转成事业编和公务员的计划 60.75；现在给予的条件很好了，不要其他了 4.67；其他 7.01）

夯实乡村治理的人才基础，不仅要加大投入保障力度，还要加大激励力度，落实乡村人才报酬待遇并形成正常增长机制，畅通乡村治理能人职业发展通道。各地也在积极构建责、权、利相一致，绩、奖、惩相统一的

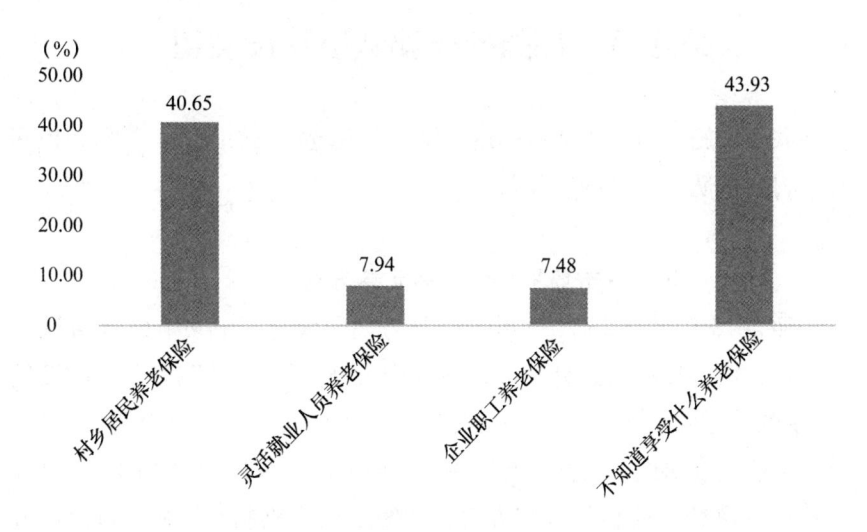

图 6—9　被调查村干部参加养老保险情况分布

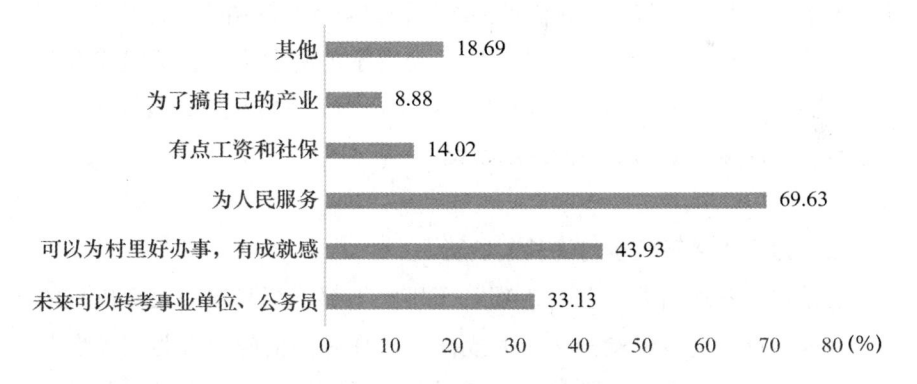

图 6—10　被调查村干部当村干部的动机分布

村干部激励保障和人文关怀机制，不断拓宽村干部的职业发展通道。譬如，2021 年，四川省委组织部面向优秀村社干部等定向选拔 785 名基层公务员。其中，面向优秀村（社区）干部定向考录 124 人，占选拔总人数的 15.8%。

第四节　加强村干部队伍建设展望

在我国实施乡村振兴战略的进程中，有效应对发展挑战，需要积极探寻加强村干部队伍建设的有效路径。

一　构建"政府+市场+社会"多元参与格局

按照2018年1月2日中共中央、国务院印发的《中共中央 国务院关于实施乡村振兴战略的意见》以及中共中央办公厅 国务院办公厅印发的《关于加快推进乡村人才振兴的意见》等文件精神，建立健全党委领导、政府负责、社会协同、公众参与、法治保障的现代乡村治理体制，建立统筹"政府+市场+社会"等多方力量的激励相容机制，加强乡村治理人才存量管理和增量储备。创新公开招考、青年人才引进等方式，完善支持农民工返乡就业创业等相关政策。发挥市场配置资源的决定性作用，通过大力发展农村特色经济、鼓励农产品产生销售与互联网结合、提升农业回报率等途径，提高农村对专业人才、社会资本的吸引力。积极组建乡贤会，吸引乡村贤达人士回流。重视发挥社会组织的资源优势，鼓励社会组织下乡，架起城乡人力资源的联结桥梁。

二　建立人才下沉乡村的长效机制

总结提炼各地诸如"驻村干部"等机关干部下沉基层的成熟机制的办法，探索推动这些经验做法从完成任务的临时性措施上升为制度性要求，通过下派、任命、支援、挂职等不同方式稳步推进并组织机关优秀干部下沉基层一线，直接服务于广大人民群众、参与基层政权建设。逐步改变现有人才下沉机制中政治激励多物质保障少、随机零散下沉多规范建制下沉少、命令型下沉多志愿型下沉少的现状，探索建立科学、正向、持久的人才下沉长效机制。加强下沉人才的管理、激励、监督和考核工作，推动将考核结果运用到干部选拔任用中。建立年轻干部下沉基层的科学机制，确保其身心都能踏实地沉入基层。

三 拓展村"两委"班子选拔录用渠道

实行"一村一策",优先从本村致富能手、外出务工经商返乡人员、返乡创业人员、高校毕业生、退役军人中选拔培育村党组织书记。落实选派驻村"第一书记"和工作队制度,完善县级以上机关年轻干部在农村基层培养锻炼机制,健全农村工作干部培养锻炼制度。从省、市机关事业单位中,再选拔一批熟悉农村工作的骨干人员,下派到乡村,提高乡村"领头雁"的整体素质。结合村"两委"换届,深入实施优秀农民工回引培养工程,把更多优秀返乡农民工发展成党员、培养为村党组织带头人。通过公开招录、招聘等方式,充实村集体经济经营管理、农业农村综合执法、基层服务等队伍。挖掘乐于奉献、急公好义、诚信友善等各类型、各领域乡贤人士,通过建立乡贤会、乡贤荣誉激励机制,充分发挥乡贤在乡村治理中的凝聚作用。

四 搭建村干部培养锻炼舞台

通过教育培训、挂职锻炼、跟班学习等方式,提高村干部科学谋划工作和解决实际问题的能力。优化完善村干部常态化培训机制,支持村干部参加学历教育。通过村党组织书记全员轮训、村书记工作交流会、村级党组织"比学赶超大比武""村书记导师帮带制"等载体,选优训强基层党组织"带头人"。依托国内知名高校和干部教育基地,采用"封闭管理+集中授课"模式每年对村党组织书记、村委会主任的"两委"成员进行集中轮训。突出系统治理、依法治理、综合治理、源头治理等培训内容,抓实村"两委"班子政治思想和业务能力提升。发挥党校(行政学院)、干部学院主渠道、主阵地作用,分类分级开展"三农"干部培训。采取线上线下相结合等模式,探索将党校(行政学院)、干部学院的教育资源延伸覆盖至村和社区。

五 实施"一村一名大学生"培育计划

实施高校毕业生基层成长计划,遴选在乡镇工作或创业的高校毕业生纳入后备人才库。遴选一批本地高等职业学校,根据乡村振兴需求开设涉农专业,支持村干部、新型农业经营主体带头人、退役军人、返乡创业农民工等，采取在校学习、弹性学制、农学交替、送教下乡等方式，就地就近接受高等职业教育。加强选调生到村任职管理工作，在村任职期间，履行大学生村官职责，落实选调生一般应占本年度公务员考录计划10%左右的规模要求。扩大高校毕业生"三支一扶"计划招募规模，多渠道招录高校毕业生到村工作。

六　完善村干部激励保障机制

结合当地经济发展水平适时调整村干部薪资待遇水平，建立科学、正向激励的薪酬机制，进一步激发村干部干工作、抓发展的积极性。构建责、权、利相一致，绩、奖、惩相统一的村干部收入保障机制。建立村干部"基础报酬＋绩效补贴"的结构性岗位补贴长效机制，落实乡村报酬待遇并形成正常增长机制。明确向农村基层倾斜的政策导向，落实下乡补贴、交通补贴、餐费补贴等方面的工作补贴。重视精神激励的作用，深度挖掘宣传基层治理工作中涌现出的优秀村干部先进事迹，注重在各类评优、先进人物的宣传中有意识地聚焦乡村治理人才。每年定期开展优秀村干部表彰活动，针对其中获得国家、省、市级综合性表彰的优秀村干部每月相应增加补助。适时面向全体村干部办理医疗保险、人身意外保险和城镇职工养老保险。

七　重视村干部职业发展通道建设

拓宽村干部"向上走"的渠道，加大在优秀村干部中定向考录乡镇机关公务员、招聘为乡镇事业编制人员等方面的政策倾斜力度，择优选拔村"两委"正职进入乡镇领导班子。探索推行优秀村党组织书记挂任乡镇领导班子成员的工作机制，探索针对表现突出的村党组织书记列席乡镇党委会议的制度。探索在各级公务员选拔考试中针对有一定基层工作年限经历要求的岗位按需设置专岗，重视在平时村级工作中表现突出的大学生村干部的选拔培养。结合乡村振兴重点工作，组织开展"优秀党组织书记""优秀村委会主任"等评选和慰问活动。充实完善村干部后备人才库，坚持集中补充调整和平时动态调整相结合的方式加强后备干部选拔。加强后备干部的实践锻炼，根据其特长有针对性地推动他们参与村级事务处理，通过村干部帮带后备干部的方式促进后备干部成长。

八　加强村干部队伍建设组织领导

各级党委要将乡村人才振兴作为实施乡村振兴战略的重要任务，建立党委统一领导、组织部门指导、党委农村工作部门统筹协调、相关部门分工负责的乡村人才振兴工作联席会议制度。建立村党组织及村干部权力清单、责任清单、问题清单和任务清单，进一步规范村级重大事项决策程序，强化村干部监督管理，做实村干部服务基层、服务群众、服务发展等情况的考评管理。加强农村工作干部队伍的培养、配备、管理、使用，推进干部培养向乡村振兴一线倾斜。选优配强涉农部门领导班子和市县分管乡村振兴的领导干部，注重提拔使用政治过硬、实绩突出的农村工作干部。创新驻村干部管理模式，完善横纵联动的驻村干部管理机制，建立健全定期例会制度、工作对接制度、工作座谈制度、经验孵化制度、乡村振兴擂台制度，强化驻村干部日常管理服务和统筹协调工作。组建乡村治理、项目推广等特色团队，通过抱团聚智、集中会诊等方式研究解决基层工作的难点、堵点。

第 七 章

乡村振兴背景下的基层卫生人才队伍建设[①]

乡村振兴战略，是以习近平同志为核心的党中央着眼党和国家事业全局，深刻把握现代化建设规律和城乡关系变化特征，顺应亿万农民对美好生活的向往，对"三农"工作作出的重大决策部署，是决胜全面建成小康社会、全面建设社会主义现代化国家的重大历史任务，是新时代做好"三农"工作的总抓手。中央印发《关于实施乡村振兴战略的意见》《乡村振兴战略规划（2018—2022年）》《中共中央 国务院关于实现巩固拓展脱贫攻坚成果同乡村振兴有效衔接的意见》《关于全面推进乡村振兴加快农业农村现代化的意见》等政策文件，对乡村振兴战略的总体要求、主要任务、发展目标等提出具体要求。其中，推进健康乡村建设是提高农村民生保障水平、推动乡村振兴战略实施的重要内容。

长期以来，受经济发展水平落后、资源分布不均衡等因素影响，农村地区医疗卫生资源缺乏，医疗卫生服务体系难以有效满足农村居民医疗卫生服务需求。其中，卫生人才队伍建设薄弱，人才总量不足、质量不优、服务能力不强、稳定性差、职业吸引力不足等问题较为突出。这些问题也是我国卫生健康人才队伍建设的短板。乡村振兴战略的实施，对破解基层医疗卫生机构长期面临的瓶颈、缓解人才问题具有重要意义。

[①] 除特别注明外，本章数据来源于2016—2021年卫生健康统计年鉴或根据2016—2021年卫生健康统计年鉴数据计算而得。

第一节　基层卫生人才队伍建设总体进展

一　基层卫生人才数量不断增加

"十三五"期间，基层卫生人才总量由360.3万人增加到434万人，年均增长率为3.8%。其中，卫生技术人员由225.8万人增加到312.4万人，年均增长率为6.7%；管理人员增加3.5万人，年均增长率为8.6%；其他技术人员增加3.8万人，年均增长率为8%。

卫生技术人员中，执业（助理）医师、注册护士、技师增速较快。"十三五"期间，基层医疗卫生机构执业（助理）医师由110.2万人增加到153.6万人，年均增长6.9%；注册护士由240.8万人增加到338.9万人，年均增长10.3%；技师数量增加13.2万人，年均增长6.1%；均高于同期医院执业（助理）医师（6%）、注册护士（7.1%）和技师的增速。药师数量平稳增加，"十三五"期间，基层医疗卫生机构药师数量增加2.25万人，年均增长3.1%，略低于全国药师平均增速（3.3%）。

"十三五"期间，社区卫生服务机构和乡镇卫生院的全科医生数量由15.4万人增加到29万人，年均增长13.4%。其中，注册为全科医学专业的全科医生占比由38%增加到65.4%，取得全科医生培训合格证书的占比由62%下降到34.6%，基层医疗卫生机构对全科医生的吸引力不断增加。

2020年，基层卫生技术人员占全国卫生技术人员的29.3%，该占比在"十三五"期间呈现先降低后升高的趋势。其中，基层执业（助理）医师占比由36.3%增加到37.6%，基层注册护士占比由19.9%增加到22.5%，基层技师占比由20.5%增加到21.1%，基层药师占比保持相对稳定。

表7—1　基层医疗卫生机构各类人员占全国同类人员的比重　　单位：%

人员类别	2015年	2016年	2017年	2018年	2019年	2020年
卫生人员	33.7	33.0	32.6	32.2	32.2	32.2
卫生技术人员	28.2	27.8	27.9	28.2	28.8	29.3

续表

人员类别	2015年	2016年	2017年	2018年	2019年	2020年
执业（助理）医师	36.3	35.9	35.8	36.2	37.2	37.6
注册护士	19.9	19.8	20.2	20.8	21.6	22.5
药师	31.8	31.4	31.5	31.4	31.4	31.6
技师	20.5	20.5	20.6	20.9	21.1	21.1

二 结构不断优化，专业化程度逐步提高

"十三五"期间，基层医疗卫生机构中卫生技术人员占卫生人员的比例由62.7%提高到72.0%；医护比由1∶0.59提高到1∶0.69。

"十三五"期间，社区卫生服务机构中，卫生技术人员占卫生人员的比例由85.3%提高到86.1%，医护比由1∶0.84提高到1∶0.94。乡镇卫生院中，卫生技术人员占卫生人员的比例由84.4%提高到85.6%，医护比由1∶0.68提高到1∶0.79。

村卫生室人员中，执业（助理）医师增加15.5万人，占村卫生室人员总量的比重由21.4%提高到32.3%；村卫生室注册护士增加7.9万人，占村卫生室人员总量的比重由7.3%增加到12.8%；乡村医生和卫生员减少24万人，占村卫生室人员的比重由71.3%下降到54.9%。

三 基层卫生人才素质能力持续提升

"十三五"期间，在社区卫生服务机构的卫生技术人员中本科及以上学历增加17.2个百分点，中专及以下占比减少13.9个百分点。其中，药师、技师本科及以上学历占比均增加20个百分点以上、注册护士本科及以上学历增加19.8个百分点。

截至2020年年底，社区卫生服务机构卫生技术人员中，本科及以上学历的达到32.3%。乡镇卫生院本科及以上学历卫生技术人员占22.2%，比2015年增加13.5个百分点；执业（助理）医师、药师、技师本科及以上学历占比均增加15个百分点以上。

2015年，人力资源和社会保障部、原国家卫生计生委共同印发《关于进一步改革完善基层卫生专业技术人员职称评审工作的指导意见》，遵循"干什么评什么"的原则，对基层卫生技术人员职称评审标准进行修

订，基层卫生技术人员职称结构得到明显优化。2020年，社区卫生服务机构高级职称卫生技术人员占比达到6.2%，其中，执业（助理）医师、注册护士、药师、技师的高级职称占比分别为11.6%、3%、2.5%、2.9%，较2015年分别增加2.8个、1.4个、1个、1个百分点（"十二五"期间仅分别增加0.2个、0.7个、0.6个、0.3个百分点）。乡镇卫生院高级职称卫生技术人员占比增加1.9个百分点。其中，执业（助理）医师增加2.9个百分点，注册护士增加1.6个百分点，药师增加1.4个百分点，技师增加1个百分点（"十二五"期间仅分别增加1个、0.3个、0.2个、0.2个百分点）。

四 门诊部和诊所人员数量快速增加

2020年，门诊部卫生人员数量达到40.6万人，较2015年增加24.7万人，年均增长20.6%（"十二五"期间年均增长9.8%）；诊所卫生人员增加28.5万人，远高于"十二五"期间增加人数（5.3万人），年均增长62.7%（"十二五"期间为13.1%）。

"十三五"期间，门诊部卫生人员占基层卫生人员的比重由4.4%增加到9.4%，诊所卫生人员由12.6%增加到17%。2020年，每门诊部平均拥有卫生人员13.7人，比2015年增加1.7人；每诊所平均拥有卫生人员由2.3人增加到2.8人。

表7—2　　　　门诊部和诊所卫生人员变化比较

类别	门诊部		诊所	
	"十二五"	"十三五"	"十二五"	"十三五"
卫生人员增量（人）	59671	246977	52510	284797
卫生技术人员增量	52880	202823	55505	250200
医师增量	27374	95893	37603	125457
护士增量	22015	95228	27931	125566
药师增量	1164	4133	463	7278
技师增量	1113	5779	-1000	354
卫生人员年均增长率（%）	9.8	20.6	2.5	10.2
卫生技术人员年均增长率（%）	10.7	20.4	2.7	9.4

五 基层卫生人才职业环境持续向好

一是人民群众健康意识逐年提高。随着健康中国战略推进，农村居民的健康素养和健康意识逐年提高，2015—2018年，农村居民人均医疗保健支出由846元增加到1240.1元，医疗保健支出占消费性支出的比重由9.2%增加到10.2%。

二是人员经费的比重逐年提高。2015—2019年，在基层医疗卫生机构财政投入比例变化不大的情况下，人员经费支出占总费用的比重逐年增加。其中，乡镇卫生院人员经费支出占比由39.4%增加到44.2%，社区卫生服务机构人员经费支出由35%增加到36.3%。

三是基层卫生健康人才发展环境有所改善。"十三五"期间，医务人员的社会地位、社会认可度得到较大提升，全社会尊医重卫的良好氛围逐渐形成，人才发展环境有所改善。尤其是新冠肺炎疫情发生以来，医务人员社会价值得以充分体现，医患间互相理解、彼此信任、医患关系空前和谐。2020年，中央应对新型冠状病毒感染肺炎疫情工作领导小组印发《关于全面落实进一步保护关心爱护医务人员若干措施的通知》，提出提高薪酬待遇、做好工伤认定和待遇保障、实施职称评聘倾斜措施等十方面措施。根据第六次卫生服务调查，乡镇卫生院卫生人员对工作本身（45.5%）、同事（70.5%）、收入（30.6%）、领导（70.0%）、单位的管理状况（50.0%）的满意度均高于医院和社区卫生服务机构，较第五次卫生服务调查（2013年）也有明显提升。

第二节 不同省份基层卫生人才队伍建设状况

"十三五"期间，各省均出台一系列措施加强基层医疗卫生机构卫生人才队伍建设。

一 各地不同类别卫生技术人员增速

江苏、海南、天津、北京、上海、浙江等经济发达的东部地区基层卫生技术人员的增速较快；安徽、重庆、贵州、云南、宁夏等政策倾斜力度大的中西部省份基层卫生技术人员的增速快于东部地区；山西、内蒙古、辽宁、黑龙江等省份基层卫生技术人员虽呈正增长，但增速较慢。

表7—3 "十三五"期间各省基层医疗卫生机构卫生技术人员年均增长率　　　单位：%

省份	卫生技术人才				
	小计	执业（助理）医师	注册护士	药师	技师
北京	7.3	7.0	9.9	4.4	5.8
天津	9.1	10.1	10.6	9.2	9.5
河北	7.9	9.1	11.5	5.2	3.3
山西	4.3	4.3	7.6	0.4	1.8
内蒙古	4.9	5.1	8.1	0.7	5.5
辽宁	4.2	4.5	6.2	1.0	1.5
吉林	7.1	7.3	11.8	0.8	1.5
黑龙江	2.9	4.6	5.8	-1.7	-0.4
上海	6.1	5.2	8.8	3.1	3.9
江苏	8.7	8.2	12.3	6.0	8.2
浙江	6.3	6.5	10.5	3.8	5.4
安徽	10.8	11.1	15.4	3.5	6.3
福建	7.3	8.4	8.6	2.7	9.9
江西	4.9	5.5	6.8	-0.1	4.1
山东	6.1	8.1	7.9	2.2	4.0
河南	6.2	7.4	9.1	2.9	5.0
湖北	2.3	2.2	4.0	-0.7	3.0
湖南	6.3	4.8	13.8	-1.4	3.3
广东	7.5	6.7	11.8	3.8	4.5
广西	6.3	6.3	9.9	6.2	6.7
海南	8.5	9.6	10.3	5.0	8.5
重庆	7.8	7.4	13.5	3.6	9.8
四川	6.1	4.4	12.1	4.0	10.3
贵州	10.0	10.8	13.5	9.8	15.5

续表

省份	卫生技术人才				
	小计	执业（助理）医师	注册护士	药师	技师
云南	13.6	11.8	20.4	7.9	11.8
西藏	8.8	11.3	21.2	17.2	36.1
陕西	7.9	9.6	10.9	3.4	10.1
甘肃	2.8	4.9	5.8	1.8	7.7
青海	6.6	6.5	9.9	6.6	11.8
宁夏	11.4	9.5	17.7	6.6	11.4
新疆	1.8	2.3	2.7	1.1	3.7
合计	6.7	6.9	10.3	3.1	6.1

从"十三五"时期社区卫生服务机构和乡镇卫生院增量对基层卫生技术人员增量的贡献率看，卫生技术人员增速较快的一些东部省份及增速较慢的黑龙江、辽宁、吉林等东北省份社区和乡镇卫生院卫生技术人员增量对基层卫生人员增量的贡献率均较低。

表7—4　　"十三五"期间社区卫生服务机构和乡镇卫生院
对基层卫生技术人员增量的贡献率

省份	社区和乡镇卫生院贡献率（%）	省份	社区和乡镇卫生院贡献率（%）
北京	36.1	湖北	39.5
天津	26.4	湖南	47.3
河北	14.9	广东	31.2
山西	26.7	广西	51.2
内蒙古	33.7	海南	38.2
辽宁	17.0	重庆	38.0
吉林	3.1	四川	43.1
黑龙江	-14.6	贵州	66.4

续表

省份	社区和乡镇卫生院贡献率（%）	省份	社区和乡镇卫生院贡献率（%）
上海	25.1	云南	55.7
江苏	51.7	西藏	73.2
浙江	26.7	陕西	45.8
安徽	37.0	甘肃	83.0
福建	37.2	青海	55.1
江西	41.4	宁夏	48.8
山东	10.8	新疆	65.0
河南	29.9		

乡村振兴视角下，应该重点关注乡、村两级卫生人才队伍建设情况。"十三五"期间，由于行政区划的变化以及机构整合等多种原因，全国乡镇卫生院数量减少1055家，22个省份乡镇卫生院的数量减少；全国乡镇卫生院卫生人员数量增加20.4万人，年均增长率为3.0%。其中，辽宁、吉林、黑龙江、山东等4省份乡镇卫生院卫生人员绝对数量下降，呈现负增长趋势；天津、河北、浙江等东部省份乡镇卫生院卫生人员年均增速低于云南、西藏、宁夏、贵州、陕西等西部省份，详见表7—5。

表7—5　"十三五"期间乡镇卫生院卫生人员变化情况

省份	年均增长率（%）	每千农村人口乡镇卫生院人员增量（人）	每乡镇卫生院人员数（人） 2015年	每乡镇卫生院人员数（人） 2020年
天津	3.0	—	34.74	41.96
河北	1.2	0.18	28.48	29.62
山西	2.3	0.11	18.87	20.13
内蒙古	1.9	0.19	15.68	18.11
辽宁	-0.6	-0.09	24.58	23.46
吉林	-0.7	0.22	31.17	30.70

续表

省份	年均增长率（%）	每千农村人口乡镇卫生院人员增量（人）	每乡镇卫生院人员数（人）2015 年	每乡镇卫生院人员数（人）2020 年
黑龙江	-0.6	0.05	23.76	23.57
江苏	6.9	0.89	72.32	104.50
浙江	2.0	0.28	41.97	52.28
安徽	5.2	0.28	35.30	46.30
福建	3.8	0.24	38.47	45.81
江西	2.7	0.21	28.64	32.68
山东	-0.4	0.01	68.76	72.42
河南	1.5	0.05	50.42	55.20
湖北	0.6	0.14	67.41	70.76
湖南	2.6	0.17	35.98	43.90
广东	3.2	0.5	69.55	83.61
广西	4.2	0.44	54.08	66.45
海南	3.7	0.3	34.95	44.90
重庆	2.5	0.2	34.82	44.62
四川	2.9	0.43	22.19	26.89
贵州	6.9	0.39	27.47	40.99
云南	11.6	0.64	25.93	44.84
西藏	8.3	1.1	5.68	8.49
陕西	5.6	0.68	24.32	33.25
甘肃	2.5	0.16	20.37	23.16
青海	4.7	0.43	11.94	14.76
宁夏	6.0	0.46	20.56	29.46
新疆	1.6	0.12	25.31	27.49
合计	3.0	0.27	34.70	41.42

二 各地每千农村人口拥有乡镇卫生人员增速

从人员配备变化看，"十三五"期间，全国每千农村人口乡镇卫生院人员增加0.27人。其中，辽宁省减少0.09人，山东、黑龙江、河南三省份分别增加0.01人、0.05人和0.05人，西部地区的陕西、青海、宁夏、云南、四川等省份均增加0.4人以上。

从每个乡镇卫生院卫生人员数及变化看，辽宁、吉林、黑龙江三省份每家乡镇卫生院卫生人员数量分别减少1.1人、0.5人、0.2人；东部地区的江苏、浙江、广东，中部地区的安徽，西部地区的云南、贵州、广西等7省份平均每家乡镇卫生院卫生人员增加10人以上。整体上看，西部地区乡镇卫生院的规模小于中部地区和东部地区，尤其是山西、内蒙古、辽宁、黑龙江、青海、甘肃等省份平均每家乡镇卫生院卫生人员为15—25人。

三 各地村卫生室人员增速

"十三五"期间，全国村卫生室人员数由144.8万人下降到144.6万人，年均增长率为-0.1%，全国仅14个省份村卫生室人员数呈正增长。从村卫生室人员规模看，除北京、吉林、上海、安徽、山东、河南、重庆、贵州村卫生室人员规模减小外，其余省份均略有扩大。

2015年，《国务院办公厅关于进一步加强乡村医生队伍建设的实施意见》提出，建立乡村全科执业助理医师制度。在现行的执业助理医师资格考试中增设乡村全科执业助理医师资格考试。2016年，国家卫生健康委办公厅和国家中医药局联合印发《关于开展2016年乡村全科执业助理医师资格考试试点工作的通知》，明确在浙江等9省份开展乡村全科执业助理医师资格考试试点。2017年试点地区扩大到24个省份，到2018年，乡村全科医生执业助理医师资格考试全面推开。截至2020年年底，注册为乡村全科医生执业助理医师的人数达到63291人。从各省份村卫生室人员结构看，执业（助理）医师和注册护士的比重均逐年升高，乡村医生和卫生员的比重逐年下降。截至2020年，江苏、浙江、上海三省（市）村卫生室人员中执业（助理）医师分别占48.9%、53%和57%，安徽、湖南、广东等9省份的乡村医生和卫生员的比重下降到50%以下。

表7—6 "十三五"期间各省村卫生室人员变化情况

省份	村卫生室人员年均增长率（%）	每村卫生室人员增量（人）	平均每千农业人口村卫生室人员增量（人）	占村卫生室人员的比重（%）					
				执业（助理）医师		注册护士		乡村医生和卫生员	
				2015年	2020年	2015年	2020年	2015年	2020年
北京	-3.8	-0.14	-6.7	19.7	26.0	9.0	6.9	71.3	67.1
天津	-0.4	0.26	-3.78	20.6	35.4	5.8	13.2	73.6	51.4
河北	0.0	0.01	0.26	24.7	40.6	4.0	6.9	71.3	52.5
山西	-0.2	0.08	-0.02	19.5	29.0	5.8	9.6	74.8	61.5
内蒙古	1.8	0.28	0.23	23.5	34.5	8.7	12.8	67.8	52.7
辽宁	-0.2	0.19	-0.09	16.3	30.1	8.0	14.4	75.7	55.6
吉林	-1.8	-0.08	0.13	19.8	29.4	7.0	11.9	73.1	58.7
黑龙江	-1.4	0.07	0.01	21.7	35.2	5.3	9.2	73.0	55.6
上海	-5.9	-0.8	-7.63	71.0	57.0	11.7	25.8	17.2	17.1
江苏	1.7	0.51	0.33	37.8	48.9	10.6	19.4	51.6	31.7
浙江	3.3	0.5	0.2	50.5	53.0	16.7	24.4	32.8	22.6
安徽	-0.5	-0.23	-0.04	25.4	39.1	7.6	14.8	67.0	46.1
福建	-0.8	0.12	-0.08	18.6	30.8	6.7	13.2	74.7	56.0
江西	-0.6	0.18	0.01	18.7	27.7	7.5	12.8	73.8	59.4
山东	-2.2	-0.3	-0.18	13.1	30.7	6.5	11.4	80.3	57.9
河南	-0.6	-0.08	-0.1	21.9	32.4	7.8	11.6	70.3	56.0
湖北	0.3	0.22	0.08	24.6	30.9	12.8	19.7	62.6	49.3
湖南	1.6	0.45	0.08	28.0	40.0	7.9	18.6	64.1	41.5
广东	0.3	0.1	0.11	29.3	37.6	11.5	15.7	59.2	46.7
广西	-1.3	0.08	-0.04	11.3	17.7	1.8	5.1	86.9	77.3
海南	4.1	0.48	0.23	27.1	29.3	23.2	30.6	49.7	39.6
重庆	-6.0	-0.44	-0.5	22.1	28.7	6.3	5.8	71.6	65.4
四川	1.1	0.14	0.23	20.5	29.8	1.6	10.4	77.9	59.8
贵州	-1.2	-0.05	-0.07	10.2	15.5	5.2	6.3	84.6	78.2
云南	3.1	0.45	0.16	9.5	15.4	5.7	10.2	84.8	74.4

续表

省份	村卫生室人员年均增长率（%）	每村卫生室人员增量（人）	平均每千农业人口村卫生室人员增量（人）	占村卫生室人员的比重（%）					
				执业（助理）医师		注册护士		乡村医生和卫生员	
				2015年	2020年	2015年	2020年	2015年	2020年
西藏	3.6	0.47	1.83	2.7	7.7	1.0	3.8	96.4	88.5
陕西	-1.9	0.02	0.01	15.2	26.5	6.7	8.0	78.1	65.5
甘肃	2.1	0.26	0.15	19.6	28.9	13.7	20.4	66.6	50.7
青海	1.1	0.13	0.41	22.0	25.4	7.5	11.1	70.6	63.5
宁夏	4.4	0.84	0.39	20.7	31.0	9.4	20.2	69.9	48.8
新疆	3.7	0.55	0.24	18.5	22.6	16.1	22.2	65.4	55.3
合计	-0.1	0.11	0.05	21.4	32.3	7.3	12.8	71.3	54.9

第三节 基层卫生人才发展面临的主要问题

一 健康服务需求和人口老龄化需求持续增加

随着健康中国战略不断推进，在大卫生大健康发展格局下"全生命周期"健康管理理念日益深入人心。我国基层医疗卫生资源不断丰富，硬件条件快速改善，但卫生人力资源及医疗卫生服务需求与人民群众的健康需要存在较大差距。

一方面，人民群众的健康服务需求快速增加，慢性病患病率不断攀升。第六次卫生服务调查[①]显示，15岁以上人群慢性病患病率较第五次卫生服务调查增加了9.8个百分点，农村慢性病患病率增长幅度大于城市。慢性病患病率最高的五种疾病为高血压病（18.1%）、糖尿病（5.3%）、椎间盘疾病（3.0%）、脑血管病（2.3%）和慢性胃肠炎（2.0%）；与2013年相比，心脑等循环系统慢性病患病率增长近40%，且农村增幅超过城市，农村地区不断增长的健康服务需求与当前人力配置数量间的矛盾愈加突出。

---

① 第六次卫生服务调查专题报告。

另一方面，老年人口快速攀升，第七次人口普查数据显示，60岁及以上老年人口占全国总人口的18.70%，较第六次人口普查数据提高了5.44个百分点，65岁及以上人口占人口总数的比重由2010年的8.87%上升到13.5%，老年人口呈现基数大、占比高、增速快的特征。老年人就诊率（40.1%）和住院率（24.9%）较2013年均明显增加，与积极应对老龄化的国家战略相比，老年健康服务供给能力偏低，适应老年健康需求的老年医学、老年护理、医养结合、康复、健康管理、社工、老年服务与管理等人才匮乏，尤其是农村地区，基层医疗机构全科医生对慢性病、老年病的服务从观念意识到软硬件建设都是短板，服务慢性病、老年病多发群体的优秀全科医生尤为短缺。

二 基层卫生人才缺口仍然较大

与2015年相比，2019年社区卫生服务机构诊疗人次数、入院人次数分别增长21.6%、8.7%，乡镇卫生院诊疗人次数、入院人数分别增长11.7%、6.5%。同时，"十三五"期间基本公共卫生服务项目不断增加、服务内涵不断拓展。2018年，国务院办公厅《关于印发医疗卫生领域中央与地方财政事权和支出责任划分改革方案的通知》，明确将国家基本公共卫生服务项目与新划入的原重大公共卫生和计划生育项目中的妇幼卫生、老年健康服务、医养结合、卫生应急、孕前检查等内容合并为基本公共卫生服务。截至2020年，基本公共卫生服务项目包括两部分内容：（1）由基层医疗卫生机构提供的建立居民健康档案、健康教育等12类原基本公共卫生服务项目；（2）2019年起从原重大公共卫生服务和计划生育项目中划入的地方病防治、职业病防治、重大疾病与健康危险因素监测等19类内容。

从分级诊疗服务量要求看，研究发现，要实现65%患者在基层就诊的目标，基层卫生人员占比应达到44%左右，目前还存在较大缺口。①

三 人才配备不均衡矛盾突出

"十三五"期间，基层卫生人才配备不均衡集中体现在素质和结

---

① 国务院：2017年基层医疗机构诊疗量占比超65%_新闻_央视网（cctv.com）http：//m.news.cntv.cn/2015/09/14/ARTI1442211812117100.shtml。

构上。

(一) 机构间人才发展不均衡

全国卫生人员增量中,基层卫生人员增量占26.5%,远低于医院的占比(71.2%);在基层卫生人员中,社区卫生服务机构、乡镇卫生院、门诊部、诊所卫生人员占人员总量的比重分别增加0.9个百分点、-1.3个百分点、4.9个百分点、4.4个百分点。

(二) 区域间人才分布存在差距

在农村卫生人才配备及城乡配备差值变化方面,部分指标中部地区和东三省存在明显不足。"十三五"期间,东、中、西部地区每千农村人口卫生技术人员分别增加1.4人、1.02人和1.42人,东部地区城乡卫生技术人员配备差值由6.8人减少到6.09人,西部地区由5.4人增加到5.65人,中部地区由6人增加到6.78人,执业(助理)医师、注册护士区域间配备也呈现相同趋势。

(三) 城乡卫生人员配备差值较大

2017年,城、乡每千人口卫生技术人员、执业(助理)医师、注册护士配备差值达到最大,分别为6.59人、3.29人、3.39人。从2017年起,配备差值开始缩小,但就数量上看,城、乡间人才配备差值仍然很大。

(四) 医护比倒置现象短期内难以扭转

截至2020年,基层医疗卫生机构医护比为1:0.69,按"十三五"期间医护比优化速度,"十四五"期间除社区卫生服务机构外,其他各类基层医疗卫生机构医护比仍将倒置。

(五) 学历结构有待提升

截至2020年,乡镇卫生院本科及以上学历卫生技术人员占22.2%,比全国平均水平低19.9个百分点;本科及以上执业(助理)医师、注册护士分别占29%和17.9%,比全国平均水平分别低30.5个百分点和11个百分点。

(六) 职称结构仍需进一步优化

乡镇卫生院和社区卫生服务机构高级职称卫生技术人员比重仍然不高,截至2020年,乡镇卫生院高级职称卫生技术人员、执业(助理)医师和注册护士比重分别为3.2%、5.9%和2.1%,社区卫生服务机构三类人员高级职称比重分别为6.2%、11.6%和3%，与医院（10.6%、24.3%、3.6%）、疾病预防控制中心①（14.4%、20.3%）和妇幼保健机构（9.6%、20.2%、3.8%）相比仍有很大差距。

四 基层医疗服务能力呈现下降趋势

近几年基层卫生人员流失率有所降低，在岗人员相对较为稳定，但新补充的年轻队伍不足，对年轻卫生人才的吸引力不足。2020年乡镇卫生院34岁以下执业（助理）医师比例为22.7%，比5年前增加3.5个百分点，比2005年下降22.3个百分点。同时，村卫生室人员不断老化问题突出，2018年村卫生室人员中60岁以上占比将近24%。

与2015年相比，2019年基层医疗卫生机构提供的门急诊及出院人次分别增加4.7%和6.6%，同期全国总门急诊人次和出院人次数增加13.7%和26.5%。"十三五"期间，基层医疗卫生机构门急诊人次和出院人次数占全国总门急诊和出院人次的比例逐年降低，其中门急诊人次数占全国总门急诊人次的比重由55.6%下降到52.4%、出院人次数占全国出院总人数的比重由19.2%下降到16.1%。

五 乡镇卫生院人才队伍建设亟须关注

随着医改的推进及分级诊疗制度的实施，国家不断加大对乡镇卫生院软硬件等各方面的投入。在人才队伍建设方面，各种倾斜政策不断出台，但随着医院的快速发展、居民健康素养不断提升、居民服务需求不断提高、交通条件改善、药物及医保政策限制等多种原因导致乡镇卫生院发展面临困难，加上职业发展路径不清晰、乡镇基础设施不完善、薪酬水平激励作用不足导致人才队伍稳定性差，吸引力不足。尤其是中西部偏远省份和东三省，许多乡镇卫生院位置偏远、条件艰苦，人才队伍发展面临更多困难，服务能力很难实现基层首诊的目标，亟须持续关注并采取一定措施加强建设，"十三五"期间，医联体、医共体建设与分级诊疗、家庭医生签约服务等改革配套推进，叠加效应明显，基层服务能力进一步提升，但由于人事制度改革涉及编制、人社、财政等多个部门，因此在人才队伍方

---

① 疾病预防控制中心未统计注册护士结构比例。

面很难实现人才统一管理。

第四节　基层卫生人才政策创新

新一轮医改以来，各级党委政府对基层卫生健康工作的重视不断加强，各相关部门对基层的财政补助、人员培养、职称晋升、激励机制等政策持续改善，形成了重视基层卫生发展的良好气象，有力促进了基层卫生人才队伍建设。一是基层卫生人才职称制度得到完善，基层卫生专业技术人员职称评审坚持"干什么、评什么"，论文、外语、科研不再是基层卫生人员职称晋升的绊脚石。二是基层医疗卫生机构岗位结构比例不断优化，部分地区逐步提高基层中、高级岗位比例，拓展基层卫生人才职业发展空间。三是基层医疗卫生机构绩效工资政策有所突破，统筹与当地县区级公立医院绩效工资水平的关系，核定基层医疗卫生机构绩效工资水平，明确签约服务费可用于人员薪酬分配，推动落实"两个允许"。四是推进基层医疗卫生机构建立"公益一类保障与公益二类管理"的运行新机制，既强化保障又较好地调动基层积极性。五是部分地区设立和提高基层人员工作补贴，加强稳定和吸引人才力度。六是积极探索"编制周转池""县管乡用""乡聘村用"等人才使用机制。七是加强对口支援和人才帮扶等人才柔性流动措施。八是持续开展和加大订单定向等基层人才培养和培训工作力度。

一　持续开展并加大基层人才培养和培训

"十三五"期间，继续组织实施订单定向免费医学生培养计划，始终坚持从哪里来到哪里去，逐步提高农村生源的录取比例。2018年，国务院办公厅印发《关于改革完善全科医生培养与使用激励机制的意见》，明确规定对经助理全科医生培训合格到村卫生室工作的助理全科医生，可实行"乡管村用"，以贫困县为重点，订单定向免费培养农村高职（专科）医学生，毕业生经助理全科医生培训合格后，重点补充到村卫生室和艰苦边远地区乡镇卫生院。

2010年，原国家卫生计生委等五部门联合印发《关于开展农村订单定向医学生免费培养工作的实施意见》，重点为乡镇卫生院及以下医疗机构培养从事全科医疗的卫生人才，医学生在校学习期间免除学费，免缴住宿费，并补助生活费。2019年国家卫生健康委会同中央编办、国家发改委等6部门印发《关于做好农村订单定向免费培养医学生就业安置和履约管理工作的通知》，从保障编制、简化招聘流程、允许合理流动、落实规培期间及工作期间待遇、享受职称晋升、岗位聘任等倾斜政策以及签约双方履约管理等方面作出明确规定。十年来，全国先后有30个省份开展农村订单定向医学生免费培养工作，中央财政累计投入16亿元，为中西部22个省份3万个乡镇卫生院培养了近5.7万名定向医学生，有效缓解了基层卫生人才短缺问题。

二 完善基层卫生人才职称和绩效工资政策

2015年，原国家卫生计生委、人力资源和社会保障部共同制定《关于进一步改革完善基层卫生专业技术人员职称评审工作的指导意见》，遵循卫生专业技术人员成长规律和基层卫生工作实际，建立以医疗服务水平、质量和业绩为导向，以社会和业内认可为核心的基层卫生人才评价机制，基层卫生机构中的医务人员参加职称评审，坚持"干什么、评什么"，论文、外语、科研不再是基层卫生人员职称晋升的绊脚石，逐步引导医师回归临床，调动了基层医务人员的积极性。

为缓解绩效工资总量与卫生健康事业发展不相适应，内部分配灵活性差、绩效考核不规范等问题，2018年，人力资源和社会保障部、财政部、原国家卫生计生委共同印发《关于完善基层医疗卫生机构绩效工资政策保障家庭医生签约服务工作的通知》，提出按照"两个允许"要求，统筹平衡与当地县区级公立医院绩效工资水平的关系，合理核定基层医疗卫生机构绩效工资总量和水平；扩大基层医疗卫生机构内部分配自主权，允许基层医疗卫生机构可根据实际情况自行确定基础性绩效和奖励性绩效工资比例；提升全科医生工资水平，使其与当地县区级公立医院同等条件临床医师工资水平相衔接；签约服务费作为家庭医生团队所在基层医疗卫生机构收入组成部分，用于人员薪酬分配，并逐步提高诊疗费、手术费、护理费等医疗服务收入在基层医疗卫生机构总收入中的比例。

三 实施人才项目，补充基层卫生人才

为推动农村卫生事业发展，进一步加强农村卫生人才队伍建设，提高农村医疗卫生服务能力。2006年在内蒙古、广西、重庆、四川、贵州、云南、西藏、陕西、甘肃、宁夏、青海11个省份开展西部卫生人才培养项目，为西部地区培养一批卫生专业技术骨干，着力提高西部农村的医疗技术水平，至今，西部卫生人才培养项目已扩展到18个省份（含部分东部省份）。

为解决部分乡镇卫生院缺乏执业医师的实际困难，从2007年起，安徽、江西、湖北、湖南、重庆、四川、甘肃、新疆8个省份的贫困县开展试点，用5年的时间招聘1000名执业医师，吸引和鼓励执业医师到农村服务。

2013年，针对基层（乡镇）全科医生紧缺的问题，原国家卫生计生委等五部委共同制定了《关于开展全科医生特设岗位计划试点工作的暂行办法》，明确2013年首先在安徽、湖南、四川、云南4个中西部省份开展全科医生特设岗位计划试点工作，在县级公立医疗机构专门设置，并将所聘全科医生派驻乡镇卫生院工作的非常设岗位。鼓励和引导医疗卫生人才到基层医疗卫生机构从事医疗工作，在一定程度上缓解了基层医疗卫生人才薄弱的问题。2017年，印发《关于进一步做好艰苦边远地区全科医生特设岗位计划实施工作的通知》，将全科医生特设岗位计划实施范围逐步扩大到19个省份。

2016年，原国家卫生计生委印发《助理全科医生培训实施意见（试行）的通知》，明确从2016年起以经济欠发达的农村地区乡镇卫生院为重点，兼顾有需求的村卫生室等其他农村基层医疗机构开展助理全科医生培训工作，开始实行"3+2"助理全科医生培养模式，中央财政和省级财政分别配套2万元/人/年和1万元/人/年，用于补贴临床技能和公共卫生培训合格并取得执业助理医师资格后到农村工作的全科医生。

四 多措并举提升基层卫生人才服务能力

（一）万名医师支援农村卫生工程

2005年，为进一步做好城市支援农村卫生工作，提高农村医疗服务

水平，方便农村患者就近得到较好医疗服务，原卫生部等三部委实施"万名医师支援农村卫生工程"。经过十多年的持续推进，"万名医师支援农村卫生工程"对缓解居民"看病难"问题、加强农村卫生人才培养、促进城市医疗资源合理流动等发挥了积极作用。

（二）三级医院对口帮扶贫困县县级医院

2016—2017年，原国家卫生计生委会同国务院扶贫办等部门印发《关于加强三级医院对口帮扶贫困县县级医院的工作方案》和《关于调整部分地方三级医院对口帮扶贫困县县级医院对口关系的通知》，确定963家三级医院和834个贫困县的1180家县级医院建立"一对一"的帮扶关系，全面提升贫困地区县级医院医疗服务能力。

（三）医疗人才"组团式"援助

按照中央第六次西藏工作座谈会会议精神，从2015年起正式开展医疗人才"组团式"援藏，立足"输血变造血"理念，大力推广"师带徒"的人才培养模式，建立了"一对一""一对多""团队带团队""专家带骨干""师父带徒弟""前线师父带徒弟＋后方进修提升"等人才培养机制。

此外，2017年《国务院办公厅关于推进医疗联合体建设和发展的指导意见》规定，"利用三级公立医院优质资源集中的优势，通过技术帮扶、人才培养等手段，发挥对基层的技术辐射和带动作用"，同时推动远程医疗服务拓展，指导支援医院与受援医院搭建远程医疗协作平台，推动远程医疗服务常态化。

第五节　基层卫生人才政策创新案例

一　完善基层绩效工资政策

2020年，河南省卫健委出台《关于完善基层医务人员保障激励政策的意见》，提出落实公益一类财政保障政策，允许基层医疗卫生机构突破现行事业单位工资调控水平，自主决定内部绩效工资比例；允许基层医疗卫生机构在当年医疗服务收入扣除成本和提取各项基金后的结余中，提取60%以上用于增发奖励性绩效工资，可在奖励性绩效工资中设立全科医生岗位津贴、加班补助、值班补助、夜班补助、下乡补助、有毒有害补助等子项目；对在乡镇卫生院工作的全科医生发放一定的岗位津贴，其收入水平原则上不低于当地县级综合医院同等条件临床医师的平均收入水平。

2020年，吉林省印发《关于进一步完善基层医疗卫生机构绩效工资政策和经费保障机制强化绩效管理工作的通知》，要求落实"两个允许"，综合考虑基层医疗卫生机构公益目标任务完成情况、绩效考核情况、人员结构、事业发展、经费来源等因素，统筹平衡与当地县区级公立医院绩效工资水平的关系，合理核定基层医疗卫生机构绩效工资总量和水平，绩效工资总量按照医疗收入减去成本费用、职工福利基金、医疗风险基金后按60%—90%计提，其中医疗收入包含家庭医生签约服务费，同时规定绩效工资总额的增长幅度按照基层医疗卫生机构绩效考核结果确定，不高于30%。规定基层医疗卫生机构可根据实际情况自行确定基础性绩效工资和奖励性绩效工资比例，根据岗位特点自行设置绩效工资具体项目（最多不得超过10项）；全科医生岗位津贴项目可在绩效工资中单列，津贴标准按不低于全科医生所聘专业技术岗位对应的岗位工资标准的20%核定。

2019年，江苏省南京市印发《关于改革完善全科医生培养与使用激励机制的通知》，提出按照"两个允许"要求，合理核定基层医疗卫生机构绩效工资总量，提升基层医疗卫生机构全科医生工资水平，与所在区区级综合医院同等条件临床医生工资水平相衔接。在核定基层医疗卫生机构绩效工资总量时给予进一步倾斜，可在江苏省现有基层医疗卫生机构绩效工资政策水平基础上，按当地事业单位绩效工资基准线水平的10%左右增核绩效工资总量，主要用于提高全科医生工资水平。建立绩效工资总量水平动态调整机制，综合绩效评价结果为优秀、良好的单位，次年人均绩效工资总量原则上可按不超过10%、6%的幅度予以提高。同时规定家庭医生签约服务费、加班费、骨干人才奖励费、全科医生长期在基层工作的奖励费等不纳入绩效工资总量，充分调动基层医务人员工作积极性和能动性。

二 提高中、高级岗位比例，拓展基层卫生人才发展空间

为引导鼓励人才向基层和艰苦偏远地区流动，各地不断优化岗位结构，提高中高级岗位比例。2015年，青海省出台《基层卫生专业技术人员高级专业技术资格评审条件》，明确提高专业技术岗位中、高级比例。

县级公立医院专业技术岗位高级、中级、初级结构比例由0.8：4.0：5.2调整为1.5：4.5：4.0，乡镇卫生院（社区卫生服务中心）专业技术岗位高级、中级、初级结构比例由0.8：4.0：5.2调整为1.0：4.5：4.5，高级岗位等级比例中正高级比例由10%提高到15%。

2017年，内蒙古人社厅印发《关于适当提高基层事业单位中高级专业技术岗位结构比例的通知》，规定旗县以下基层事业单位，中级专业技术岗位总体结构比例不超过40%，教育、卫生、农林牧水等知识技术密集、高层次人才相对集中的单位，高级专业技术岗位总体结构比例不超过20%，对实施"定向评价、定向使用"的基层医疗卫生机构，高级岗位比例单列，不占专业技术高级岗位结构比例，旗县以下基层事业单位按专业技术岗位总量的3%掌握。

2019年，河南省人社厅印发《关于进一步优化岗位管理制度落实事业单位用人自主权的通知》，明确要提升高级职称比例，并向基层倾斜，对于县乡专业技术人员相对集中的事业单位，专业技术高、中级岗位结构比例可在原有标准上各提升5%，对于贫困县专业技术人员相对集中的事业单位，专业技术高、中级岗位结构比例可在原有标准上各提升10%，在乡镇工作满20年且距法定退休年龄不足5年的专业技术人员，可不占相应的专业技术岗位结构比例。

2020年，山东省委组织部、人社厅共同印发《关于优化事业单位岗位设置管理有关事项的通知》，提出落实事业单位岗位设置自主权，按医疗卫生机构的等级和类型确定中高级岗位比例，三级医院专业技术高级岗位不超过40%，其中三甲医院正高级不超过15%、副高级不超过25%；三级乙等医院正高级不超过11%、副高级不超过19%；二级甲等医院高级专业技术岗不超过25%，二级乙等医院、乡镇卫生院、社区卫生服务中心高级专业技术岗位不超过20%，其中乡镇卫生院和社区卫生服务中心正高级岗位不超过5%、副高级岗位不超过15%。以上各类医院中级专业技术岗位不超过50%，初级岗位按需设置。

三 "公益一类保障，公益二类管理"

2018年，广东省卫生计生委、教育厅、人社厅、编办等印发《基层卫生人才队伍建设三年行动计划（2018—2020年）》，通过实施基层人才专项公开招聘计划等10条措施解决基层医疗卫生机构人才数量不足、结构不合理、服务能力不强、县域内住院率低等问题，提出在按照国家统一规定实施岗位绩效工资制度的前提下，对基层医疗卫生机构允许突破公益一类事业单位绩效工资调控水平，按公益二类事业单位核定绩效工资总量；允许根据绩效考核结果适当调整绩效工资总量；允许按规定提取上年度收支结余部分用于发放奖励性绩效工资；允许结合实际需要，在奖励性绩效工资中设立加班补助、值班补助等子项目；允许在核定的总量内自主确定内部绩效分配办法，自主确定基础性与奖励性绩效工资比例。

2018年，新疆维吾尔自治区库车县按照"两个允许"要求，印发了《库车县乡镇卫生院绩效奖励制度实施方案（试行）》，落实"一级财政保障，二级运行管理"模式，11家乡镇卫生院自2018年10月起实施绩效奖励工资，将医疗纯收入15%作为绩效工资核发，重点向临床一线倾斜，医务人员绩效工资达到800—1000元。

四 创新人才管理机制

2020年，为推动县域卫生人才一体化配备和管理，《山西省保障和促进县域医疗卫生一体化办法》由山西省人民代表大会常务委员会公告（第六十四号）发布，提出整合辖区内政府举办的县级医院、乡镇卫生院和社区卫生服务中心，组建县级医疗集团，并逐步将村卫生室纳入县级医疗集团管理。县级医疗集团及所属医疗卫生机构的行政、人员、资金、绩效、业务、药械等实行统一管理，按照规定行使管理自主权，在保证乡镇卫生院服务能力的前提下，在编制总量内对人员实行统一管理、使用和调配，鼓励医疗卫生人员到基层医疗卫生机构工作，到乡镇卫生院工作的医疗卫生人员的薪酬待遇不应低于在县级医疗卫生机构中工作的医疗卫生人员。

2018年，贵州省锦屏县由县人民医院牵头联合中医院、妇幼保健院、15个乡镇卫生院和188个村卫生室组建锦屏县医共体，通过两年的建设，实现了医共体管理共同、责任共同、服务共同和利益共同。在人员管理方面，落实用人自主权，县医共体各成员单位现有机构编制集中由县医共体理事会统一管理，县医共体各成员单位经县编制、人社部门原核定的编制和岗位职数不变，实行总额、备案制管理，落实"定岗、定编、不定人"的用人新机制；实行"乡编县用、县聘乡用"的统一编制新制度，编制内人员的招聘经县医管委研究同意，按相关程序由县医共体自主招聘，监事会对招聘过程全程监督，招聘结果报县人社、编制部门备案。此外出台《锦屏县医共体医院全员竞聘上岗实施方案》，按照"按需设岗、竞聘上岗、按岗聘用、合同管理"的原则，核定县医共体医院开放床位数、岗位设置数和人员总量，采取医管委选定院班子，院班子选科室主任，科室主任选团队的择优竞聘机制，实行全员竞聘上岗。

第六节 基层卫生人才队伍建设的国际经验

一 典型做法

2010年，世界卫生组织提出"偏远和农村地区吸引卫生人力的建议"，提出从教育、法规、经济刺激和专业支持等4个方面吸引偏远和农村地区卫生工作者留用的干预措施。

表7—7　偏远和农村地区吸引卫生工作者的措施分类

分类	措施
A 教育	A1 招收农村地区医学生
	A2 在城市以外地区开办医学院校
	A3 学习期间在农村地区实习
	A4 课程设计与农村卫生需求相匹配
	A5 促进专业发展
B 法规	B1 扩大农村卫生工作者业务范围
	B2 培训不同类型工作者
	B3 强制性服务
	B4 对教育成本进行补偿
C 经济激励	C1 适当的经济激励
D 个人和专业支持	D1 更好的居住条件
	D2 安全和支持性的工作环境
	D3 促进城乡卫生工作者之间的互动
	D4 职业发展计划
	D5 发展专业网络
	D6 公众认可措施

（一）教育类措施

招收农村地区学生。采取针对性的录取政策，将具有农村背景的学生纳入各种医学门类下的教育计划，以增加毕业生选择在农村地区实习的可能性。来自不同国家的证据表明，农村背景的医学生毕业后更容易回到农村工作。南非的一项研究表明，农村背景的学生毕业后到农村地区工作的可能性是城市学生的 3 倍。[1] 美国一项长达 20 年的纵向研究发现，仍有 68% 左右的农村背景的毕业生毕业 11—16 年后在农村继续执业。[2] 有研究表明:[3] 从单项措施来看，招收农村医学生与农村工作的关联强度最高。

在城市以外地区开办医学院校。在首都和主要城市之外的地区开办医学院校，学生毕业后去农村地区工作的概率会增加。许多研究表明，与在城市地区的学校相比，位于农村地区的医学院可能会给农村培养出更多的农村医生。

学习期间在农村地区实习。让医学生在农村地区轮转，可能会对农村地区就业产生积极影响，在城市高级医疗卫生机构通常使用最新的技术和诊断工具对医学生进行培训，培训一旦完成，年轻的毕业生失去先进技术和工具，难以有效根据农村特点提供服务。在学校期间在农村地区进行临床实习是学生了解农村地区健康问题和服务条件的有效方式，能够提高医学生应对农村健康问题的能力。

课程设计与农村卫生需求相匹配。在本科和研究生课程中增加农村卫生相关主题内容，增强农村卫生专业人员的能力，提高工作的满意度和保留度，有证据表明以农村为导向的课程给年轻学生提供了在农村实践所需的技能和能力，有助于培养愿意并能够在农村地区工作的从业人员。卫生工作者在城市和农村的执业方式不同，大型教学医院不可能使得卫生工作

---

[1] Frehywot S., Mullan F., Payne P. W., Ross H. (2010), Compulsory service programmes for recruiting health workers in remote and rural areas: do they work? *Bull World Health Organ* 88: 364 – 370.

[2] Wilson N. W., Couper I. D., De Vries E., Reid S., Fish T., et al. (2009), A critical review of interventions to redress the inequitable distribution of healthcare professionals to rural and remote areas. *Rural Remote Health* 9: 1060.

[3] 刘晓云:《农村地区吸引和稳定卫生人员研究的理论框架》,《中国卫生政策研究》2011年第 5 期。

者获得在农村地区执业必需的技能和能力，因此在课程中设置反映农村环境的以全科和初级保健为重点的课程非常必要。

促进专业发展。设计继续教育和职业发展计划，可以满足农村卫生工作者的需求，提高人员留用。有证据表明，这些计划会改善农村工作者的能力，使其感到自己像专业医生队伍的一分子，增强他们留在农村地区的意愿。

（二）法规类措施

扩大农村卫生工作者业务范围。扩大、规范农村和偏远地区实践范围，增加了潜在的工作满意度，从而帮助人才招聘和保留，在农村和偏远地区因为缺乏卫生工作者，执业的卫生工作者可能要经常提供超越正规培训的服务，在卫生工作者绝对短缺的地区，扩大业务范围的卫生工作者可以提供至关重要的卫生服务，如在没有医生的情况下，护士可以提供部分服务。

培训不同类型工作者。对不同类型的卫生工作者进行农村实践相关培训，以增加农村和偏远地区执业的卫生工作者数量，许多国家正在使用不同类型的卫生工作者，如临床官员、卫生助理和其他类型的卫生工作者，以满足偏远和农村地区卫生服务需求。

利用强制性措施。确保在农村和边远地区对强制性服务的需求得到适当的支持和激励以增加卫生工作者的吸引和留用。强制性措施可以被理解为通过行政命令的手段，强制性安排医学毕业生或卫生人员到特定的地区工作一段时间，以解决当地缺少卫生人员的问题。强制性干预措施在世界各地广泛运用。WHO（世界卫生组织）一项研究表明70多个国家曾经或正在采用各种不同形式的强制性手段促使卫生人员到农村工作。[1] 强制性措施可分为有激励机制的强制性措施和无经济激励的强制性措施。

无激励机制的强制性措施。要求医学毕业生或卫生人员无条件地服从国家和政府的分配，到农村服务一段时间。尽管这些措施在全球许多国家实施，但仍有研究认为：这些措施能在较短时间内为缺少卫生人力的地区提供临时的解决方案，然而从长期来说，仍然无法解决问题，因为大多数

---

[1] 刘晓云、窦丽霞：《离散选择模型在卫生人力政策研究中的应用》，《中国卫生政策研究》2011年第8期。

人在服务期满以后都会选择离开农村地区。

带有补偿性的强制安置。包括与教育有关、与职业发展有关的补偿性安置措施。其中，与教育有关的补偿性安置是许多政府向医药卫生专业学生提供奖学金、助学金或其他形式的补贴，以支付教育和培训费用，并作为毕业后在偏远和农村地区执业的条件。这种补偿性的强制安置措施成功安置了大量卫生工作者去偏远和农村地区服务，该项措施与招收农村地区学生结合可能会产生更大的影响。

（三）经济激励

适当的经济激励措施。可持续性的经济激励措施，如津贴补贴、住房补助、免费交通、带薪休假等可以改善农村地区的保留率。有研究表明，工资和津补贴是影响卫生工作者决定留在偏远和农村地区的重要因素。这类措施可以相对快速地实施并取得一定的效果。

（四）个人和专业支持

更好的生活条件。改善卫生工作者及其家人的生活条件，并改善基础设置和服务，如卫生、电力、电信、学校等，这些因素有助于卫生工作者留在农村地区。有证据表明，良好的生活条件有助于提高配偶就业机会，增加儿童接受良好教育的机会。

安全和支持性的工作环境。提供良好和安全的工作环境，包括适当的工作设备和用品，支持性监督和指导，使得职业更具有专业吸引力，增加人才招聘和保留数量。有研究表明，卫生专业人员不愿意接受没有基本用品，如自来水、手套、基本药物、基本设备的工作岗位，因为这种功能失调的工作环境严重限制了正常执业。工作环境改善会占用大量资源，但能够实现长远收益。

促进城乡卫生工作者互动。使用远程医疗为农村地区卫生工作者提供技术支持，有助于偏远和农村地区卫生工作者留用，专家团队定期支援农村同行，提供协助性诊断，提高知识和技能，能够提升农村卫生工作者的能力和工作满意度。

制定职业发展计划。制定和支持农村卫生工作者职业发展计划，并为其提供高级职位。可以不必离开农村就获得更好的发展，是卫生工作者选择是否在偏远和农村地区执业的重要因素，这项干预措施可以改善卫生工作者的士气和职业状况，进而提高工作动力、工作满意度和工作绩效。

　　发展专业网络。农村卫生工作者需要持续不断的专业培训和能力提升，专业隔离可能会产生负面影响，因此需要在农村地区建立专业网络，增加学术活动。比如，建立农村卫生专业协会，可以提高农村卫生工作者的士气和地位，减少农村服务提供者的职业隔离感。

　　公众认可措施。国家和地方可以设立一些奖励或者称号，提高农村卫生工作者的内在动力，进而增强人员留用。管理者、同龄人、公众认可是卫生工作者和其他工作者努力工作的重要推动因素之一。奖项的设置和公众认可能够提高其工作满意度，有助于留用。这种措施经济实惠，也是提高农村卫生工作者认知度的重要途径。关注农村卫生工作者的故事并进行宣传，可能会促使卫生工作者或毕业生在农村地区工作。

　　2017年，WHO（世界卫生组织）对《通过改善保留率增加偏远和农村地区卫生工作者的机会：全球政策建议》进行审查，发现从2010年开始，关于基层卫生人才保留的研究相对较少，尤其是人员招聘。通过审查认为，在过去的10年里，环境发生了重大变化。居住在世界农村和偏远地区的人口数量已下降到全球人口的44.7%（2018年），[1] 但农村地区的卫生工作者短缺率仍是城市地区[2]的两倍多。世界银行的相关数据显示，当前的农村卫生工作者更有生产力，如果能被说服留在农村地区更长一段时间，对提升农村健康水平将会比招聘和多种激励措施有效。[3]

　　在澳大利亚，为保证边远地区全科医生能够稳定工作或生活，政府给予很大力度的支持和补助。其一，澳大利亚药品补贴计划，给予全科医生药品收入优先补贴，医疗照顾制度优先应用于照顾全科医生的收入。通过实施专门的公共卫生服务项目，如为提高农村地区计划免疫接

---

[1] The World Bank Group. Data: rural population (% of total population); 2018 (https://data.worldbank.org/indicator/SP.RUR.TOTL.ZS? end = 2018&start = 2002, accessed 10 January 2019).

[2] ILO. Addressing the global health crisis: universal health protection policies. Social Protection Department. Geneva: International Labour Organization, 2014.

[3] WHO. Fourth Global Forum on Human Resources for Health: Building the health workforce of the future, 13 - 17 November 2017, Dublin, Ireland. Geneva: World Health Organization; 2017.

种率，政府对该类地区的全科医生实行额外经济措施，具体措施是每接种一例疫苗，政府就给予定额数量的奖金，同时，提高农村地区在全科诊所治疗的病人（优待病人和16周岁以下病人）的补助力度。据统计，澳大利亚农村地区和偏远地区的全科医生工资平均比大城市的全科医生高11.5%。[1] 其二，对愿意到农村地区服务的全科医生可获得一次性安置补助和稳定工作津贴。在政府财政预算中，特别划拨了一部分资金实施"全科医生奖励计划"。根据"边远地区分级标准"，[2] 在城市工作的全科医生如果选择到边远农村工作，可以一次性获得安置费用1.5万至12万澳元，并根据服务的年限，每年还可以额外得到0.25万至4.7万澳元的稳定工作津贴。其三，为鼓励住院医师到农村和边远地区接受规范化培训，澳大利亚的住院医师可根据接受培训地点和接受培训时限向政府申请2500—47000澳元不等的工作津贴，且这些安置费和工作津贴都是免税的。

二 人员配备

世界卫生组织（WHO）和世界家庭医生组织曾指出："任何国家的医疗保健系统若不是以接受良好训练的全科医生为基础，注定要付出高昂的代价。"以全科医生为基础的医疗保健体系，则是能够服务于广大民众并体现最大的成本效益的安全高效的卫生服务体系。国际上很多国家的全科医生均作为初级卫生保健的最佳提供者，是卫生健康系统的守门人，类似于我国基层医师的角色定位，2019年OECD国家全科医生配备情况如下：截至2019年年底，葡萄牙、加拿大、智利、澳大利亚、比利时每万人口全科医生配备超过10人，分别为26.4人、13.2人、

---

[1] Cheng T. C., Scott A., Jeon S. H., Kalb G., Humphreys J., Joyce C. What Factors Influence the Earnings of GPs and Medical Specialists in Australia? Evidence from the MABEL Survey. *Health Economics*, 2012, 21 (11): 1300 – 1317.

[2] 边远地区分级标准：按照人口数量，澳大利亚统计部门把各区域划分为4类：特大城市（人口10万及以上）、其他城市（人口1000以上、10万以下）、农村（1000以下）和混合区域，农村地区占澳大利亚面积的95%左右。根据居住地与接受服务距离地的远近，各区域又可以分为大城市（0—0.2平方千米）、内部地区（服务距离0.2—2.4平方千米）、外陆地区（服务距离2.4—5.95平方千米）、边远地区（服务距离5.92—10.53平方千米）、超边远地区（服务距离大于10.53平方千米）。

12.5 人、12.3 人、11.7 人，与 2015 年相比，葡萄牙、智利、西班牙三个国家每万人口全科医生增加较快，分别增加 4.7 人、2.1 人、1.7 人。从全科医生占医师的比重看，除韩国、以色列、希腊等少数国家外，其他 OECD 国家全科医生占医生的比重均超过 10%，大多数国家全科医生占比在 15%—30%，澳大利亚、土耳其、比利时全科医生占比达到 30% 以上，分别为 32.05%、32.51%、36.94%；智利、加拿大、葡萄牙全科医生占比达到 40% 以上，分别为 47.26%、47.49%、49.6%。从全科医生占医师的比重变化看，大多数国家全科医生的比重基本保持稳定，增加或减少的幅度不大。

从 OECD 国家全科医生配备水平及变化看，我国全科医生配备水平低于其他国家，但增速相对较快，每万人口全科医生由 1.37 人增加到 2.9 人，占医师的比重由 6.21% 增加到 10.01%。

表 7—8　　　　　2019 年 OECD 国家全科医生配备情况[①]

国家	每万人口全科医生数			占医生的比重		
	2015 年	2019 年	增量	2015 年	2019 年	增量
韩国	1.3	1.5	0.2	5.75	5.89	0.14
中国	1.37	2.9	1.53	6.21	10.01	3.81
以色列	2.8	3	0.2	8.42	8.78	0.36
美国	3.1	3.1	0	11.87	11.64	-0.23
希腊	3.2	3.5	0.3	5.36	5.6	0.24
匈牙利	—	4.6	—	—	13.16	—
冰岛	5.8	6	0.2	15.29	15.31	0.02
斯洛文尼亚	5.5	6	0.5	19.42	18.45	-0.97
土耳其	5.7	6.3	0.6	31.61	32.51	0.9
瑞典	6.5	6.4	-0.1	15.51	14.75	-0.76
墨西哥	6.4	6.5	0.1	27.62	26.47	-1.15
捷克共和国	—	6.9	—	—	16.95	—

---

① 数据来源于 OECD Statistics。

续表

国家	每万人口全科医生数			占医生的比重		
	2015年	2019年	增量	2015年	2019年	增量
意大利	7.4	7.1	-0.3	19.16	17.54	-1.62
爱沙尼亚	7.2	7.2	0	21.06	20.88	-0.18
德国	7.1	7.2	0.1	17.07	16.35	-0.72
拉脱维亚	7	7.2	0.2	21.81	21.89	0.08
奥地利	7.6	7.6	0	15.02	14.29	-0.73
英国	7.7	7.6	-0.1	27.80	25.97	-1.83
爱尔兰	7.5	8.2	0.7	24.02	24.80	0.78
挪威	8.1	8.6	0.5	18.25	17.26	-0.99
法国	9.1	8.7	-0.4	29.41	27.44	-1.97
荷兰	8.4	8.9	0.5	24.03	23.86	-0.17
立陶宛	9.1	9.1	0	20.93	19.97	-0.96
西班牙	7.5	9.2	1.7	19.45	20.78	1.33
新西兰	8.8	9.8	1	28.85	28.93	0.08
比利时	11.3	11.7	0.4	37.31	36.94	-0.37
澳大利亚	11.6	12.3	0.7	32.96	32.05	-0.91
智利	10.4	12.5	2.1	48.65	47.26	-1.39
加拿大	12.6	13.2	0.6	47.22	47.49	0.27
葡萄牙	21.7	26.4	4.7	47.12	49.60	2.48

第七节 基层卫生人才建设展望

一 稳步扩大基层卫生人才队伍规模

推进健康乡村建设，是乡村振兴战略的重要内容。推进健康乡村建设，离不开一支规模大、素质优、能力强的基层卫生人才队伍作支撑。加大本地卫生人才培养力度，扩大农村订单定向医学生培养、乡村助理全科医生培养、全科医生特设岗位计划等规模，鼓励乡村医生接受业务培训、参加学历教育、考取执业（助理）医师资格，设置培训专项、加强基层卫生人才在岗培训和继续教育。引导城市卫生人才到基层服务，通过人才柔性引进、退休人员返聘、对口帮扶、医务社工、社区动员等多种方式，拓宽基层卫生健康人才来源渠道，吸引城市医院、非公医疗卫生机构人员到基层提供医疗服务、参与家庭医生签约或者定期出诊、巡诊，为城市二级及以上医院在职或退休医师到基层医疗卫生机构多点执业、开办乡村诊所等提供支持条件，多途径提高基层服务能力。

二 坚持系统、综合施策，发挥现有政策集成效应

目前，各地基层卫生人才队伍建设政策和措施已涵盖人才的培养、吸引、使用等各个环节。但由于基层卫生人才存在供给长周期与现实需求迫切的矛盾、人才培养与使用的矛盾、编制空缺与编外用人的矛盾、任务增加与激励不足的矛盾、卫生人才配备不均的矛盾，在此情况下单项政策措施已难以奏效，需要在单项或几项措施的基础上，强化政策集成，充分发挥政策效果叠加作用。

一是围绕人才培养开发机制，集成订单定向、规范化培训、在岗培训等措施，提升基层人才能力。

二是围绕人才评价发现机制，集成职称评审、中高级岗位调整等措施，拓展基层人才职业空间。

三是围绕人才流动配置机制，集成编制核定与周转、空编充分使用、招聘自主、对口支援、柔性引进等措施，加强基层人才配备。

四是围绕人才激励保障机制，集成绩效工资调整、完善基层补贴、一类保障二类运行等措施，提高基层人才激励。

三 强化县域卫生人才一体化配备和管理

长期来看，在"县管乡用"和"乡聘村用"作为过渡的用人机制基础上，基层卫生人才发展尚需要进一步转变目前按"机构""管人"的模式，在特定区域内，按照服务人口和服务需求，统一配备和集聚人才。尤其在县域医共体基础上，进一步完善人才配置的使用机制。

一是在区域范畴上，强化县级机构的带动作用，在卫生人才配备和使用中坚持"县域一体"。

二是在人才配备上，适当打破目前按机构、不同机构按床位或人口等不同要素的配备标准，根据县域服务人口、服务需求，结合服务效率等因素核定人员总量、统一配备各类卫生人才。

三是在组织编制和岗位设置上，打破层级和机构界限，在区域卫生人才总量内统一规划和设置。

四是在薪酬激励上，突破绩效总量管控，在保障服务质量的基础上，强调多劳多得、优绩优酬。

第八章

乡村振兴背景下的乡村教育人才队伍建设

乡村教师队伍是乡村公共服务的重要力量。加强乡村教师队伍建设，既是实施乡村振兴战略的重要内容，也是实施乡村振兴战略的重要保障和支撑。基于乡村教师队伍现状，着眼于现代化国家建设发展需要，实施乡村振兴战略，促进乡村公共服务事业发展，实现城乡公共服务均等化，亟待加强乡村教师队伍建设。

第一节 乡村教师队伍总量与结构分布

一 乡村教师总量

截至2020年，乡村中小学教职工2620804人。在乡村中学教职工864471人中，专任教师774512人。其中，普通高中专任教师69693人、初中专任教师556051人。在乡村小学教职工1756333人中，专任教师1638704人。乡村幼儿园教职工789965人，其中专任教师461450人。①

二 乡村教师素质结构

截至2019年，乡村普通高中专任教师中，具有研究生学历的占9.8%，本科学历的占88.4%，专科学历的占1.8%，高中阶段学历有11人，低于高中学历有1人。乡村初中专任教师中，具有研究生学历的占

---

① 根据中国教育统计年鉴2020年统计数据测算得出。

1.3%，本科学历的占80.3%，专科学历的占18.2%，高中阶段学历的占0.2%，低于高中学历的有21人。小学专任教师中，具有研究生学历的占0.4%，具有本科学历的占49.3%，具有专科学历的占45.1%，具有高中阶段学历的占5.1%，具有高中以下学历的占0.1%。幼儿园专任教师中，具有研究生学历的占0.1%，具有本科学历的占17.5%，具有专科学历的占55.3%，具有高中阶段学历的占23.7%，具有高中以下学历的占3.4%。[1]

三 乡村教师职称结构

截至2019年，乡村普通高中专任教师中，具有正高级职称的占0.2%，具有副高级职称的占20.0%，具有中级职称的占31.5%，具有助理级职称的占26.8%，具有员级职称的占1.7%，未评定职称的占19.8%。乡村初中专任教师中，具有正高级职称的128人，具有副高级职称的占18.0%，具有中级职称的占38.1%，具有助理级职称的占28.1%，具有员级职称的占2.1%，未评定职称的占13.7%。乡村小学专任教师中，具有正高级职称的72人，具有副高级职称的占7.5%，具有中级职称的占42.8%，具有助理级职称的占29.8%，具有员级职称的占4.2%，未评定职称的占15.7%。乡村幼儿园专任教师中，具有正高级职称的26人，具有副高级职称的占1.4%，具有中级职称的占7.1%，具有助理级职称的占10.2%，具有员级职称的占4.4%，未评定职称的占76.9%。[2]

第二节 乡村教师的价值和社会责任

2018年中央一号文件《中共中央 国务院关于实施乡村振兴战略的意见》，从九大方面明确了推进乡村振兴的主要任务。[3] 其中，明确提及

---

[1] 根据中国教育统计年鉴2019年统计数据测算得出。
[2] 根据中国教育统计年鉴2019年统计数据测算得出。
[3] 这九个方面是：提升农业发展质量，培育乡村发展新动能；推进乡村绿色发展，打造人与自然和谐共生发展新格局；繁荣兴盛农村文化，焕发乡风文明新气象；加强农村基层基础工作，构建乡村治理新体系；提高农民民生保障水平，塑造美丽乡村新风貌；打好精准脱贫攻坚战，增强贫困群众获得感；推进体制机制创新，强化乡村振兴制度性供给；汇聚全社会力量，强化乡村振兴人才支撑；开拓投融资渠道，强化乡村振兴投入保障。中共中央 国务院关于实施乡村振兴战略的意见，http://www.gov.cn/zhengce/2018-02/04/content_5263807.htm。

"教师"的有6处。同年9月，中共中央、国务院印发《乡村振兴战略规划（2018—2022年）》，更为具体、清晰地部署了乡村振兴发展的目标和策略。其中，明确涉及"乡村教师"字样的多达30处。尤其在繁荣兴盛农村文化中，强调了乡村教师应在加强道德建设、优秀传统文化传承、乡土文化本土人才挖掘、科普科学文化传播中发挥重要作用；在加强农村基层基础工作中，强调了积极发挥新乡贤作用，以此提升乡村德治水平等。乡村振兴，教育要先行，更要以师资为本。乡村教师在繁荣农村文化、构建乡村治理、提高农村教育质量等方面应自觉担当重要使命和责任。

一　乡村教师是乡村教育现代化建设和改革的推动者

（一）教育现代化是追求教育高水平发展的过程、结果及其普遍化

1965年周恩来总理在《政府工作报告》中提出"把中国建设成为一个具有现代农业、现代工业、现代国防和现代科学技术的社会主义强国"① 的目标。1983年邓小平同志提出"教育要面向现代化，面向世界，面向未来"②，把教育与现代化紧密相连。1993年中共中央、国务院印发的《中国教育改革和发展纲要》明确提出"教育现代化"③ 概念。2010年《国家中长期教育改革和发展规划纲要（2010—2020年）》提出，2020年国家教育发展目标是基本实现教育现代化，基本形成学习型社会，进入人力资源强国行列。④ 2019年我国第一个标题为教育现代化的文件《中国教育现代化2035》明确提出，我国教育现代化的本质和战略目标是发展中国特色世界先进水平的优质教育，使我国教育现代化发展迈出新步伐，进入新阶段。⑤

教育发展和现代化的世界先进水平首先是教育理念、教育治理的高水平、先进性，然后是各级各类教育质量、基础教育的普及、高等教育的大

---

① 周恩来在政府工作报告中指出"四个现代化"，http：//news.cntv.cn/20120104/114549.shtml。
② 翟博：《党的教育方针百年演进及其思想光辉》，《人民教育》2021年第6期。
③ 人民网，http：//www.people.com.cn/item/fttgk/gwy/jkww/3k940703.html。
④ 《国家中长期教育改革和发展规划纲要（2010—2020年）》，http：//www.moe.gov.cn/srcsite/A01/s7048/201007/t20100729_171904.html。
⑤ 中共中央、国务院印发《中国教育现代化2035》，http：//www.gov.cn/2hengce/2019-02123/content_5367987.htm。

众化、人均受教育程度等的高水平和先进水平,是教师队伍建设、教育教学设备设施、学校数量和布局、教育经费比例、人均和生均教育经费指标、课程教学过程和方式等教育条件和资源等的高水平、先进水平。[1]

改革开放以来,我国教育现代化成效显著,但城乡教育依然存在一定差距,农村教育成为教育现代化的短板。因此,优先发展农村教育,以跨越式发展、价值理性追求和精准扶贫举措补齐农村教育短板是农村教育现代化的显著特征和首要目标。

(二) 乡村教育现代化是从传统乡村教育向现代乡村教育的转化过程

"所谓转化,并不是把传统教育抛弃掉,空中楼阁地去构建一个现代教育,而是通过对传统教育的选择、改造、发展和继承来实现的。"[2] 因此,乡村振兴战略中乡村教育现代化的本质和目标,既应符合国家教育现代化的本质和目标,又应遵循乡村的地域、功能和教育发展的特点、规律。

(三) 乡村教师是乡村教育现代化的第一要素

作为教育现代化的推动者,乡村教师是打破城乡境域之间阻隔、拉紧城乡发展的共同纽带,更是筑通现代教育内容与乡村社会有效连接的桥梁。其职责不仅包括让乡村孩子掌握现代科学技术,还在于培育他们成为具有"社会主义核心价值观"和德智体美劳全面发展的人,也应是体魄健康、自强精神、自由思想、知行合一的人,是集中现代化诉求的创新创业精神、人道宽容精神、信息素养等叠加融合的人。而在具体的教育教学中,乡村教师不仅是教书育人的"干将",还是乡村教育活动的"能手"。在日常教育教学活动中,乡村教师引领学生探索深层的思想文化,其传授的知识不仅浇筑着乡村学生的知识体系,还传播着乡土知识,融合着现代与乡土的知识和情怀。

乡村教师是乡村孩子"上好学"的根本保证。教育现代化的根本目的是人的现代化,通过教育实现乡村孩子的现代化,实现从"有学上"到"上好学"的转变。我国先后实现了基本普及九年义务教育和基本扫

---

[1] 郝文武:《乡村振兴战略中农村教育现代化的本质和目标》,《南京师范大学学报》(社会科学版) 2021 年第 4 期。

[2] 葛新斌:《农村教育:现代化的弃儿及其前景》,《教育理论与实践》2003 年第 12 期。

除青壮年文盲的战略目标,解决了乡村儿童"上学难""上学贵"的问题,让乡村孩子"有书读""有学上"的教育起点公平已经实现。但教育城乡之间的差距依然存在,在很大程度上影响了乡村孩子求学的质量。为了进一步解决过程公平,2021年7月,教育部等六部门联合印发《关于推进教育新型基础设施建设构建高质量教育支撑体系的指导意见》,提出建立以信息化为主导,面向教育高质量发展需要,聚焦信息网络、平台体系、数字资源、智慧校园、创新应用、可信安全等方面的新型基础设施体系。通过迭代升级、更新完善和持续推动,建设教育专网和"互联网+教育"大平台,实现长期、全面的发展。教育新基建不仅包括网络、教室等"硬"基础设施环境,还包括资源、应用等"软"基础设施条件,教师就是这一"软"的重要组成部分。乡村孩子和教师均能享受到良好的优质资源。伴随乡村学校办学条件的进一步改善,提高教学质量的重点落在乡村教师的身上,保证乡村孩子"上好学",成为新时代赋予乡村教师义不容辞的责任。

二 乡村教师是打造乡土文化再度丰富的强劲引擎

乡村教师的工作及生活场所都在乡村,并且浸染在乡土文化的氛围中,这在一定程度上说明了乡村教师与本地文化之间的紧密联系和天然的契合性。乡村教师不仅肩负着乡土文化价值探寻的责任,还承担着为乡村寻求振兴发展的使命,昭示着乡村教师应成为推动乡土文化现代化转向的重要力量。

(一)乡村教师是乡村社会的智库、良知

乡村教师应该在乡村振兴战略中扮演重要角色,不仅成为乡村学生的燃灯者,也要成为乡土文化的传承人和创造者。在中国漫长的乡村社会历史上,传统乡村塾师曾经担当乡村文化的代言人、乡村礼教的承担者。中国传统乡村社会中稀有的文化精英,乡村塾师在"舌耕"谋生之余,帮助村民看文字、命名起字、写对联、立契约文书、修纂族谱,发挥自身文化资本优势,积极担当乡村文化代言人的社会角色。[①] 他们不仅熟练掌握乡村礼俗文化的规则和程序,而且乐于以自己的智识积极服务于当地乡

---

① 肖正德:《传统乡村塾师的乡贤角色及当代启示》,《社会科学战线》2020年第11期。

民,积极主持冠、婚、丧、祭"四礼"活动,在乡村社会礼仪文化生活中扮演一定的社会角色。[1] 在20世纪二三十年代的乡村建设运动中,我国许多教育家躬体力行,置身于乡村教育变革体系中。正如陶行知先生指出的那样:"乡村教师怎样才算好?他足迹所到的地方,一年能使学校气象生动,两年能使社会信仰教育,三年能使科学农业著效,四年能使村自治告成,五年能使活的教育普及,十年能使荒山成林、废人生利。这种教师就是改造乡村生活的灵魂。"[2] 可见,乡村教师魅力的无限性,以教师灵魂与乡风文明共振。当前,城镇化进程的快速推进,城市化和市场化给农村传统的价值观带来了巨大冲击,"城市文化的扩张对乡村文化形成了严重的冲击。随着市场化不断深入,农村社会很难建立起与之相吻合的社会市场制度,反而使这种市场意识与农村社会的自我中心主义等思想结合,加之长期受到小农经济的影响,使农民的思想落后,这一现象称为乡村价值空心化"[3]。有文化者大规模离开乡村,乡村教师作为乡村先进生产力和先进文化的代表,理应成为乡村孩子的精神支柱,以培养乡村新型劳动力为己任,为乡村孩子创设舒适的学习环境。在现代化背景下传播现代文明新习惯、新风尚,弘扬社会主义核心价值观,塑造具有国家气质、民族特色、乡土话语体系的乡村变化是实施乡村振兴战略的重要内容。作为乡土文化吐故纳新的生力军,乡村教师承担着文化传递和政治引领的责任,是对乡土文化继承发扬的重要力量。

(二)新生代乡村教师兼具城市化和乡土化特征,具备现代与乡土融合的担当能力

乡村振兴需要现代知识与乡土文化的熔铸。我国乡村教师学历不断提高,为乡村教育现代化打下坚实的文化知识基础。2019年乡村初中新入职专任教师具有本科学历的占80.3%,具有专科学历的占18.2%。乡村小学专任教师具有本科学历的占61.2%,具有专科学历的占34.7%。[4] 随着国家对乡村教师学历要求的不断提高,2020年新入职的90%乡村教师

---

[1] 刘晓东:《"君师治教"与明代塾师的社会角色——兼及中国近世士人职业群体整合的内在障碍》,《社会科学辑刊》2010年第2期。
[2] 陶行知:《陶行知文集》,江苏教育出版社1986年版,第216页。
[3] 金幼芳:《农村空心化背景下的社区建设研究》,《中国乡村发现》2013年第10期。
[4] 根据中国教育统计年鉴2019年统计数据测算得出。

学历已达到本科层次。① 新生代乡村教师在城市接受系统的现代化高等教育，他们具备现代化教师的专业理念、专业知识和专业能力，且具有终身学习、不断进取的教育理念和能力，这些都为乡村教师肩负传播现代知识、教书育人积累核心力量。与此同时，近年来乡村教师最大的来源是村镇，他们的家乡在乡村或距离乡村很近。2016 年，北京师范大学中国民族教育与多元文化研究中心对全国 22 个省份的 5966 名特岗教师的调查发现，特岗教师多为 80 后，女性比例较高（70% 以上），主要来源于农村多子女家庭。② 这些新教师自幼在农村生活的亲身经历，让他们与乡村孩子有共情心理、了解乡村熟人社会的基本特征、了解乡土文化的价值取向。这种兼具现代与传统的天然优势，为乡村教师丰富、传播乡村优秀文化提供了优先资源。

三　乡村教师是乡村治理的引领者

（一）乡村教师是联合乡村政治、经济、社会各种力量的关键力量

在 20 世纪二三十年代的乡村建设运动中，我国许多教育家躬体力行，置身于乡村教育变革体系中，立足于乡土文化独特的问题与现实，进而寻找传统乡村社会与现代文明的接榫之处，作为建设乡村的关键因素就已经凸显。陶行知先生说"乡村学校做改造乡村生活的中心，乡村教师做改造乡村的灵魂"。③ 从历史发展来看，作为知识分子的乡村教师在乡村联合当地的政治、经济、社会各种力量，从而显现出教育的强大功能，乡村教师曾在乡村治理中发挥重要作用。新时代乡村教师投身乡村治理，是将自己推出去与身处周围的社群构成网络，以此更好地为乡村振兴注入文化动能，以社会公认合适的行为引领乡村社群的自治与发展，重构当前乡村治理模式，拓宽治理渠道，推动乡村社会高质量发展。

乡村教师是乡村社会发展转型过程中不可或缺的重要力量。这是因为乡村教师作为知识分子在乡村，其作用不仅仅局限于教育。梁漱溟曾说：

---

① 中国教育科学研究院课题组基于 19 省抽样开展 2020 年新入职特岗教师 5822 名的调查数据发现。

② 姚岩、郑新蓉：《走向文化自觉：新生代乡村教师的离农化困境及其应对》，《中小学管理》2019 年第 2 期。

③ 陶行知：《陶行知文集》，江苏教育出版社 1986 年版，第 64—65 页。

"知识分子下乡以后,才觉得教育不是孤立的,不是可以唱独角戏的,它非联合政治、经济、社会各种力量,否则不易奏效。"① 这种同政治、经济、社会各种力量的联合标示着乡村教师应具备的综合实力,不仅发挥着传道授业解惑的重要作用,还要参与到标示乡村文化气象的移风易俗等事务之中。广大乡村教师工作在教育一线,最了解乡村教育与乡村社会存在的各种问题。乡村教师引导乡村熟人遵守社会蕴含的道德规范,通过乡村孩子的道德教化,以小手拉大手的形式引领乡村道德发展,引导农民向上向善、孝老爱亲、重义守信、勤俭持家。总的来看,上述角色以相通的路线将乡村教师立于乡村发展的新起点之上。乡村教师在推动乡村社会发展的进程中不仅是抓稳定促和谐至关重要的力量,而且能带动乡村内部发展要素的互联互通,把乡村丰富的"人力"转化为强大的"生产力"。如果农村建设不能依靠一个气象宏大、风范高标的知识群体,那么,农村社会就难有风骨和风气,而乡村教师恰好具有这样的属性与使命。

(二)乡村教师是做好乡村意识形态工作的重要主体

乡村教师中的党员是乡村基层组织的重要组成部分,是做好乡村意识形态工作的重要力量。习近平总书记强调要推动乡村文化振兴,加强农村思想道德建设和公共文化建设,以社会主义核心价值观为引领,深入挖掘优秀传统农耕文化蕴含的思想观念、人文精神、道德规范,培育挖掘乡土文化人才,弘扬主旋律和社会正气,培育文明乡风、良好家风、淳朴民风,改善农民精神风貌,提高乡村社会文明程度,焕发乡村文明新气象。在我国中西部的许多乡村,大批有知识的青壮年农民进城务工,留守在乡村的大多是文化水平不高的老年人和妇女,乡村管理者整体知识水平不够高,党员数量也不多,要真正将《中国共产党农村基层组织工作条例》切实贯彻落实,乡村管理者尚存在一定不足。党员乡村教师作为乡村党员中主要的知识分子,代表了社会良知,是农村社会重要的组织力量和社会生产力,其潜在的文化意义、知识价值与经济社会发展效用很大。在乡村,学校是做好乡村意识形态工作的基本阵地,乡村教师尤其是其中的党员则成为做好乡村意识形态工作的思想支柱。乡村教师以社会主义核心价值观为引领,巩固党在农村的思想阵地,加强宣传教育,做好农民群众的

---

① 转引自唐松林《公共性:乡村教师的一个重要属性》,《大学教育科学》2008年第5期。

思想工作，带领群众开展社会主义精神文明活动，宣传党的路线方针和强农惠农富农政策。乡村教师从生活实践中积极挖掘农村传统道德教育资源，采取符合乡村特点、村民接受的方式，通过教育引导村民加强思想道德建设，进行爱国主义、集体主义、社会主义教育，深化新时代中国特色社会主义和实现伟大中国梦的思想，大力弘扬民族精神和时代精神，积极建设好乡村思想文化阵地，强化村民的社会责任意识、规则意识、集体意识、主人翁意识，强化思想道德教化作用，引导农民培养积极进取、向上向善、尊老爱亲、勤俭持家的良好思想品质，传播新时代社会正能量。①

第三节 乡村教师队伍建设面临的挑战

实施乡村振兴战略，应优先发展乡村教育、强化乡村振兴人才支撑，推动乡村经济社会文化的全面振兴。乡村教师是发展更加公平更有质量乡村教育的基础支撑，是乡村振兴的中坚力量。但从整体上看，当前乡村教师还存在疏离乡土、② 教师身份认同不高、③ 教师流失、④ 教师边缘化⑤等问题。综合各类现象分析，实施乡村振兴战略背景下，乡村教师队伍建设面临的主要问题有如下四个方面。

一 乡村教师知识分子的公共性日渐衰微

公共性是指人们之间相互影响相互制约的关系，即社会的关联性，包括人与人、人与社会、人与自然之间的关系。就其最初含义而言，公共性是与个体性、私人性相对的。今天，公共性则更应当理解为对多元的个体

---

① 席梅红：《新中国成立 70 年乡村教师历史价值探析》，《中国教育学刊》2019 年第 6 期。
② 赵鑫、谢小蓉：《从"在乡村从教"到"为乡村而教"：我国乡村教师身份认同研究的进展及走向》，《当代教育与文化》2020 年第 1 期。
③ 周桂：《场域视野下乡村教师身份认同的危机与出路——基于陕西省 WN 市四县的调研反思》，《当代教育科学》2019 年第 8 期。
④ 赵新亮：《提高工资收入能否留住乡村教师——基于五省乡村教师流动意愿的调查》，《教育研究》2019 年第 10 期。
⑤ 黄晓茜、程良宏：《城乡张力间的彷徨：乡村教师身份认同危机及其应对》，《当代教育与文化》2019 年第 4 期。

性、私人性和同一的普遍主义、极权主义的双重超越。① 乡村教师的公共性，其本质是知识分子的公共性，包含专业性与公共性。意味着应该按照自身专业或职业优势对社会和人生中的重大问题作出主动思考与自觉行动。乡村教师之于乡村，不只是一个教书匠的角色，除思考教育教学问题外，还应就当前乡村社会热点问题释明思想，发表评论，表达意见。不仅具有批判现实的意识与担当精神，还应同时具有为公众服务的精神。

（一）乡村教师知识人、文化人的角色日益淡化

在城镇化进程中，乡村社会中大量的强壮、有知识和优秀的劳动力，源源不断地涌向城市，凭借着自己的勤奋积累财富。乡村社会如釜底抽薪，与城市社会相比，其被动、颓败与落后的劣势在进一步扩大。信息时代带来了信息的爆炸，大量信息以前所未有的途径与渠道铺天盖地而来，对本应顺理成章地承担乡村社会中"知识者"角色的乡村教师的地位无疑是一种很大的冲击。甚至在现代化的狂澜下，乡村教师的发展似乎成为一个纯粹的专业性问题，并被卷入一个超越传统经验理解的、与城市教师无差别的专业化模式，乡村教师的责任、权利、义务、意识与行动被局限在与专业性有关的事件上。② 因此，他们自觉或不自觉地弱化了对其生存环境乡村社会这一根基的联系，甚至不得不从"乡村社会的中心"游离出来，追赶现代社会对乡村教师提出的不断提高的专业化目标，与乡村社会、乡村文化日渐疏离。乡村教师的话语并不针对乡村生活，有的乡村教师只是白天工作在乡村，远离乡村社区，并不与乡民生活在一起。自身工作和生存环境之外的现代化语境，在无意中也成了学生远离乡村文化土壤的一种力量。曾经的乡村教师与乡村乡民良好互动的文化传统有所弱化，失去了很多乡土文化人的热情与责任，其思维模式与行为方式被极为丰富的城市文明所同化。

（二）乡村教师"政治精英"的地位日益弱化

无论是在古代注重"乡约"，还是在近代乡村的政治生活中，乡村教师都是以文化精英的角色自觉地参与乡村的政治活动，一直以"政治精

---

① 沈湘平：《论公共性的四个典型层面》，《教学与研究》2007年第4期。
② 唐松林、丁璐：《论乡村教师作为乡村知识分子身份的式微》，《湖南师范大学教育科学学报》2013年第1期。

英"的身份活跃在乡村的舞台之上。现代文明以其独特的优势，逐渐弱化了乡村教师的"政治精英"作用。随着信息化媒介的便捷，丰富的信息可以迅速抵达乡村，乡村教师眼界较为开阔的优势不复存在，其话语权威日渐降低，政治影响力逐渐减小。

乡村教师公共性的衰微是多方面的，更多源于"外在规约"。[1] 波斯纳在《公共知识分子：衰落研究》一书中，把公共知识分子日益衰退的原因归之于知识的过于专业化和职业化，学科之间难于沟通，任何个人仅是本专业的权威，从而导致了自身公共性质的衰退。

就我国而言，城乡二元化使乡村教师与城市教师的专业化水平与生存状态存在差异，这不仅使乡村教师面临追赶城市教师的压力，有时候还会受到一些指责和批评。这在一定程度上影响了乡村教师主体意识和自我选择意识的保持和强化。

从时代变迁的角度看，信息时代下，乡村教师面临的重要挑战是其所赖以存在的社会空间发生了质的变化。一方面，乡村教师更多地依赖机器对知识的生产，另一方面，乡村教师对乡村生活日渐疏离。与此同时，乡村教师管理的科层化、专业化，虽然规范，但也在一定程度上使乡村教师更容易按部就班地执行教育规范与复制城市教师的教学模式，个性化创新动力不足，并强化了乡村教师之间，以及乡村教师与农村社会的双重断裂。

二 制度供给仍有待进一步完善

乡村教师是教师队伍建设的短板，为了缓解这一问题，国家高度重视乡村教师队伍建设，尤其是新时代以来，先后出台专门针对乡村教师队伍建设的政策文件。2012年国务院印发《关于加强农村教师队伍建设的意见》、2015年国务院办公厅印发《乡村教师支持计划（2015—2020年）》、2020年教育部等六部门联合印发《关于加强新时代乡村教师队伍建设的意见》，持续从宏观层面规划部署乡村教师队伍建设。各地相继出台与中央层面相配套的落实计划，形成因地制宜加强乡村教师队伍建设的中观视角和模式。与此同时，为规范、细化具体要求，2016年，教育部印发

---

[1] 张儒辉：《外在规约：乡村教师公共性旁落的根源》，《大学教育科学》2008年第5期。

《送教下乡培训指南》《乡村教师网络研修与校本研修整合培训指南》《乡村教师工作坊研修指南》《乡村教师培训团队置换脱产研修指南》。2017年，教育部制定了《乡村校园长"三段式"培训指南》《乡村校园长"送培进校"诊断式培训指南》《乡村校园长工作坊研修指南》《乡村校园长培训团队研修指南》。可以说，从宏观层面、中观层面、微观层面加强乡村队伍建设，试图通过补最短的板来提高教师队伍整体质量，为缩小城乡教育差距，促进义务教育均衡发展提供有力保障。但从整体上看，乡村教师政策仍有缺失，制度尚存较大改进空间。

（一）政策主体行为和政策执行结果偏离政策目标的现象依然存在

在政策语言中结构合理、提升质量、激发活力是乡村教师队伍建设的目标和追求，但经过多年努力，乡村教师队伍建设虽然成效明显，但如果以城市为参照，性别结构、年龄结构、职称结构都与城市存在一定差别。与此同时，尽管在乡村教师的培养和培训中都试图采用满足乡村教师需求的培训，要求开展"走出去"培训，让更多乡村教师获得前往教育发达地区研修、跟岗学习的机会。但乡村教师工作量偏大，近半数教师跨年级授课，近14%的教师跨三个以上年级授课；上两门学科的教师占27.7%，上3门学科的占12.7%，上3门学科以上的占21.1%。他们不仅承担教学工作，班主任还需照顾学生起居，尤其是寄宿制学校，教师没有时间参加培训。[①] 要求培训、提供培训和没时间培训呈现出政策之间的矛盾。为缓解乡村学校音体美教师不足问题，政策规定在招聘乡村教师时向音体美等短缺型学科教师倾斜，有些乡村学校也因政策倾斜享受到政策红利带来的优质师资，但在具体的教学中，有些音体美教师入校后并没有担任与专业相匹配的学科教学，这违背了政策初衷，最终导致偏离政策目标。

（二）政策不足影响制度整体实施效果

繁荣乡村文化是乡村振兴的重要内容，乡村振兴，乡风文明是保障。这其中涉及农村思想道德、优秀传统文化、农村公共文化、移风易俗等多方面内容，其核心是通过繁荣兴盛农村文化，焕发乡风文明新气象。这其中成年人的教育引导是当前的重要任务，而对乡村孩子的教育引导则是乡

---

① 高慧斌：《乡村教师队伍建设的成效与困难》，《中国教育报》2018年7月10日。

风文明未来的希望，且对孩子的教育引导更能带动家长、家庭。但政策制度建设中对教师责任更多的要求是推进乡村孩子现代化的引领，缺少对乡村教师乡土文化、参与乡村移风易俗的政策供给和支持。笔者调查研究的结果也显示，59.5%的乡村教师因村民需要而帮助过村民，但只有25.9%的乡村教师受邀参加过乡村集体活动。一方面乡村个体需要乡村教师帮助，另一方面乡村治理又将乡村教师摒弃于乡村之外。与此同时，乡村振兴战略中多次提出通过"新乡贤"推动乡村振兴，乡村教师作为曾经的"乡贤"在乡村发展中发挥重要作用，但配套政策供给中并没有提及如何让乡村教师发挥新乡贤的作用。把乡村教师孤立于乡贤之外，不利于有效发挥现存已为数不多的乡村文化人的重要作用。2021年中央一号文中在提升农村基本公共服务水平中提出"开展耕读教育"。2021年8月，教育部印发的《加强和改进涉农高校耕读教育工作方案》要求，"构建耕读教育课程教材体系……建设专兼结合的耕读教育教师队伍"，从教材和队伍建设上强调涉农高校大学生开展耕读教育。对于在乡村接受教育的中小学生来说，耕读教育的重要性更加不容忽视，但在具体的教育教学中，虽然提出加强教材方面的建设，但并没有突出耕读教育本身所强调的实践性。相关政策需要进一步健全完善，才能有效地将乡村耕读教育落到实处。

三 乡村教师素养与乡村振兴战略要求尚存一定差距

自《乡村教师支持计划（2015—2020年）》实施以来，乡村教师队伍整体结构有明显改善，但乡村教师队伍整体素养与实施乡村振兴战略的要求还存在一定的差距。

（一）非在编教师依然存在且数量不容忽视

近年来，为确保乡村教师队伍稳定，各地因地制宜采取措施优先保证乡村学校教师编制，在一定程度上缓解了乡村教师编制不足问题。但多项调查研究发现，乡村学校除正式编制的教师外，还有以县教育局通过正规途径聘任的乡村教师，其人事关系统一由社会保障部门管理。除此之外，还有学校自行聘任的教师，每月除提供固定的工资外，没有任何其他保障。笔者于2018年在对东、中、西部9省65个县、旗的8095名乡村教师的调查发现，由县教育局统一聘任的乡村教师占6.5%，学校自行聘用的乡村教师占 3.5%。同年,华中师范大学课题组在华中西部 6 个省 12 个县 120 余所农村义务教育阶段学校,尤其是农村小规模学校进行实地调查时发现,农村小规模学校民办转公办教师占比达 30.1%,明显高于非小规模学校的 8.9%,农村小规模学校临聘教师占样本总数的 2.5%,远超过非小规模学校的 1.1%。① 临聘教师主要存在工作不稳定、教育教学能力相对偏低等问题,在一定程度上影响了农村教育质量。

(二) 村小和教学点难以获得优秀的师资

对于位置偏僻的村小和教学点而言,不仅工作和生活环境艰苦,而且工资和福利待遇较低,因此难以吸引优秀教师和优秀高校毕业生到那里任教,尽管各地出台了一些面向村小和教学点的师资招聘政策,但村小和教学点仍然难以获得扎根基层、奉献农村的优秀年轻师资。而越是这些地方,越是需要优秀师资。调查研究显示,有的招聘到村小和教学点的高校毕业生因条件艰苦、环境不适应而辞职,有些乡镇初中和乡镇小学因师资短缺"截留"了原本到村小和教学点任教的高校毕业生,也有部分在村小和教学点任教的高校毕业生被"借调"到其他单位工作。② 正如法国学者菲利普·库姆斯所言:"发展中国家农村地区常常像半干旱的教育荒漠一样而没有教育质量可言,不但教师通常都是水平最低的,而且贫困儿童的比例也很高,这些儿童真正需要最好的教师,然而他们却最后得到。"③

(三) 新教师教育自信不足

2006 年以来,国家启动实施农村教师特岗计划,以吸引优秀青年到乡村学校任教,各地在国家政策的带动下,连续招收本省特岗教师,是乡村教师补充的重要力量。截至 2021 年,"特岗计划"实施 16 年来已为中西部地区乡村学校补充特岗教师 103 万人。④ 这些特岗教师在乡村教育教

---

① 曾新、高臻一:《赋权与赋能:乡村振兴背景下农村小规模学校教师队伍建设之路——基于中西部 6 省 12 县〈乡村教师支持计划〉实施情况的调查》,《华中师范大学学报》(人文社会科学版) 2018 年第 1 期。

② 付卫东、范先佐:《〈乡村教师支持计划实施的成效、问题及对策——基于中西部 6 省 12 县(区) 120 余所农村中小学的调查》,《华中师范大学学报》(人文社会科学版) 2018 年第 1 期。

③ [法] 菲利普·库姆斯:《世界教育危机》,人民教育出版社 2001 年版,第 126 页。

④ 教育部:尊师重教暖人心 立德树人铸师魂 加快构建教师队伍建设新格局,http://www.moe.gov.cn/fbh/live/2021/53730/sfcl/202109/t20210908_560535.html。

学中发挥了重要作用。值得关注的是，他们虽然都经过了系统的大学教育，但无论是对学科专业知识的掌握，还是对通识性知识的掌握都明显缺乏自信。2020 年，笔者对 19 省 4478 名新入职特岗教师的调查数据显示，28.9% 的教师认为学科知识不足，29.3% 的教师认为通识性知识欠缺。其不自信的主要原因在于教授多门学科是乡村学校的普遍现象，在教授所学学科的同时，还担任其他学科的教学任务，原本新教师由于经验不足，相对于老教师就缺乏一定的教学自信，这种多学科教学更加剧了新教师的教学不自信。

（四）乡村教师培训效果不显著

从整体上看，近年来，乡村教师参加培训的机会越来越多，但培训内容和培训方式的针对性不强，难以满足村小和教学点教师专业培训需求，无法让教师应用到教学实践中，很多培训课程更为注重理论，实践性明显不足。与此同时，一方面，随着信息化技术的广泛应用，线上培训在教师培训中也发挥重要作用；但另一方面，网络培训要求教师具备一定的信息技术知识，乡村学校和教学点的教师相对年龄较大，且信息化设备比较落后，在培训中时常出现卡顿等问题，影响了参加培训的积极性。加之培训内容、培训技术、技术应用能力、技术设备、工作量较大等引发的工学矛盾较为突出，都在一定程度上影响了乡村教师培训的质量。

四 乡村教师待遇尚不足以吸引优秀人员到乡村学校任教

近年来，乡村教师的地位和待遇有了明显改善。2019 年笔者曾对 9 省 8000 余名乡村教师针对待遇问题开展调查，结果显示，59.1% 的乡村教师享受到生活补贴，西部达到 66.4%、中部为 57.7%、东部为 51.9%，抽样集中连片特困地区乡村教师全部享受生活补贴。48.9% 的乡村教师认为工作环境有了明显改善，25.8% 的乡村教师认为有所改善，且能满足教育教学的需求；62.2% 的乡村教师认为学校安全明显改善，25.7% 的乡村教师认为有所改善，任教安全得到有效保障。但待遇提高的区域差距较为明显，东部乡村教师最高，西部最低。[①] 这与西部乡村教师更需要提高待

---

① 高慧斌：《乡村教师地位待遇有明显改善——一项基于 9 省份 8075 名乡村教师的调查研究》，《中国民族教育》2021 年第 9 期。

遇的现状还有差距。

乡村教师综合待遇水平未能充分反映其教学贡献,工作环境与生活条件相对艰苦,在很大程度上影响了教师的继续留任。乡村学校规模小、结构复杂、学生类型多等客观条件决定了乡村教师工作内容的繁杂性和艰难性。由于学校师资紧缺,乡村教师往往需要承担多学科、跨年级教学工作,有的乡村教师还需要承担对留守儿童心理关爱、寄宿生管理等工作。东北师范大学课题组的调查研究发现,"乡村教师平均每天下班后用于处理工作事务的时长为 2.18 小时。尽管如此,乡村教师的综合待遇水平并不高,与其心理期待仍有差距。从工资收入来看,乡村教师月平均实发工资仅为 3938.02 元,显著低于其期望的工资水平 6250.02 元;有高达 47.08% 的乡村教师表示相对于付出而言,他们对当前的工作待遇比较或非常不满意"。[1]

第四节　乡村教师队伍建设展望

近年来,针对乡村教师队伍建设的一揽子政策有效提高了乡村教师队伍质量,在提高农村教育质量上发挥了不可替代的作用。实施乡村振兴战略,对发展农村教育、发挥乡村教师作用提出更高要求,乡村教师队伍建设需要进一步加强。

一　培育乡村教师情怀,提升乡村教师综合素养

乡村教育和乡村社会建设是当前时代赋予乡村教师的双重使命。这一使命决定了乡村教师在加强专业性的同时,还要提升其公共性。公共性是对个体性、私人性的超越。许纪霖认为,公共知识分子应"从公共立场和公共利益,而非从私人立场、个人利益出发"。[2] 实施乡村振兴战略需要进一步厘清乡村教师在乡村振兴中的角色定位,促进乡村教师提升一般教育使命感和乡村社会使命感。

---

[1] 刘善槐、朱秀红、王爽:《乡村教师队伍稳定机制研究》,《东北师大学报》(哲学社会科学版) 2019 年第 4 期。

[2] 许纪霖:《中国知识分子十论》,复旦大学出版社 2003 年版,第 34 页。

(一) 加强师范生公共情怀教育

我国古代知识分子大多具有浓郁的公共情怀，以自私自利为耻，以能为国家、人民作贡献为荣。北宋张载的《横渠语录》写道："为天地立心，为生民立命，为往圣继绝学，为万世开太平。"这是知识分子勇敢的担当精神和生命理想，体现出知识分子公共情怀的重要性。乡村教师作为乡村的公共知识分子，同样需要公共情怀。师范生是乡村教师的重要来源，加强师范生公共情怀的教育将起到事半功倍的效果。

一是作为未来的乡村教师，地方高校应扩大农村定向师范生培养规模，为热爱乡村教育事业的农村学生回到农村工作创造条件，为乡村建设输送精英人才，让更多有乡土情怀的师范生回到乡村社会工作。

二是各级高等院校尤其是师范院校在师范生的培养过程中应加强这一公共情怀和乡土情怀的教育，在师资、教材、教法等方面深入研究，避免公共情怀教育流于形式，培育师范生爱家乡、爱乡村的情感，使其树立建设家乡、建设农村的理想。

(二) 培养乡村教师公共意识和乡村情怀

作为乡村社会中知识分子的代表，乡村教师理应承担起这样一个社会角色和道德责任。教育使命是乡村教师积极参与乡村振兴的"本"，社会使命则是推动乡村教师投入乡村振兴的"强化剂"，乡村教师的双重使命应协调统一、互相促进。强化乡村教师自我角色认知和责任担当，既需要创设场域环境，又需要加强乡村情怀培养。

第一，要为乡村教师营造公共言说和参与社会的公共领域，在学校、学生与家长、乡村社区中发挥桥梁作用。

第二，培养乡村教师在专业知识的基础上兼具非专业意识，将专业问题与公共问题结合起来，以专业知识解答公共性问题。在强调乡村教师社会使命的同时，切不可弱化乡村教师最根本的教育使命，压缩乡村教师的教育功能，更不可让乡村教师过度卷入一些与乡村教师角色使命无关的事务之中。

第三，培养乡村教师的参与意识，参与乡村生活，利用学校图书馆、教室、运动场等资源为乡村服务。

第四，注重引导乡村教师发挥自治精神，让他们以"知识精英"的身份参与到社会公共事务中去，充分发挥乡村教师在实施乡村振兴战略中的作用，不仅将乡村学校建设成教书育人的场域，更要成为乡村文化传承的中心，成为乡村人精神和心灵的美好家园，让乡村教师既能体会到作为教师的幸福，也能作为受尊重的"乡村知识分子"自觉地投身到乡村振兴的时代浪潮中，促进乡村教师的一般教育使命感和乡村社会使命感的共同提升。

（三）加强地市级师范学校建设

中西部欠发达地区的乡村教师是需要重点加强培养和培训的对象。这些乡村教师大部分来源于本地地市级师范院校。2021年教育部等九部门联合印发的《中西部欠发达地区优秀教师定向培养计划》提出：从2021年起，教育部直属师范大学与地方师范院校采取定向方式，每年为832个脱贫县（原集中连片特困地区县、国家扶贫开发工作重点县）和中西部陆地边境县（以下统称"定向县"）中小学校培养1万名左右的师范生，从源头上改善中西部欠发达地区中小学教师队伍质量，培养造就大批优秀教师。各地可通过优师计划的带动，加强本地地市级师范院校建设，开展不同层级师范认证，不断提高师范教育质量，让真正承担大批本地乡村教师培养的师范院校有能力担当起培养优秀师资的历史使命，并跟进关注这些乡村教师的职后培训，以职前职后一体化的培养培育，促进师范生的终身发展，切实推动乡村教育振兴。

二 进一步完善乡村教师激励制度体系

激励理论是行为科学中处理需要、动机、目标和行为之间相互关系的核心理论，动机是一个过程，包括强度、方向和坚持性三大要素，是个人与环境相互作用的产物。动机具有个体差异性，所以动机的驱动力也有个体性。此外，同一个体不同阶段的动机也存在差异。

根据以亚伯拉罕·马斯洛、赫茨伯格等人为代表的需要激励理论，影响人类行为的需要具有多样性、层次性、潜在性、可变性等特征。作为动物性的人和社会性的人有着不同层次的需要，人与人之间的需要层次也是存在一定差异的，且同一个人在不同阶段也存在不同层次的需要，抑或多种需要的交织。动物性的人对于基本生存需要建立在一定物质基础之上，社会性的人对于社会上人与人交往的需要、责任的需要、自我实现的需要均建立在精神价值基础之上。对于乡村教师的激励不仅要关注物质层面的激励，更需要建立精神层面，促进其成长方面的激励制度。

以弗鲁姆、洛克、亚当斯等人为代表的过程型激励理论，研究人从动机产生到采取行动的心理过程。弗鲁姆认为：组织中个人的激励和功能，不仅要考虑个人的需要，而且要考虑满足需要的途径及组织环境影响，把个人需要与外界条件联系起来。把个人因素与环境因素联系起来，无疑有助于更系统、更全面地理解组织中个人的行为和功能。[①] 这就意味着对乡村教师的激励更应关注组织方面的作用，通过发挥组织作用，更好实现乡村教师群体、乡村教师个人的期望、目标，在这一过程中要遵守公平原则。

以波特—劳勒、豪斯等人为代表的综合激励理论，强调内在和外在两方面的重要意义，是对需要层次理论和过程性激励理论的总结和发展。据此对乡村教师的激励需重点关注：一方面是如何在激励、努力、绩效之间建立适合的关系，针对不同群体、不同区域的乡村教师采取多种多样的激励；另一方面更需关注乡村教师激励导致努力，努力导致绩效，激励的方式多种多样，程度有强有弱，通常情况下，激励、努力、绩效三者是正比例关系。[②]

基于激励理论，实施乡村振兴战略背景下，乡村教师队伍建设应主要包括以下三个方面。

（一）完善乡村教师激励布局，优化三维激励结构

其核心是完善优化包括补偿性激励、保障性激励和发展性激励的制度体系。

一是推进补偿性激励的公平性。补偿性激励就是对服务于相对发展滞后、在其他教师享受较好的工作环境和工资待遇时需要付出更多辛苦的一种真正公平的激励，即让多劳者、付出多者多得。一方面需要将补偿性激励的生活补贴、交通补贴，以及政策所提及的救助等举措进一步细化，形成可操作、可执行、可持续的规章细则；另一方面基于经济发展状况，不断调整补偿性激励水平，尤其针对教学点教师和贫困、边远地区乡村教师，给予更高的补偿性激励，让他们切实享受到政策红利，让补偿性激励

[①] 孙耀君：《西方管理学名著提要》，江苏人民出版社2001年版，第226页。
[②] 高慧斌：《乡村教师激励制度研究》，知识产权出版社2020年版，第37页。

真正起到激励效果。

二是不断提高保障性激励的标准性。保障性激励重点在于保障乡村教师的教学、生活等需要的满足和不断提高。其中教学环境和工作环境的改善是基于乡村学校办学标准而建立，并通过提高标准予以改善。给予乡村教师的专业发展提供更好的机会和条件，可通过设置项目或者与其他高校合作为教师提供更多的培训和学习的机会，提供更多的合作与交流的时间，为教师工作提供更好的硬件方面的资源和条件。在生活需要中，主要是保障教师工资待遇，这就需要切实落实政策规定尤其是落实"不低于公务员工资"的政策要求。在乡村教师住房保障中，地方政府可建立乡村教师住房贷款优惠制度，建立并完善乡村教师周转房标准和乡村教师宿舍标准，尤其对不同情况的乡村教师，应采用不同的单身宿舍标准、家庭宿舍标准，以满足乡村教师住房需求，并随着经济发展和环境变化，适时提高住房标准，为乡村教师创造良好的环境。

三是努力实现发展性激励的一致性。发展性激励主要在于激励主体目标与激励客体需求达成一致，即在组织得到发展的同时，满足个人需要，实现双赢，这有利于实现激励效果。因此，发展性激励需要建立全方位的、满足各类需求的激励体系，如针对职前师范生而言，应加强建立师范院校与乡村学校的联系，组织学生到当地乡村学校参观、学习，与当地教师进行交流；鼓励学生回自己的家乡实习，感受家乡与母校的变化与发展，站在不同于学生时代的视角反观家乡的教育发展状况，加强乡村文明建设教育，使在校期间更好地理解乡村文明，为重建乡村文明打下根基。针对在职教师，尤其是35—49岁教师，应建立专门的激励制度，加强职业成长周期引领，鼓励其成为卓越教师，如选拔这一年龄段的教师强化培训，为其成为卓越教师铺路搭桥。对于能有效满足村民需求和自身有更高需求的教师，建立乡村教师融入乡村振兴的旋转门，在公务员招考录入中给予相应优惠政策，更好地实现职业理想和服务社会。

(二) 丰富激励要素，完善激励要素体系

一是完善实体要素，注重激励举措落地。实体要素中重在乡村教师工作条件、工资待遇和职称改革。从总体上看，乡村教师工作条件伴随乡村学校标准化建设得到有效改善。未来随着办学条件标准的提高，乡村教师的工作条件会不断改善。而基于职称与工资待遇挂钩的特征，应进一步改革乡村教师职称制度，可将乡村教师职称单列、单独评审，缓解乡村教师职称晋升的难度。设立高级教师服务期限制度和相关职责制度，对于未满服务期限而调离乡村学校的，需要重新认定教师职称等级；对于不履行相关职责的，则可撤销职称资格，从而缓解评完职称不作为和调离等问题。

二是基于教师教育强化养成激励的精神要素。在精神要素中，群体精神要素的形成，需要通过对个体精神要素的培养，最终养成集体精神要素。对于教师专业精神、职业道德的教育和培训，在职前教育中，要让学生了解当前乡村教育发展的现状、熟知有关乡村教师和乡村教育的政策举措，唤醒大学生的社会责任感和乡村情怀。在职后培训中，更需加强教师信念、教师职责和教师理想的培训，让乡村教师了解乡村教育的变化、社会发展对乡村的影响、乡村振兴带给乡村教育的益处、社会各界对乡村教师的重视，唤醒乡村教师的信心，以此提升乡村教师幸福感和追求幸福的能力。与此同时，开展有针对性的乡村学校校长培训，一个好校长意味着一所好学校，乡村学校教师成长与校长密不可分，要强化乡村校长职业理想、专业精神、管理能力培训，让乡村学校校长成为具有人格魅力的管理者，成为乡村教师、乡村学校、乡村教育发展的引领者和助推器。

三是协调构建激励的关系要素。在关系要素中，要反映激励制度运行状态，包含关于人员之间、事物之间、人与事物之间关系的各种规定或约定，比如，乡村教师激励的方针政策，以及各种相关的激励规章、制度等，需要保持上下一致，即在国家统一的方针和计划的指导下，制定较为宏观的地方改革的回应学校发展和需要的具体措施。而在乡村教师内部，也应建立起针对不同群体乡村教师的激励措施，在这一过程中，应注重协调性，在合理差距的基础上，有效地实施具体激励措施，实现真正意义上的公平公正。在省际、区域差距上，中央发挥主导作用，平衡差距，加大对中西部投入，加大对贫困、边远地区乡村教师的扶持，以此带动地方，让最边远、最贫困地区的乡村教师享受政策红利的初衷得到有效落实。

（三）适时调整乡村教师激励主体目标，建立服务期限制

一是《乡村教师支持计划（2015—2020年）》在吸引优秀人才到乡

村学校任教中发挥了重要作用，但在服务乡村期限和扎根乡村方面也存在不少争议。由于我国乡村的复杂性，有适合扎根的乡村，也有适合定期服务的乡村。面对不同乡村的结构特征，乡村教师队伍建设需要因势利导，因地制宜。

二是从政策发展来看，"特岗计划"和"公费师范生"政策都设置了必要的服务期限，其中"公费师范生"的服务期限由最初的10年缩短至6年。这种服务期限不仅没有导致乡村教师流失，留任的比例都未受到影响。如特岗教师，截至2018年9月，2015年全国招聘的6.73万名特岗教师中有6.08万人经考核合格自愿留任，留任率为90.2%。特岗教师留任率高主要源于政策及落地效果较好，形成了中央带动地方的合理机制，使得特岗教师待遇不断改善，更有较好的发展性激励予以支持。

三是国内国际的相关经验进一步证明，更好地留下乡村教师可采取建立乡村教师服务期限制度。针对新毕业大学生、交流轮岗教师等不同群体的教师可确立相应的乡村教育服务期限制度，服务期间享受相应的补偿性激励、保障性激励和发展性激励；服务期满后，自愿留任，继续享有各种激励；对于夫妻双方均留任者，可享有额外补偿性激励，对于留任达到一定年限的，则可享有进一步的补偿性激励。

乡村教师激励需要社会大环境，需要各界对乡村教师的认可和关怀，需要媒体对乡村教师的宣传；也需要教育的小环境，需要家庭和家长对乡村教师的理解和信任；还需要乡村教师的不懈努力，赢得社会的尊重。

三 优化乡村教师管理，激活乡村教师活力

推进乡村学校标准化建设，全面改善乡村学校的办学条件，配齐配足日常教学所需的教学设备并做好定期的检修和维护，让乡村青年教师掌握的信息技术和新的教学理念有"用武之地"。

（一）足额配置教师是乡村教师队伍建设的基本目标

为了保证数量供给，各地采取了多元化的方式补充教师，包括公开招聘、特岗计划、定向培养、银龄讲学计划等。其中，招聘入编教师仍是教师补充的主要方式，需要深化教师编制制度改革，尽快实行教师编制单列管理以突破事业编制紧缩的限制，并逐渐完善编制核算标准。

(二) 结构优化是提高教师资源开发效率的有效途径

优化教师队伍结构有两条路径。一是通过教师的新老更替来实现,但是当前教师退出机制尚不健全,退休是教师退出的主要方式。如果农村学龄人口外流的速度快于教师退休的速度,那么教师队伍结构失衡的问题将会变得更加严峻。二是通过教师交流轮岗来实现,但受教师身份属性固化、补偿标准不完善等因素的限制,教师交流遭遇机制梗阻。

为此,教师队伍结构优化应立足于优化存量,尽快深化人事制度改革,彻底打破教师身份固化的限制,使校际轮换成为教师的基本义务。[1]

(三) 持续推进乡村教师职称改革,向村小教师和教学点教师倾斜

职称对乡村教师来说,不仅是养家糊口的基石,更是职业价值的标尺,不仅是物质生活的依托,更是精神层面的慰藉。在进一步的改革中应酌情适度提高乡村各级教师高级职称比例,确保乡村教师高级职称比例不低于城镇教师,缩小城乡差距。与此同时,树立职称是教师专业能力的体现的观念,并非简单的福利待遇,是推动乡村教师高质量发展的助推器,尤其是高级职称,对乡村教师不仅意味着涨工资,更是对工作成绩的肯定,也让他们树立更强的职业自信,更愿意奉献于学生,奉献于乡村教育事业。[2]

(四) 合理确定中小学教师轮岗制度,降低个人到乡村学校任教成本

通过建立良性的流动秩序,不仅能够保证乡村教师队伍的总量稳定,也能有效提高乡村教师教育教学质量。应系统设计相应约束机制,把到乡村学校任教列为教师的一项基本职业义务,以制度化手段实现乡村教师的良性流动。[3]

一是县域内建立明确的全员交流办法,保障交流机制的有序运行。包含合理设置交流周期、科学设计交流范围,降低交流教师的经济成本和精

---

[1] 刘善槐:《新时代乡村教师队伍建设的多维目标与改革方向》,《教育发展研究》2018年第20期。

[2] 高慧斌:《乡村教师职称(职务)评聘制度演变及改革策略》,《当代教育科学》2017年第1期。

[3] 刘善槐、朱秀红、王爽:《乡村教师队伍稳定机制研究》,《东北师大学报》(哲学社会科学版)2019年第4期。

神压力。

二是制定严格的交流监管制度,确保交流工作的执行效果。包含成立专业的监管工作小组、建立完备的交流信息库、建立公示制度和监督制度。

三是制定合理的交流补偿标准,需对教师的交流轮岗损失进行等价或替代性补偿,保证教师在不同学校获得同等程度的岗位体验,才能使其从心底认可交流轮岗这一常规工作机制,形成真正意义上的岗位主体责任意识。

第九章

激励引导人才向基层流动的政策分析

乡村振兴，关键在人。习近平总书记指出："要推动乡村人才振兴，把人力资本开发放在首要位置，强化乡村振兴人才支撑。"① 党中央一直高度重视基层和艰苦边远地区人才队伍建设，出台了一系列政策文件，不断优化完善激励保障机制，有效促进了更多优秀人才扎根乡村地区和基层一线贡献才智、建功立业。然而，目前乡村仍然面临人力资源开发不足、人才供需结构性矛盾突出和人才工作基础薄弱等短板问题。为了更好地支撑和保障乡村振兴战略的实施，仍然需要加强政策研究和优化，更好地激励引导人才向乡村地区流动。

第一节 政策供给总体情况

引导激励人才向乡村地区流动是人才政策的重要组成部分，具有较大体量，涉及部门较多。具体而言，这些政策主要分布在如下几类政策文件中：经济社会发展和行业发展的总体部署与制度安排，如经济社会发展规划、综合政策文件等；各类人才发展政策和人力资源开发政策安排，如党中央、国务院和各部门出台的人才规划和政策文件等；各类涉及基层和乡村人力资源开发的政策安排，如党中央、国务院和各部门出台的就业、社保等方面的政策文件等；以基层人才队伍建设和引导人才向基层流动的政策安排，如乡村人才振兴和农村人才队伍建设、引导人才向基层和艰苦边

---

① 汪晓东、李翔、刘书文：《谱写农业农村改革新的华彩乐章——习近平总书记关于"三农"工作重要论述综述》，《经济日报》2021年9月23日。

远地区流动、大学生服务基层等方面的政策文件等。

考虑到我国政策供给的体制机制特征，也为了更好地研究分析，本章选取了改革开放以来 57 个以引导人才向乡村地区流动为主题的政策文件，进行文本分析，厘清相关政策规模、主体、对象、工具等方面的情况。

一 政策制定时间分布

"十一五"至"十三五"期间，我国引导人才到基层和乡村地区流动的政策供给较为集中（见图9—1）。尤其在"十三五"期间，党中央、国务院多次就引导人才到基层和乡村地区流动作出重要部署。

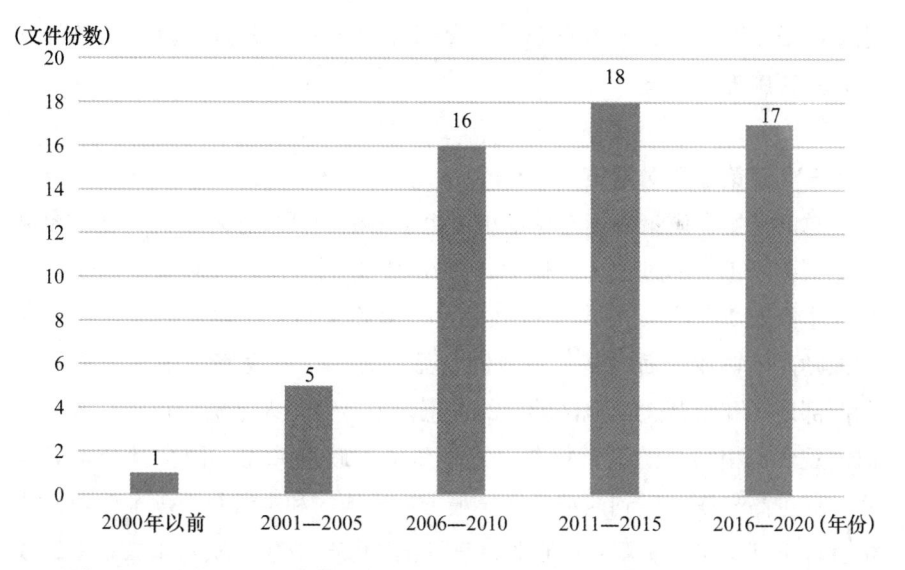

(文件份数)

年份	文件份数
2000年以前	1
2001—2005	5
2006—2010	16
2011—2015	18
2016—2020	17

图9—1 改革开放以来我国引导人才到基层和乡村地区流动政策分布情况

二 政策制定主体结构

从政策供给主体看，随着乡村地区人力资源需求的发展变化，政策供给主体逐步增加，由党委组织部门和政府人力资源和社会保障、教育等部门，拓展到各领域各部门。

党中央、国务院始终是政策供给的主导与核心主体，多次就引导人才到基层一线和艰苦边远地区流动作出重要部署。如 2017 年中共中央办公厅、国务院办公厅印发的《关于进一步引导和鼓励高校毕业生到基层工作的意见》，2019年中共中央办公厅印发的《关于鼓励引导人才向艰苦边远地区和基层一线流动的意见》，2021年中共中央办公厅、国务院办公厅印发的《关于加快推进乡村人才振兴的意见》等文件，明确了党中央、国务院关于乡村地区人才聚集、流动的总体思路和主要举措。

随着政策对象范围逐渐扩大，政策制定部门更为多元。各有关部门根据自身职能定位，陆续出台了引导本部门或领域人才向基层一线和乡村地区流动的激励政策。如2010年国家发改委、卫生部、教育部等部门印发的《关于开展农村订单定向医学生免费培养工作的实施意见》，2012年教育部、中央编办、国家发改委、财政部、人力资源和社会保障部印发的《关于大力推进农村义务教育教师队伍建设的意见》，2017年教育部、国家发改委、财政部、人力资源社会保障部印发的《援藏援疆万名教师支教计划实施方案》等。

三 政策适用对象范围

总的来看，政策作用对象经历了由主要面向高校毕业生到其他对象群体范围不断扩大的过程。具体而言，在21世纪初，政策对象以高校毕业生为主。如2005年，中共中央办公厅、国务院办公厅印发的《关于引导和鼓励高校毕业生面向基层就业的意见》提出，要完善鼓励高校毕业生到西部地区和艰苦边远地区就业的优惠政策。完善人才资源市场配置与政府宏观调控相结合的运行机制，进一步消除政策障碍，健全社会保障体系，促进高校毕业生到西部地区、艰苦边远地区和艰苦行业就业。对到西部县以下基层单位和艰苦边远地区就业的高校毕业生，实行来去自由的政策，户口可留在原籍或根据本人意愿迁往西部地区和艰苦边远地区。上述政策为引导人才向乡村地区流动奠定了良好的制度基础。

随着政策覆盖面拓展，政策适用对象的范围也在不断扩大。尽管高校毕业生仍然是重要的政策激励群体，但激励对象已逐渐涵盖了各部门各领域人才以及正常就职就业、志愿服务、组织委派等各类人员。如2007年，中共中央办公厅、国务院办公厅印发的《关于进一步加强西部地区人才队伍建设的意见》，明确"坚持党政人才、企业经营管理人才和专业技术人才三支队伍一起抓，把稳定和用好现有人才作为首要任务，大力加强基础教育、职业教育和高等教育,加快培养发展特色优势产业需要的应用开发型人才、高技能人才和创新型科技人才,大力培养为建设社会主义新农村服务的实用人才,积极吸引紧缺人才,整体推进人才队伍建设"的总体思路。

四 政策工具体系

通过对 57 份政策文件的解析发现,引导人才向乡村地区流动的政策工具可归纳为七大类,即释放发展机会、提高薪酬待遇、给予表彰奖励、完善社会保障、提供发展资源、减轻发展负担、提高发展能力等。每一类政策工具下又可分为若干细类。

从各类政策工具占比情况看,在 57 份文件中,提供发展资源、释放发展机会、提高薪酬待遇三大类政策工具分列前三,见图 9—2。具体来看,包括"提供发展资源"这一政策工具的文件共有 54 份,占 94.74%;包括"释放发展机会"政策工具的文件共有 52 份,占 91.23%;包括"提高薪酬待遇"政策工具的文件共有 44 份,占 77.19%。此外,涉及"提高发展能力""完善社会保障""给予表彰奖励"和"减轻发展负担"的政策各占 54.39%、52.63%、28.07% 和 26.32%。

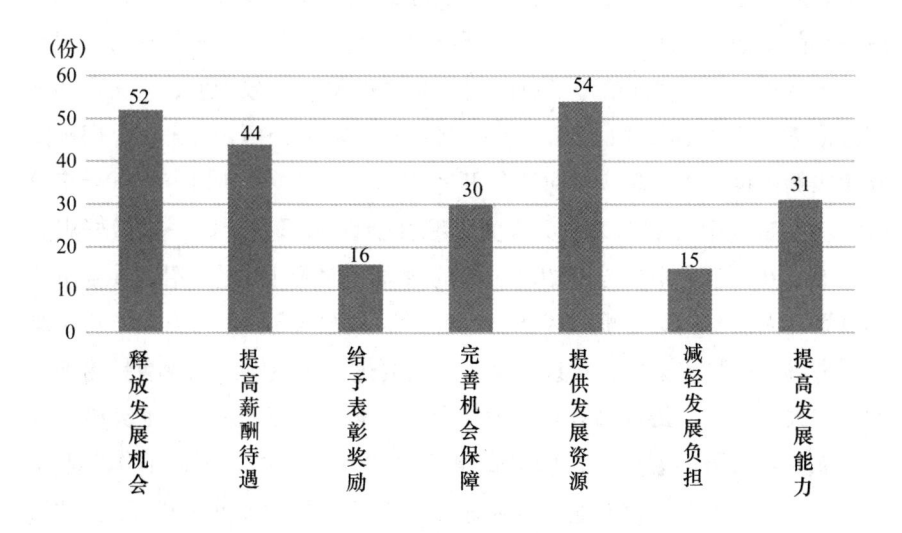

图 9—2 各类政策工具占比分布

第二节　各类政策工具的具体内容

上述七大类政策工具中，不同细类政策工具的使用频率及适用对象均有较大差别。

一　释放发展机会

释放发展机会这一政策工具下主要包括降低职业进入门槛、扩大岗位规模和提供晋升机会等措施。从政策工具数量看，扩大岗位规模这一工具涉及的文件最多，有 24 份，占比 42.11%；提供晋升机会和降低职业进入门槛涉及 17 份和 11 份文件，分别占比 29.82% 和 19.30%。

（一）降低职业进入门槛

从政策内容看，该政策工具主要是指通过放宽准入条件，降低职业进入要求，如降低学历要求、放宽专业要求、放宽年龄范围要求、放宽工作年限和经历限制、降低部分岗位开考比例限制、单独划定合格分数线等，给相关人员提供进入机会，缓解乡村地区招录人才难的困境。如《关于做好艰苦边远地区基层公务员考试录用工作的意见》明确在招录基层公务员时，各地可以根据艰苦边远地区实际情况，单独或者综合采取下列六项措施降低进入门槛：（一）适当降低招考职位学历要求，最低可到高中、中专；（二）放宽招考专业限制，乡镇机关可不限专业；（三）适当调整报考职位年龄条件；（四）不限制工作年限和经历；（五）合理确定开考比例，报考人数较少的可降低开考比例；（六）单独划定笔试合格分数线。再如《中共中央组织部人力资源社会保障部关于进一步做好艰苦边远地区县乡事业单位公开招聘工作的通知》明确规定："招聘县乡事业单位管理人员和初级专业技术人才，年龄可以放宽到 40 周岁以下；招聘中、高级专业技术人才，可以根据工作需要进一步放宽。招聘乡镇事业单位工作人员，学历最低可以到高中、中专（含技工学校），但不突破行业职业准入对学历的要求。招聘乡镇事业单位管理人员，可以不作专业限制；招聘县乡事业单位专业技术人才，可以适当放宽专业要求。"上述政策通过降低部分地区公务员考录、事业单位工作人员招考的限制，达到吸引更多人才流向乡村地区的目的。

（二）扩大岗位规模

在降低职业进入要求的同时，有关文件还提出了扩大岗位规模的倾斜政策，主要包括定向考录、特岗计划、银龄讲学计划、专门招考、定向招生、免费培养医学生师范生等。如在定向招录方面，《中共中央组织部人力资源社会保障部关于进一步做好艰苦边远地区县乡事业单位公开招聘工作的通知》明确规定："可以拿出一定数量岗位面向本县、本市或者周边县市户籍人员（或者生源）招聘，积极探索从优秀村干部中招聘乡镇事业单位工作人员。"再如在免费培养医学生、师范生方面，《医学生免费培养工作实施意见的通知》指出："订单定向培养计划作为定向就业招生计划，纳入普通高等学校年度招生规模。免费医学生主要招收农村生源，优先录取定岗单位所在县生源。对参加高考统一录取的考生，单列志愿、单独划线录取。"又如在扩大特岗计划实施规模方面，《乡村教师支持计划（2015—2020年）》明确要求拓展乡村教师补充渠道，即"鼓励省级人民政府建立统筹规划、统一选拔的乡村教师补充机制，为乡村学校持续输送大批优秀高校毕业生。扩大农村教师特岗计划实施规模，重点支持中西部老少边穷岛等贫困地区补充乡村教师，适时提高特岗教师工资性补助标准。鼓励地方政府和师范院校根据当地乡村教育实际需求加强本土化培养，采取多种方式定向培养'一专多能'的乡村教师"。

（三）提供晋升机会

在提升基层聚集人才的能力方面，有关政策给予基层人才获得更多职业发展的机会。如《关于进一步加强大学生村官工作的意见》明确，加大对优秀大学生村官的选拔力度，注重选拔优秀大学生村官进入乡镇和县（市、区）直部门领导班子。"乡镇和县（市、区）团委、妇联领导班子调整时，要优先考虑选配大学生村官。任满1个聘期、当选并担任村'两委'副职及以上职务、考核优秀、实绩突出、群众公认的大学生村官，可通过公开选拔担任乡科级领导干部，其中特别优秀的，可以破格提拔为乡科级正职领导干部；符合乡镇领导班子换届提名人选条件的，可按程序推荐作为换届提名人选。经选举担任乡镇党政机关领导人员或经公开选拔担任乡科级领导干部的大学生村官，在国家行政编制限额内按照有关规定进行公务员登记。"再如《关于进一步做好艰苦边远地区县乡事业单位公开招聘工作的通知》强调，要拓宽县乡事业单位工作人员职业发展空间，即"积极选派业务骨干到上级单位或者发达地区挂职锻炼、跟班学习，注重选拔优秀乡镇站所负责人进入乡镇领导班子，大力表彰甘于奉献、实绩突出的事业单位工作人员，鼓励他们扎根基层、服务群众"。

二 提高薪酬待遇

提高薪酬待遇这一政策工具下主要包括提高工资水平、提高津补贴水平和加强成果转化激励等措施。从政策工具数量看，提高津补贴水平这一工具涉及的文件最多，有25份，占比43.86%；提高工资水平和加强成果转化激励涉及15份和4份文件，分别占比26.32%和7.02%。

（一）提高工资水平

工资是薪酬待遇中最基本的构成部分，是人才关注的重点，也是激励政策的重点。在上述政策文本中，关于物质激励的很大一部分均有关于工资水平高定的内容。如《国务院关于进一步做好普通高等学校毕业生就业工作的通知》明确："对到艰苦边远地区或国家扶贫开发工作重点县就业的高校毕业生，在机关工作的，试用期工资可直接按试用期满后工资确定，试用期满后级别工资高定1至2档；在事业单位工作的，可提前转正定级，转正定级时薪级工资高定1至2级。"再如《关于进一步引导和鼓励高校毕业生到基层工作的意见》进一步明确了提高基层机关和事业单位工作人员工资待遇的具体方案："对到中西部地区、东北地区或艰苦边远地区、国家扶贫开发工作重点县县以下机关事业单位工作的高校毕业生，新录用为公务员的，试用期工资可直接按试用期满后工资确定，试用期满考核合格后的级别工资，在未列入艰苦边远地区或国家扶贫开发工作重点县的中西部地区和东北地区的高定一档，在三类及以下艰苦边远地区或国家扶贫开发工作重点县的高定两档，在四类及以上艰苦边远地区的高定三档；招聘为事业单位正式工作人员的，可提前转正定级，转正定级时的薪级工资，在未列入艰苦边远地区或国家扶贫开发工作重点县的中西部地区和东北地区的高定一级，在三类及以下艰苦边远地区或国家扶贫开发工作重点县的高定两级，在四类及以上艰苦边远地区的高定三级。"

关于绩效工资部分，也规定了对基层事业单位专业技术人员的倾斜激励政策。如《事业单位工作人员收入分配制度改革实施办法》规定："加大基层专业技术人才激励力度，健全完善收入分配制度。深入推进基层事业单位实施绩效工资工作,建立健全与岗位职责、工作业绩、实际贡献等紧密联系,充分体现人才价值、激发人才活力、鼓励创新创造的分配激励机制。对招聘高层次人才、急需紧缺人才的基层事业单位,在核定绩效工资总量时给予倾斜。"

(二) 提高津补贴水平

津补贴是薪酬待遇的重要组成部分。艰苦边远地区津贴是指对在艰苦边远地区工作的公务员和事业单位工作人员额外劳动消耗和特殊生活费支出的适当补偿,主要体现出不同地区自然环境的差异,根据不同地域的气候、海拔高度及当地物价的因素确定。建立艰苦边远地区津贴制度,有利于发挥工资的补偿和导向作用,鼓励优秀人才到艰苦边远地区工作,并保持艰苦边远地区人才队伍的稳定。目前,关于机关事业单位艰苦边远地区津贴定期调整的制度已初步建立,2018年人力资源社会保障部、财政部联合印发《关于调整艰苦边远地区津贴标准的通知》进一步提升艰苦边远地区津贴,从2017年1月1日起,调整艰苦边远地区津贴一至六类区标准。各类区在职人员津贴标准分别调整为:一类区月人均210元,二类区月人均350元,三类区月人均580元,四类区月人均1050元,五类区月人均1950元,六类区月人均3200元。在各类区平均标准内,不同职务(岗位)人员适当拉开差距。其中,一类区每月185—370元,二类区每月320—585元,三类区每月545—1020元,四类区每月1000—1880元,五类区每月1870—2630元,六类区每月3120—4160元。

与此同时,也设立了乡镇工作补贴和其他补贴,进一步激发乡镇干部积极性。如《事业单位工作人员收入分配制度改革实施办法》强调,要落实艰苦边远地区津贴正常增长机制,实行乡镇工作补贴,对条件艰苦的偏远乡镇和长期在乡镇工作的人员进一步倾斜,保障基层专业技术人才合理工资待遇水平,逐步缩小地区间工资收入差距。再如《关于进一步引导和鼓励高校毕业生到基层工作的意见》明确,落实对乡镇机关事业单位工作人员实行的工作补贴政策,当前补贴水平不低于月人均200元,并向条件艰苦的偏远乡镇和长期在乡镇工作的人员倾斜。落实艰苦边远地区津贴增长机制。又如《中共中央组织部 人力资源社会保障部等九部门关于实施第三轮高校毕业生"三支一扶"计划的通知》明确,"从2016年起,中央财政按照每人2000元标准,给予每名新招募且在岗服务满6个月以上的'三支一扶'人员一次性安家费补贴。鼓励有条件的地方建立年度考核奖励机制，按考核结果等次给予'三支一扶'人员一定奖励。鼓励基层服务单位积极为'三支一扶'人员提供交通、住宿和伙食等方面的便利，提高保障水平。"

（三）加强成果转化激励

成果奖励对人才有重要激励作用，相关政策具体指向创新创业收益相关成果转化受益奖励。如《万名专家服务基层行动计划实施方案》明确，"转化一批应用前景良好的科技成果。围绕基层重点优势产业和战略新兴产业发展需要，鼓励和支持专家利用专业优势领办、联办、协办各类经济实体，培育一批高科技、高成长性、人才集聚效应突出的科技示范企业，促进科技成果转化，推动高新技术产业化"。再如《人力资源社会保障部关于加强基层专业技术人才队伍建设的意见》强调，要加强基层科技成果转化工作网络建设，支持基层专业技术人才转移转化科技成果，落实成果转化收益分配有关规定。

三　给予表彰奖励

表彰奖励是人才激励的重要手段，也是引导人才向乡村流动的重要政策工具。根据政策文本分析结果，目前有 16 份文件涉及给予人才表彰奖励，约占总文本数量的 28.07%。如《关于实施大学生志愿服务西部计划的通知》明确，对服务期为 1 年、服务期满考核合格的大学生志愿者，授予中国青年志愿服务铜奖奖章。服务期为 2 年、服务期满考核合格的，授予中国青年志愿服务银奖奖章，表现优秀的授予中国青年志愿服务金奖奖章，表现特别优秀的推荐参加中国青年五四奖章、中国十大杰出青年、中国十大杰出青年志愿者、国际青少年消除贫困奖等评选。再如《边远贫困地区、边疆民族地区和革命老区人才支持计划实施方案》要求"制定表彰奖励政策，有关地方和部门对业绩突出、基层欢迎的优秀人员，以及落实计划成绩突出的单位，可按照国家有关规定予以表彰奖励，并享受相应政策"。

党的十八大以来，随着功勋荣誉表彰制度的不断完善，给予乡村基层工作人员表彰奖励的政策规定也愈加优化。如《事业单位工作人员奖励规定》明确，长期服务基层，在为民服务、爱岗敬业、担当奉献等方面，表现突出、成绩显著的，可按贡献程度，给予嘉奖、记功、记大功、授予称号等奖励。

四 完善社会保障

完善社会保障这一政策工具下主要包括住房保障、就医保障、家庭保障、休假与交通补贴、基本保险服务、生活补贴、社保补贴等其他各类补贴。其中，涉及给予生活补贴、社保补贴等其他各类补贴的政策文件最多，共有 10 份，约占 17.54%；基本保险服务、住房保障、休假与交通补贴、就医保障、家庭保障分别涉及 6 份、4 份、4 份、3 份、3 份文件，各占 10.53%、7.02%、7.02%、5.26% 和 5.26%。

(一) 住房保障

住房保障主要包括提供安家费和周转宿舍，以为在乡村地区工作的各类人才解决最基本的生活需求。如《关于大力推进农村义务教育教师队伍建设的意见》强调，中央安排基建投资，支持建设农村艰苦边远地区学校教师周转宿舍。鼓励地方政府将符合条件的农村教师住房纳入当地住房保障范围统筹予以解决。再如《中共中央组织部 人力资源社会保障部等九部门关于实施第三轮高校毕业生"三支一扶"计划的通知》明确，从 2016 年起，中央财政按照每人 2000 元标准，给予每名新招募且在岗服务满 6 个月以上的"三支一扶"人员一次性安家费补贴。

(二) 就医保障

在就医保障方面，主要包括给予医疗保健津贴、为其购买补充医疗保险等。如《中共中央关于深化人才发展体制机制改革的意见》强调，要建立健全特殊一线岗位人才医疗保健制度。又如《中共中央组织部 人力资源社会保障部等九部门关于实施第三轮高校毕业生"三支一扶"计划的通知》明确，鼓励有条件的地方为"三支一扶"人员办理补充医疗保险、重大疾病、人身意外伤害等商业保险以及住房公积金。

(三) 家庭保障

家庭保障主要是指解决子女入学和随迁家属就业问题。如《西部地区人才开发十年规划》规定，"转业到西部艰苦边远地区的干部一般应安排与其军队职务级别相当的领导职务，随调配偶和子女优先安排工作和入学，住房予以保障"。再如《以全科医生为重点的基层医疗卫生队伍建设规划》明确,"对于志愿到中西部地区和艰苦边远地区县以下农村基层医疗卫生机构就业并连续服务三年以上的高校医学毕业生,按国家有关规定,根据高校隶属关系实施相应的学费和助学贷款代偿,给予解决县(市)城镇户口,并帮助解决配偶就业和子女就学问题"。

(四)休假与交通补贴

定期休假对保障基层和乡村地区人才的身心健康具有重要意义。而给予探亲路程交通补贴,也在一定程度上减轻了基层人才的负担。如《人力资源社会保障部关于加强基层专业技术人才队伍建设的意见》强调,"建立联系服务基层专业技术人才制度,畅通建言献策渠道,定期开展慰问休假考察等活动。切实改善基层专业技术人才学习培训、医疗保障、居住、子女就学、文化需求等条件,为他们安心基层工作创造良好环境"。又如《共青团中央、教育部、财政部、人事部关于实施大学生志愿服务西部计划的通知》在"大学生志愿服务西部计划2003年实施方案"中指出:"志愿者服务期间国家财政给予必要的生活补贴(含交通补贴、人身意外伤害保险和住院医疗保险)。其中生活补助每月600元/人,每年7200元/人(在西藏服务的,每月800元/人,每年9600元/人),按月发放;交通补贴每年1000元/人(在西藏、新疆服务的,另行确定),按年发放。"

(五)基本保险服务

保险服务主要指为人才提供社保、医保、养老保险等系列基本保险保障。如《中共中央组织部 人力资源社会保障部等九部门关于实施第三轮高校毕业生"三支一扶"计划的通知》明确为每名"三支一扶"人员落实各项社会保险。社会保险的单位缴纳部分由地方财政负担,个人缴纳部分从"三支一扶"人员工作生活补贴中代扣代缴。

(六)生活补贴、社保补贴等其他各类补贴

生活补贴、社保补贴等其他各类补贴也集中体现了对到基层和乡村地区工作的人才的关怀。如《国务院办公厅关于加强普通高等学校毕业生就业工作的通知》明确,围绕基层面向群众的社会管理、公共服务、生产服务、生活服务、救助服务等领域,大力开发适合高校毕业生就业的基层社会管理和公共服务岗位,引导高校毕业生到基层就业。对到农村基层和城市社区从事社会管理和公共服务工作的高校毕业生,符合公益性岗位就业条件并在公益性岗位就业的，按照国家现行促进就业政策的规定，给予社会保险补贴和公益性岗位补贴，所需资金从就业专项资金列支；对到农村基层和城市社区其他社会管理和公共服务岗位就业的，给予薪酬或生活补贴，所需资金按现行渠道解决，同时按规定参加有关社会保险。又如《中共中央组织部 人力资源社会保障部等九部门关于实施第三轮高校毕业生"三支一扶"计划的通知》明确，要为"三支一扶"人员建立工作生活补贴标准动态调整机制。"各级财政要加大投入力度，严格按照当地乡镇机关或事业单位从高校毕业生中新聘用工作人员试用期满后工资收入水平，确定'三支一扶'人员工作生活补贴标准，建立工作生活补贴标准动态调整机制。从 2015 年 9 月 1 日起，中央财政补助标准提高到西部地区每人每年 2.5 万元（其中新疆南疆四地州、西藏自治区每人每年 3.5 万元），中部地区每人每年 1.8 万元，东部地区每人每年 0.8 万元。2016 年中央财政对中西部地区调标进行补发，补发范围为本通知印发时仍在岗的国家计划内'三支一扶'人员。地方各级财政应结合实际给予相应配套资金。在艰苦边远地区服务的'三支一扶'人员可享受艰苦边远地区津补贴。各地要按月足额发放'三支一扶'人员工作生活补贴。"

五 提供发展资源

提供发展资源这一政策工具下主要包括拓展事业发展平台、提供中介服务与公共服务、给予学历教育机会、对用人单位给予支持、提供优先发展机会、优先保障项目机会等六小类政策工具。其中，涉及提供优先发展机会的政策文件共有 21 份，占比 36.84%；涉及给予学历教育机会的政策文件共有 12 份，占比 21.05%；涉及优先保障项目机会的共有 10 份，占比 17.54%。此外，拓展事业发展平台、提供中介服务与公共服务、对用人单位给予支持的分别涉及 3 份、7 份和 1 份，各占比 5.26%、12.28% 和 1.75%。

（一）拓展事业发展平台

拓展发展平台是贫困地区聚集人才的一个重要政策措施。对口支援、搭建交流平台、扶持创业、鼓励专技人才到基层服务、建立培训平台等都体现了发展平台方面的支持，其中不仅有实体机构平台，也有一些以虚拟形式存在的平台。如《西部地区人才开发十年规划》明确，要"切实加大对西部地区农村实用人才队伍建设的支持力度。推进农业科技创新体系建设，建立农业科技创新国家基地和区域性农业科研中心，完善科研投入机制。合理设置县乡农业技术推广机构，搭建农业科技人员到农村创新创业的平台。鼓励大型涉农企业在西部地区建立科技研发中心。加大'星火计划'、农业科技成果转化资金的支持力度。"

（二）提供中介服务与公共服务

《国务院办公厅关于加强普通高等学校毕业生就业工作的通知》明确，"对企业招用非本地户籍的普通高校专科以上毕业生，各地城市应取消落户限制（直辖市按有关规定执行）"。再如《关于组织开展高校毕业生到农村基层从事支教、支农、支医和扶贫工作的通知》强调，"服务期满考核合格的'三支一扶'大学生，根据本人意愿可以回到原籍或到其他地区工作，凡落实了接收单位的，接收单位所在地区应准予落户"。

（三）给予学历教育机会

该项政策指向的是毕业生基层服务期满后的学历学习机会的优先，能满足专技人才继续求学提升等需求。如《关于统筹实施引导高校毕业生到农村基层服务项目工作的通知》明确，各专门项目毕业生到农村基层服务2年以上，服务期满后3年内报考硕士研究生的，初试总分加10分，同等条件下优先录取。再如《关于组织开展高校毕业生到农村基层从事支教、支农、支医和扶贫工作的通知》强调，到西部地区和艰苦边远地区服务2年以上，服务期满后3年内报考硕士研究生的，初试总分加10分，同等条件下优先录取。对于已被录取为研究生的应届高校毕业生参加"三支一扶"项目的，学校应为其保留学籍。

（四）对用人单位予以支持

对用人单位予以支持主要体现在对吸纳就业的企业提供社会保险补贴、资金资助和其他补贴。如《国务院办公厅关于加强普通高等学校毕业生就业工作的通知》明确，"各地在实施支持困难企业稳定员工队伍的工作中，要引导企业不裁员或少裁员，更多地保留高校毕业生技术骨干，对符合条件的困难企业可按规定在2009年内给予6个月以内的社会保险补贴或岗位补贴，由失业保险基金支付；困难企业开展在岗培训的，按规定给予资金补助"。再如《关于进一步引导和鼓励高校毕业生到基层工作的意见》指出，"引导新兴业态与传统行业融合发展，支持发展就业新模式、新形态。综合运用财政、金融等政策,加大对中小微企业支持力度。对小微企业新招用毕业年度高校毕业生,按规定给予社会保险补贴和职业培训补贴"。

(五)提供优先发展机会

提供优先发展机会主要包括在考录公务员时优先录用,在事业单位选聘时优先选用,在干部晋升时优先提拔,在报考研究生时加分或优先录用,在职务晋升或职称评聘时优先晋升或聘为高级职称等。如《国务院办公厅关于加强普通高等学校毕业生就业工作的通知》明确,对具有基层工作经历的高校毕业生,在研究生招录和事业单位选聘时实行优先,在地市级以上党政机关考录公务员时也要进一步扩大招考录用的比例。再如《关于组织开展高校毕业生到农村基层从事支教、支农、支医和扶贫工作的通知》强调,服务期满考核合格的"三支一扶"大学生,报考党政机关公务员的,可以通过适当增加分数以及其他优惠政策,优先录用。到西部地区和艰苦边远地区服务2年以上,服务期满后3年内报考硕士研究生的,初试总分加10分,同等条件下优先录取。对于已被录取为研究生的应届高校毕业生参加"三支一扶"项目的,学校应为其保留学籍。在今后晋升中高级职称时,同等条件下优先评定。

(六)优先保障项目机会

优先保障项目机会主要指为在基层以下和艰苦边远地区的人才优先保障入选人才项目,优先提供出国进修深造、参加学术会议的机会,以及对军人转业优先安置等。如《中华人民共和国退役军人保障法》明确,转业军官、安排工作的军士和义务兵,由机关、群团组织、事业单位和国有企业接收安置。对"长期在艰苦边远地区或者特殊岗位服现役的退役军人"等类型的转业军人,优先安置。再如《中共中央组织部 人力资源社会保障部等五部门关于印发高校毕业生基层成长计划的通知》明确,"对优秀的基层高校毕业生注重选拔使用,在专业技术职务(职称)评聘、人才项目选拔、出国深造、参加进修学习和学术会议等方面予以优先"。

六 减轻发展负担

减轻发展负担这一政策工具下主要包括税收优惠、财政奖补和费用减免等措施。其中,费用减免这一措施涉及的政策文件最多,共有10份,占17.54%。此外，财政奖补和税收优惠措施涉及的政策文件分别有3份和2份，各占5.26%和3.51%。

(一) 税收优惠

税收具有无偿性和强制性的特点。上述政策中关于税费减免等优惠措施，进一步减轻了基层和乡村地区人才和用人单位的发展负担。如中共中央办公厅、国务院办公厅印发《关于进一步加强西部地区人才队伍建设的意见》明确，对西部科技型企业在沿海和东部发达地区建立的技术研发中心，有关省市要予以支持，符合规定的可享受有关进口税收优惠政策。再如《关于统筹实施引导高校毕业生到农村基层服务项目工作的通知》明确，各专门项目服务期满考核合格的毕业生自主择业和自主创业的，享受国办发〔2009〕3号文件规定的各项优惠政策。

(二) 财政奖补

财政奖补政策主要包括给予奖励、补贴以及贷款贴息等。如中共中央办公厅、国务院办公厅印发的《关于进一步加强西部地区人才队伍建设的意见》明确，采取中央财政补贴、东部地区与西部地区职业院校合作办学、联合培养等方式，扩大西部地区中等职业教育规模，到二〇一〇年前后使中等职业教育与普通高中招生规模大致相当；继续扩大东部地区职业院校面向西部地区的招生数量，保持每年二十万人以上的联合招生规模。实施城镇技能再就业计划、能力促创业计划、国家技能资格导航计划、农村劳动者技能就业计划和技能岗位对接行动，提高劳动者的就业能力、职业转换能力和岗位工作能力。

(三) 费用减免

费用减免政策主要包括规费减免、学费代偿和学费补偿等，这是一类较为常用的政策措施，对引导人才到基层和乡村地区具有较为显著的激励作用。如《国务院办公厅关于加强普通高等学校毕业生就业工作的通知》明确，对到中西部地区和艰苦边远地区县以下农村基层单位就业，并履行一定服务期限的高校毕业生，以及应征入伍服义务兵役的高校毕业生，按规定实施相应的学费和助学贷款代偿。

七 提高发展能力

提高发展能力这一政策工具下主要包括支持教育和培训指导、咨询指导和智力帮扶以及挂职交流和实践锻炼等。其中，支持教育和培训指导涉及的政策文件最多，达 14 份，占比 24.56%；挂职交流和实践锻炼以及支持教育和培训指导分别涉及文件 11 份和 6 份，各占比 19.30% 和 10.53%。

(一) 支持教育与培训锻炼

教育是解决贫困问题的治本之策。加强教育与培训指导对于人才后续长足发展非常重要。近年来，各类政策在人才教育培训方面有不少内容。如中共中央办公厅、国务院办公厅印发的《关于进一步加强西部地区人才队伍建设的意见》强调，要"加强企业经营管理人才培训，提高他们的市场开拓能力、竞争能力和现代经营管理水平。针对西部大开发和国有企业改革的热点、难点问题，加强西部地区固有企业经营管理人才的适应性培训和实践锻炼"；"大力推行'一网两工程'模式，以县域职业教育中心为龙头，以乡村初中、小学、农民文化技术学校为基础，组织实施农村劳动力转移培训和农村实用技术培训，形成县域农村实用人才培养培训网络，力争使每个农民掌握一门实用技能"。

(二) 咨询指导和智力帮扶

为艰苦边远地区提供智囊团服务，开展咨询服务、讲学培训、技术指导等，是从根源上解决乡村地区贫穷落后状态的有力手段。如《关于进一步加强西部地区人才队伍建设的意见》指出，要完善领导干部联系专家制度，建立健全专家决策咨询制度，发挥他们的"思想库""智囊团"作用。同时，"采取多种形式，切实为西部地区提供人才和智力支持"。如改进"博士服务团"工作，坚持按需选派，注重团队效益，增强服务效果。启动"高层次专业人才援西工程"，根据国家或地区重大建设项目的需要，由国家有关部门资助，每年从大中城市选派一定数量的高层次专业人员到西部地区支援工作。继续组织院士专家赴西部地区开展咨询服务、讲学培训、技术指导等活动。完善海外留学人员到西部地区服务工作的政策措施，支持海外留学人员到西部地区开展服务。加大"春晖计划"实施力度。继续实施"国外智力西进工程"和"智力援疆工程"。

(三) 挂职交流和实践锻炼

挂职交流、实践锻炼不同于理论学习，具有实践性和直接性，能够弥补理论学习的不足和缺陷。各政策文件在挂职锻炼和实践锻炼的内容上要求比较具体，例如，中组部、人力资源和社会保障部、教育部、财政部、团中央联合印发的《高校毕业生基层成长计划》明确要求：实施岗位锻炼成才计划，搭建高校毕业生基层成长平台。各地及各用人单位要尊重基层高校毕业生的特点和特长，积极搭建工作平台，做到人尽其才，才尽其用，将基层高校毕业生放在重要岗位上压担子、给台阶、多锻炼，支持他们承担重点任务、创新项目、技术攻关等，在艰苦复杂的环境和丰富的基层实践中锻炼成长。建立健全多岗位锻炼制度，对有发展潜力的基层高校毕业生有针对性地进行多岗位锻炼，培养一专多能复合型人才。建立健全交流锻炼制度，进一步畅通交流锻炼渠道，积极选派基层高校毕业生中的业务骨干到上级单位或发达地区挂职锻炼、跟班学习等。

在挂职交流中，有互派干部挂职、有选派优秀人才挂职、有在挂职中提供经费支持和补贴保障等诸多措施方法，促进人才能力的发展和提高。如《关于进一步加强西部地区人才队伍建设的意见》强调，根据西部地区需要，继续做好从中央、国家机关和国有重要骨干企业以及东部地区选派优秀干部到西部地区挂职锻炼工作。以改善市（地）、县（市）两级领导班子结构为重点，大力推进干部交流工作，从中央、国家机关和东部地区有计划、分批次选拔优秀干部特别是优秀局、处级干部到西部地区任职，具备条件的可担任市（地）、县（市）的党政领导正职，任职时间不少于一届。从西部地区选调优秀年轻干部，到东部地区和中央、国家机关挂职锻炼。完善交流到西部地区干部的激励保障机制和住房、工资、退休安置等方面的配套政策，建立回访和谈话制度，加强跟踪管理，鼓励干部到西部地区长期工作。

第三节　政策供给的主要特点

近年来，伴随激励引导人才的基层流动实践探索的不断深入，相关政策内容也更加具体翔实。从政策效果上看，人才激励引导政策不仅产生了良好成效，也形成了比较清晰的发展特征。其主要特征如下。

一　政策供给主体方面

（一）党中央高度重视，顶层设计不断强化

"实施引导人才向农村基层和艰苦边远地区流动政策"是《国家中长

期人才发展规划纲要（2010—2020）》中的一项重大政策，对各项具体引导政策进行了系统设计。党中央、国务院多次就引导人才到基层一线和艰苦边远地区流动作出重要部署。如 2017 年中共中央办公厅、国务院办公厅印发《关于进一步引导和鼓励高校毕业生到基层工作的意见》明确："鼓励高校毕业生充分利用闲暇时间，通过互联网远程技术为基层和艰苦边远地区提供公益性志愿服务或兼职工作，以多种形式为基层发展贡献才智。"2019 年，中共中央办公厅印发的《关于鼓励引导人才向艰苦边远地区和基层一线流动的意见》对正面激励引导人才合理流动，积极促进各类人才到艰苦边远地区和基层一线干事创业具有重要的指导意义。2021年中共中央办公厅、国务院办公厅印发的《关于加快推进乡村人才振兴的意见》，多次强调要激励人才到艰苦边远和基层一线。如提出"国家建立医疗卫生人员定期到基层和艰苦边远地区从事医疗卫生工作制度"，并提出多类举措促进人才合理流动，助力乡村人才振兴。

（二）政策主体协同机制不断完善，政策统合性仍需进一步提升

除党中央、国务院统领全局外，组织部、共青团、人力资源社会保障、财政、金融、教育、科技、文化、卫生等众多部委均已经独立或联合发文出台了一系列相关政策。从管理权限和职能配置上看，各部门和各行业根据需要设计激励引导政策，相关部门根据职能分工提供必要支持。组织部门牵头抓总，人力资源社会保障部门在综合管理方面发挥重要作用。多部门联合发文进一步强化了政策的统合性，提升了政策执行过程中的可落实程度，降低了沟通与协调成本。

虽然各部门之间在政策制定时已尽可能地沟通意见，但涉及政策内容的协同性仍有待加强。如编制管理与卫生、教育等行业管理的相关政策融合度还不够等。因此，从政策实质内容上看，各部门之间的统合性还有待进一步增强。

二　政策适用对象方面

（一）针对个人的政策措施侧重系统集成

激励政策的引导对象涉及多个人才群体，包括公务员及党政干部、高层次专业技术人员、高校毕业生等。目前，针对人才个体的政策措施，主要包括职业发展、工资福利、社会保障和公共服务等。具体而言，职业发

展方面，主要包括优先录（聘）用和晋职晋级、提供培训和职业发展指导等。工资福利方面，主要包括提升工资水平、提供津补贴和期权、学费代偿等。社会保障和公共服务方面，主要包括健全养老保险、医疗保险、工伤保险等，以及提供其他公共服务。

（二）针对单位的政策措施供给指向组织发展

目前，针对用人单位的激励政策指向组织发展，主要包括提供优先安排资金支持、贷款担保与贴息、提供就业与工作岗位（编制）等。如《国务院关于进一步做好普通高等学校毕业生就业工作的通知》《国务院办公厅关于做好2014年全国普通高等学校毕业生就业创业工作的通知》《关于加强地方县级和城乡基层宣传文化队伍建设的若干意见》等文件，均提到了面向单位的激励举措。与人才的激励政策相比，激励用人单位的政策规模和力度均不大，具体激励措施主要集中在发展资源支持方面。

三　政策供给内容方面

（一）政策覆盖范围较广，但精细度有待增强

从制度类型角度看，目前引导人才到乡村地区流动的制度主要包括基本人事管理制度、组织委派制度、志愿服务制度、政府购买服务制度、政府支持自主择业制度等。其中，基本人事制度主要包括地区津贴制度和职务职级并行制度；组织委派制度主要包括对口支援、选派干部到西部地区、老工业基地和革命老区挂职锻炼以及万名专家服务基层等；志愿服务制度主要包括"选聘高校毕业生到村任职工作"、"三支一扶"计划、"大学生志愿服务西部计划"等；政府购买服务制度主要是指向为高校毕业生提供社会服务岗位；政府支持自主择业制度主要是指高校毕业生及其他人才群体到基层创业或到中小企业就业政策等。

尽管从政策广度看，现有政策体系已较为全面地涵盖了多类激励政策类型，覆盖范围较为广泛。但从政策精细度层面看，中央层面出台的人才流动相关政策，更多的是从大方向上整体把握，确立目标，制定原则，现有政策内容仍需进一步明确细化。如《人力资源社会保障部关于加强基层专业技术人才队伍建设的意见》中提到"对招聘高层次人才、急需紧缺人才的基层事业单位，在核定绩效工资总量时给予倾斜"。以上政策描述的"给予倾斜"在多篇政策文件中均有出现，但在哪些具体方面要倾

斜、倾斜力度如何、倾斜方式如何都需进一步细化。再如《关于加强地方县级和城乡基层宣传文化队伍建设的若干意见》中明确，"要切实保障乡镇、社区宣传文化工作人员的相应待遇，充分调动和发挥他们的工作积极性"，但"相应待遇"的具体内涵、标准、渠道等问题均需要进一步落实。又如《关于建立全科医生制度的指导意见》中提到："严格执行城市医院医生在晋升主治医师或副主任医师职称前到基层累计服务1年的规定，卫生部门要做好组织、管理和考核工作。"在其他文件中也提到了类似规定，如何保障和落实上述规定的具体规范仍需进一步强化政策和制度供应，如医生的具体范围、服务时间如何累计等。

（二）政策时效性较强，但科学性有待提升

随着社会发展水平提高，对于乡村地区人才的物质激励需要不断发展，尤其是生活补助和津贴、期权和奖励等，必须充分考虑到乡村地区工作人才的收入水平，全面体现市场补偿机制。一直以来，艰苦边远地区津贴制度是引导人才特别是体制内人才向艰苦地区流动的重要手段，为更好激励人才到乡村地区工作，我国艰苦边远地区津贴多次提高，在一定程度上体现了政策时效性。

但部分政策也存在科学性不足、缺乏与时代需求接轨的问题。例如，关于降低门槛与基本公共服务的保障需求，有的地方反映，降门槛之后人员的素质不够，不能有效胜任工作。再如，卫生系统规定的职称晋升前基层累计服务1年的规定，在实际工作中由于各地情况差距悬殊，基层医疗机构和上级医疗机构岗位设置也有很大差异，导致具体落实较难。

（三）政策工具较为丰富，适用性有待提高

从现有政策工具分布情况看，提高津补贴水平、扩大岗位规模、提供优先发展机会、提供晋升机会、给予表彰奖励受到重视，促进职业发展成为重要激励手段。比如，报考公务员和事业单位工作人员优先录（聘）用、同等条件下具有基层服务经历的人员优先晋职晋级、为需要进行二次职业选择的基层服务人员提供培训指导等。

但与此同时，政策工具之间的耦合性相对不足，即通过工具搭建相对完备顺畅的政策生态系统的工作还有待加强。比如，在人才供应层面，比较重视用人单位当前和近期的人才需求，但对一个地区、行业长远的人才需求预测性不足，与此相应的人才动态调整机制偏弱。再如，现行政策比较重视人才进入时期的资源配置，招聘与配置措施相对具体明确，保证了政策生态链构建的"生态源头"，但对人力资本保值增值的重视不够，具体表现在两个方面：比较重视培训，但培训的精准度不高；对通过岗位流转在使用中提升素质能力缺乏有效措施，基层人才的城乡环流机制不够健全有效。

第十章

先发国家乡村人力资源开发的典型经验及其启示

不同国家和地区的乡村人力资源开发具有一定的共性特征，因此，其他国家和地区的成功经验对促进我国乡村人力资源开发具有参考价值。本章旨在分析美国、德国、日本、韩国的典型实践，总结提出对我国更好开发乡村人力资源的借鉴启示。

第一节 美国

美国作为世界上典型的现代化农业大国，农业科学技术水平高，机械化程度高，用仅占世界 0.3% 的劳动力，生产了占世界总量 11% 的粮食，每年出口全球的粮食在国际市场上占 10%，是世界上最大的农产品出口国。[①] 在美国农业发展的历史进程中，也曾因为城市化进程的不断推进，出现了大量的农村人力资源的外流、城乡差距不断扩大，产生严重社会问题、阻碍自身农业发展等现象，与我国目前所面对的农村人口空心化现状有一定的类似。由此可知，在乡村振兴的过程中，人力资源的开发不可或缺，在农业科技的发展过程中具有重大作用。

美国乡村振兴的推进经历了一个漫长过程，针对农业人力资源培养的法案，自 19 世纪的《莫里尔法》开始，随后针对农村人力资源的法案不断推陈出新，为美国乡村人力资源的开发提供了法律保障，并通过不断的

[①] 《全球十大粮食出口国排名 中国第三，占全球市场份额不到美国一半》，搜狐网，https://www.sohu.com/a/271460069_312246，2018 年 10 月 26 日。

财政补助和基础设施建设，逐步改善乡村面貌，为吸引人才回流提供了良好的外部环境，从而为美国的乡村振兴打下了坚实的人才基础。除此之外，美国还设置了专门的乡村振兴管理机构，为保障政策法案的顺利实施提供了强有力的组织保障。

本节根据美国出台的政策法案和现有文献为基础，总结介绍美国在乡村振兴人力资源发展上积累的经验。

一 稳定的立法保障

美国在推进乡村人力资源开发的过程中，颁布了许多法案，这些法案最早可以追溯到19世纪。

1862年美国出台的《莫里尔法》，被认为是美国联邦政府对高等教育进行的第一次大规模干预。该法案对农村职业教育给予了一定的支持，规定按各州的国会众议院人数的多少分配给各州国有土地，各州应当将这类土地的出售或投资所得收入，在5年内建立至少一所"讲授与农业和机械工业有关的知识"的学院。后来这类学院被称为"农工学院"或"赠地学院"。当时把联邦拨地用于独立设置农工学院的就有28个州，宾夕法尼亚等州是把拨地转给原有的农业学校，有的州是在州立大学增添农工学院。农工学院的发展为美国职业技术，尤其是农工业职业技术的发展培养了不少人才。从法律层面为乡村人力资源开发给予了保障。

其后，1887年和1914年分别颁布了《哈奇法》和《史密斯—利费法》，建立了以"讲授与农业和机械有关知识为主的农工学院或赠地学院"，保证了每个州都有自己的研究机构和农业技术合作推广站。

1917年的《史密斯—休斯法》和1936年联邦政府出台《农村电气化法》，标志着美国乡村发展政策体系正式开启。

1946年《乔治—里德法》等法案的颁布，1963年的《职业教育法》，结合1962年的《人力开发和培训法》和1964年的《经济机会法》，美国建立起一个相当完整而庞大的包括了农业教育、研究与推广的农民教育科教体系。早期美国关于农村人力资源的立法包括针对基础教育、职业教育和继续教育的立法，并将教育科研与理论实践相结合，加强农业推广体系建设，完善的立法为美国农村人力资源的开发提供了立法保障。

20世纪六七十年代，美国城市化迅速推进、大量乡村人口外流，造成城乡结构失衡，全面支持农村发展的政策应然而出。1972年美国出台《农村发展法》，提出在全国范围内开展农村发展计划，提高农村基础设施水平，吸引农村流出人才回流。

1980年美国又出台了《农村政策发展法》，侧重于农村社区建设，增强农村的人才吸引力，保障农村人力资源的供给。

1990年美国《农场法》单列"农村发展"一章，对农业部农村发展政策及执行载体进行整合，成立了农村发展局，农村发展政策的地位不断提升。该项立法针对农村人才培养、基础设施建设、技术与管理的推广发展等方面进行了详细的规定。在此基础上经过不断的修订，形成了美国当前农业农村政策框架的基础，之后的农业法案基本延续了该法案的内容。

进入20世纪，美国以大约五年为一个周期更新农业法案，通过采取多种政策措施，不仅使乡村人力资源得以开发，而且不断推进本国农业的发展。2014年，美国国会众议院通过《2014年食物、农场及就业法案》，该法案进一步提升了针对农业发展的政策扶持力度，针对农村相对较薄弱的人力资源，增加了教育培训、技术推广等方面的预算，进一步完善了农业保险制度，由国家支持农业保险来支持农业发展，有利于保障农产品市场的稳定，有效降低市场风险所带来的冲击，确保了生产者经营与收益稳定。

2018年，美国农业部起草《2018农业提升法案》，随着总统特朗普的签字正式生效，这份法案成为决定未来五年美国关于农业政策走向的重要法律文案，其中包含诸多发展农村人力资源的措施，如鼓励和引导年轻人进入农业；优先考虑教育，培训和人力资本开发方面的投资，以确保劳动力能够满足日益增长的粮食和农业科学需求；进一步完善农村生活环境，投资基础设施，吸引人才回流。

二 强大的财政支持

美国作为世界上的农业强国，农业机械化和科技水平国际领先，不仅是世界上最大的农产品生产国家，也是世界上最大的农产品输出国家。美国农业如此发达不仅是因为重视农业发展，而且与重视农业人才的培养密不可分。美国是全球教育最发达的国家之一，美国政府为了推动农业教育,自 1955 年以来,每年的经费约以 8% 的速度递增,并且针对教育和人力资源培养的财政投入有相当完善的制度保障,这与美国教育投入的特点密不可分,即美国联邦或州政府的教育资助计划按照立法的形式形成国家或者州法令,关于教育投入的法令根据社会发展和人才培养的现实需要不断推陈出新,有效地促进了美国教育事业的发展。

2000—2017 年,美国针对教育的投入在国内生产总值中的比重稳定在 7% 以上,自 2000 年开始,直到 2009 年教育占比一直处于上升状态,最高的 2009 年教育占比为 7.6%,之后教育占比回落。从具体金额来看,美国针对教育经费的投入一直处于增加状态,体现了美国对教育的重视,这无疑对农村人才开发起到一定支持作用。

表 10—1　　　　2000—2017 年美国教育经费投入情况

年份	GDP（十亿美元）	学年	教育经费 所有教育机构 金额（百万美元）	GDP 占比
2000	10252.3	2000–01	705017	6.9
2001	10581.8	2001–02	752780	7.1
2002	10936.4	2002–03	795691	7.3
2003	11458.2	2003–04	830293	7.2
2004	12213.7	2004–05	875988	7.2
2005	13036.6	2005–06	925249	7.1
2006	13814.6	2006–07	984048	7.1
2007	14451.9	2007–08	1054901	7.3
2008	14712.8	2008–09	1089683	7.4
2009	14448.9	2009–10	1100897	7.6
2010	14992.1	2010–11	1124352	7.5
2011	15542.6	2011–12	1136876	7.3
2012	16197.0	2012–13	1153874	7.1
2013	16784.9	2013–14	1192886	7.1

续表

年份	GDP（十亿美元）	学年	教育经费 所有教育机构 金额（百万美元）	GDP 占比
2014	17521.7	2014–15	1241626	7.1
2015	18219.3	2015–16	1296307	7.1
2016	18707.2	2016–17	1343000	7.2
2017	19485.4	2017–18	1397000	7.2

资料来源：https://nces.ed.gov/pubs2020/2020009.pdf。

三 设置专门机构助力

美国农业部促进农村发展主要有三个机构，通过这三个机构来落实农村发展，为农村居民提供保障。更为重要的是，为人才来乡村就业提供了保障。

（一）农村住房服务局

美国农业部的农村住房服务局设置一系列建设或改善农村地区的住房和基本社区设施的项目。该部门为单户和多户住房、托儿中心、消防局和警察局、医院、图书馆、养老院、学校、急救车辆和设备、农场工人住房等提供贷款、赠款和贷款担保，切实保障和满足农民的住房需求。农村住房服务局面向美国农民的实践确定了三大计划，分别为独户住房贷款计划、多户住房贷款计划和社区设施贷款计划。其中，独户住房贷款项目，为低收入群体提供住房贷款，并帮助其建造和修缮工作。多户住房贷款项目针对低收入的租房者设立，为其提供租金补助和融资支持，确保低收入群体获得可负担的低价出租屋。社区设施贷款项目则是针对人数较少的社区，提供卫生、安全和教育等设施。

（二）农村公用事业局

美国农业部的农村公用事业服务局为农村社区提供急需的基础设施或基础设施改进。这些服务包括水和废物处理、电力和电信服务。所有这些服务都有助于创造经济机会，提高农村居民的生活质量。农村基础设施的不断完善，有利于人才的回流，为农村发展提供充足的人力资源供给。农村公用事业局所资助的三大项目为电力计划、电信计划和水资源与环境计划。其中，电力项目为美国农村电力基础设施的维护、扩建、升级和现代化提供资金，并向各合作社、公司和地区等提供贷款。电信计划通过为农村电信基础设施的部署提供资金，并确保农村地区能够享受价格相对低廉并可靠的电信服务，提高了美国农村地区的生活质量。通过这一途径，美国农村地区将获得更好的教育机会、医疗保健、安全保障和更高的就业率。水资源与环境项目则是为保障农村地区的饮用水、下水道工程、雨水排放设施等提供贷款。

（三）农村商业合作服务局

美国农业部的农村商业合作服务局提供帮助企业发展的项目，为乡村地区提供工商贷款和技术支持，以及为生活在农村地区的人们提供就业培训，创造就业机会，改善经济和环境条件。农村商业合作服务局对农村开展职业教育、培训和就业技能学习，并且会提供就业贷款，帮助农村地区的人们创业和发展企业，或在农业市场和生产经营中找到工作。商业计划提供财政支持和技术援助，以刺激农村商业创造和增长，通过与公共和私人社区组织和金融机构的合作，为农村企业提供财政援助和技术援助。这些计划有助于提供资金、设备、空间、职业培训和创业技能，帮助创业或发展企业。合作社计划在美国农村计划中的地位十分重要，为美国的各个农村地区带来各种商业化服务。能源计划由《2014年农业法》授权，旨在提供可再生能源、提高能源效率和为可再生系统提供资金。

通过建立专门机构有效地维护了农村发展的成果，并强有力地促进了当地的基础设施建设，缩小了城乡差距，为农村地区的人力资源提供了良好的生活条件，以及为人才的回流创造了良好的条件。

四 信息化建设的技术支持

美国自19世纪开始城市化至今，已经完成了农业社会向信息化社会的转变。信息化发展水平的提高，更有利于乡村人力资源的发展，完善了农村的基础设施，有效提供了人力资源开发所需的环境，为农村地区留住人才创造了条件。这对我国目前农村地区面临人口空心化的现状，如何吸引人才走进乡村提供了经验借鉴。美国于20世纪50年代开始涉农信息资源的开发，并以此为突破口，通过提升信息化水平来推动农村地区的发展。随后，开始逐步推广农业科技，促进了全国范围内农业技术水平的提高。20世纪60年代信息技术进一步发展，提高了美国农村地区农业信息化的水平。1996年美国颁布《电信法》，授权成立联邦通信委员会作为监管单位，为美国的乡村发展计划带来了通信化的有利条件，这是美国促进农村信息化的开端。随后经过一系列的法案，进一步推动了美国农村的信息化基础建设。2002年美国农场法案通过并制定了"美国农业部农村发展宽带计划"，2008年联邦通信委员会提出新的农村信息化战略报告，2009年国会拨款72亿美元，确保农村宽带建设政策方针的贯彻落实，至2011年美国农村地区的信息化建设已经取得显著成果。信息化成为缩小城乡差距的重要手段。

在美国农业发展项目中，由农村公用事业局下属的电信计划进行农村地区信息化的工作，为农村的信息基础建设提供各种贷款和增款，扩大农村信息化的覆盖范围，还会对农村电信公司和农村服务商提供资金、设置补助金，以便投资需求高的地区。

到目前为止，美国拥有发达的乡村信息化基础设施，2017年全美农场中，70%以上都已接通互联网，并顺应农业科技科研推广的要求，建立了乡村信息资源数据库。美国依托农村信息化的条件，形成了多元化的农业信息服务体系，将市场化引入农业领域，构建了商业化的农村大数据服务模式。这为人才流入乡村，缩小城乡差距提供了技术支持。

五 新职业农民培养

美国是一个高度法制化的国家，为满足农业人力资源开发的要求，制定了一系列法案。其中，引导农民接受职业教育，培养职业农民的目标是一系列教育法案中的重要内容。

1862年的《莫里尔赠地学院法案》和1890年第2个《莫里尔法案》，形成了政府补贴农业学院的财政制度，确保了农业教育的长期稳定发展，有效地保障了农业发展所需的人力资源，这是针对农业人力资源立法的开端。

随后，1887年的《哈奇法》的颁布，在赠地学院领导下成立农业试验站，以进行农业的基础性建设，将农业学院的教学与农业技术相结合，为美国农业带来了大量的农业科研人才，促进了农业科研的成果转化，推动了农业的发展，为后来美国的农业现代化和科学化奠定了坚实的基础。

1914 年《史密斯—利费农业推广法案》的通过，标志着美国农业推广体系的逐步建立，使美国农业逐步将教学、科研和推广三者相结合，极大地推动了农业的发展，使美国农业现代化进程逐步加快。

到 1963 年《职业教育法》的出台，美国已经通过十几部法案，完成了农业人力资源的基础性立法工作，制定了完善的职业农民教育模式，培养了一批又一批农业科学技术人才，为美国农业发展提供了充足的人力资源。

20 世纪 30 年代，美国经历了大萧条。为挽救农业危机，1933 年出台《农业调整法》，这也是美国在政府层面干预农业的开始，此后每 5 年，会对该法案进行修订，来确定未来 5 年的农业发展方向，到目前为止，美国政府已经颁布了 17 部农业修订法案。在《2014 年农业法案》和《2018 年农业法案》中，明确了美国补充农业人力资源的需要，大力培养农场主和新式职业农民，采取了对该群体进行教育培训、补贴和提供贷款等一系列措施。美国农业人力资源的开发依托于有效的立法系统，形成了一套完善的农业教育体系，为农业提供了源源不断的人才供给。将农民打造为职业农民，使其具有较强的专业性，是美国农业在世界上处于领先地位的重要原因。

第二节　德国

"农业，德国的绿色心脏"。德国是欧盟最大的农产品生产国之一，农产品的出口名列欧盟前列，虽然是欧洲老牌的工业化国家，仍然高度重视农业发展。这就意味着德国乡村人力资源开发措施是有效的。35 万平方千米的德国，农业用地 19 万平方千米，占国土总面积的一半以上，并且德国的农业有着高度现代化的特点，整个国家的农业运行在现代科学技术知识所铺垫的轨道上，农民的生产效率不断提高。第二次世界大战后的德国，每个农民能够养活 10 个人，而如今随着农业技术的进步，能够养活的人达到了 142 个，强大的农业必定有高效率的人力资源做支撑。

德国政府认为，农业除了提供粮食的基本功能，还有很多重要的战略功能，因此，德国各级政府实行许多经济、法律措施来保护和发展农业、农村，为促进乡村人才开发，促进德国地区的乡村振兴提供助力。但德国同样经历过随着工商业的不断发展，农村人力大量外流的情况，尤其在两德统一后，大量人口自东德涌向西德，加速了农村衰退。为了让人口回流，德国政府系统推动农村小区重建发展，让原本凋零的农村重新找回生命力。

我国农村当前面临着严重的人口流失问题，在推进乡村振兴战略的过程中，农村缺乏必要的人力人才资源，为乡村振兴战略的实施造成了困难，德国在历史上也曾面临过这样的状况，并通过一系列政策规划，增强了农村的吸引力，促进了人力人才资源的回流。德国的实践，对我国乡村振兴中人力资源的发展具有借鉴价值。

一 专门法律和政策规划保障

德国是一个拥有严谨立法的国家，为实现乡村振兴进行了长期稳定持续的立法工作。德国是传统大陆的农耕国家，土地是其农业发展的基础，因此，其立法主要围绕推进土地整理和村庄更新进行。

德国的农业农村政策经过了60年的实践发展，主要分为五个阶段：支持基础设施建设（20世纪40年代）、推进土地整理（20世纪五六十年代）、推进村庄更新（20世纪七八十年代）、促进村庄的可持续发展（20世纪90年代）、开展整合性农村建设工作（21世纪至今）。1945年德国分裂为东西两部分，1990年统一，在土地面积上西德面积更大，且在经济上更有代表性，因此，此处谈的1945—1990年的政策为西德的政策。在农业农村政策实践中，有不少乡村人力资源培养和开发的设计。

刚经历过第二次世界大战的德国百废待兴，土地分散现象严重，不利于农业的规模经营和产业化发展，急需整理土地以为现代化农业的发展提供基础。因此，在1954年德国出台了《土地整理法》，推动农村地区的分散土地合并，由土地所有者和使用者组成的联合会组织进行。在涉及土地调整时，为了合理规划城市和农村的土地，在1965年制定了《空间规划法》，这是一部立体的空间规划法，对德国空间的不同功能做出了规划，该法案中规定："农村的空间作为具有独特作用的生活与经济空间应予发展，应促进平衡的人口结构，应支持农村空间的中心地点部分作为空间开发的载体。农村空间对整个空间的生态功能作用也应予以维持。"在此时期出台的《联邦建设法》和20世纪70年代的《城市建设促进法》是系统地针对城市和乡村土地的更新规划，由此开始了针对农村基础建设的进程。虽然没有明确乡村人力资源开发的内容，但更新计划无疑有利于城乡差距的缩小，在某种程度上减少了乡村人才的外流。

20世纪70年代由于文物保护运动的兴起，在乡村更新的过程中开始重视文化遗产的保护，久而久之与农业相结合，在德国的农村地区形成了独具特色的旅游农业。1976年，德国对《土地整理法》进行了修订，将村庄更新作为未来农村规划的主旋律，推进村庄的更新，完善农村基础设施，促进农业的规模化和产业化。

进入80年代，针对乡村的规划逐渐从零星村庄扩大到了整个国家的乡村地区。1987年出台的《建设法案》把土地分成建设规划区、建成区、外围区三类，并规定社区有购买土地的优先权，农村土地利用更多受外围区规划的影响。

90年代后，由于全球化的逐渐兴起，并且为了与欧盟的农业政策相结合，德国农业发展开始和区域整体发展相协调，并向有机农业和可持续农业方向发展，为农村地区赋予了新的意义。基础设施的建设更是让城乡差距进一步缩小，有利于吸引和留住人才。

除了进行土地的规划整理，德国也进行了一系列针对人力资源开发的立法工作。长期稳定的立法工作促进德国形成了独具特色的双元制职业教育体系，为农村人力资源提供了有效补充。

德国的《基本法》于1949年获得通过，其中规定了各州拥有包括教育的文化主权，德国的学校属于州一级的国家设施，学校所进行的职业教育的类型由各州自行安排，而由企业所办理的教育则由联邦政府负责。德国为满足人力资源供给需求，针对职业教育进行了长期持续的立法工作，其中重要的法案文件有：1965年《手工业条例》、1969年《联邦教育法》和《联邦劳动促进法》、1972年《企业宪法》、1976年《联邦青年劳动保护法》、1981年《联邦职业教育促进法》。2005年，《联邦职业教育法》与《联邦职业教育促进法》合并，经过修订出台并实施了新的《联邦职业教育法》，这部法案是德国教育立法的基础。从基础教育到职业技能培训、技术推广、进修深造等为乡村人力资源开发提供了法律上的保障。

二 多元化金融支持

德国发展农地金融制度距今已有200多年的历史,是世界上最早进行土地证券化的国家,早在19世纪80年代,便已经成立由农民合作组织为中心的土地抵押信用社组织。农地金融模式的运行机构主要有政策性金融机构和土地抵押信用合作金融机构。从农地金融模式的运行机构来看,具体可以分为委托金融模式与合作金融模式。这些金融支持,有利于建立公平合理的激励机制,提升乡村人力资源开发绩效。

以政策性金融机构为主要运行机构的是委托金融模式,德国的政策性金融机构是德国农业抵押融资体系的重要组成部分,主要通过再融资参与农地的信贷活动,通过其他金融机构为农业企业提供贷款。合作金融模式以信用合作金融机构为主要运行机构,德国的农村合作金融体系分为三个层次,分别为中央合作银行、区域联合银行和抵押信用合作社。区域联合银行和抵押信用合作社由德国政府主办组成,是德国农地抵押融资体系的重要组成部分。在该模式中,土地所有者通过土地抵押的方式自发组成土地抵押合作社,将所拥有的土地作为抵押品交由土地抵押合作社,合作社会以抵押的土地做担保发行土地债券,土地债券在资本市场进行流通从而获得资金,合作社员从合作社获得土地债券并在资本市场流通所获得的资金成为农业发展的资本基础。以土地抵押合作社为核心逐渐扩大经营规模将会形成联合合作银行,从而形成了德国自下而上的农地金融模式。通过金融支持,建立公平合理的激励政策,有利于提升乡村人力资源开发绩效。

三 农业双元制职业教育模式

德国是公认的现代化农业国家,拥有高效现代化农业,农业科技发达,机械化程度高,劳动效率在欧盟中处于先进水平。德国农业能够取得如此成就,离不开双元制教育模式为德国农业提供的源源不断的人力资源供给。

"双元制"是德国职业教育的支柱和核心,被世界各国视为职业教育制度的典范,为德国的农业培养了大量优秀的职业农民。"双元制"以市场为导向,根据实际的岗位要求作为教育标准,企业与职业学校进行相互配合。近些年我国出台的相关规划都提出培育一支有文化、懂技术、善经营、会管理的新型职业农民队伍。新型职业农民是以农业为职业、具有相应的专业技能、收入主要来自农业生产经营并达到相当水平的现代农业从业者。培育新职业农民有利于农业和农村的可持续发展，可促进城乡一体化发展，在我国当前人口红利不断减少的情况下，一方面，大大强化了农业发展的人力资源支撑；另一方面，能够激发我国广大农民的积极性和创造性，符合"创新、协调、绿色、开放、共享"的发展理念。在此大背景下，德国发展职业教育的历史经验将为我国提供宝贵经验借鉴。

德国的"双元制"职业教育，是指私人企业为"一元"，国家建立的学校作为另"一元"，学校和企业合作培养技能人才的职业教育制度。在人才培养的过程中，企业承担 2/3 的经费，国家承担 1/3 的经费。在 2012 年，经过德国联邦统计局和劳动署的调查，大约 65% 的年轻人接受"双元制"职业教育。在进行职业教育中，由企业负担培训者的生活津贴，并且培训费用会被计入企业的生产成本，在形成产品进入市场时，国家会以税收优惠的政策对企业进行补贴。

企业是双元制教育体系的主要学习地点，根据德国针对职业教育的一系列法规，接受双元制职业教育的年轻人，按照全国统一的资格标准和教学内容，进行以工作技能或工作岗位为导向的学习，培养职业能力。由于企业根据市场的变化，会引进更先进的技术和劳动模式，学生的职业教育不仅会与企业的发展实际情况相联系，而且可以让学生较快认识和接受技术的更新换代，与经济和社会相融合，更好地满足企业的发展需求，提升学生的职业能力。学校是德国双元制职业教育体系中另一个重要的学习地点，以各州的《教育法》为框架，按照《职业教育条例》安排以工作为导向的课程，在传授学生基于职业实践相关的专业知识内容的同时，提供多样化的文化基础知识，为学生提供理论知识的学习和公民道德教育，促进学生的全面发展。因此，双元制的职业教育不仅是对于职业技能的培养，而且十分重视公民素质的培养，关注学生个人的发展，是德国教育体系充分沉淀后形成的完整的教育体系，为德国的各行各业提供产业工人的同时，促进产业科研水平的提高。

德国的农业教育起源于 19 世纪初，主要是由修道院传授农业相关知识，并在国民学校设置相应的农业课程。1802 年，近代农业经营学的奠基人泰厄建立了德国第一所农业学校。1804 年，建立了普鲁士的第一所农学院。随后在德语地区涌现了一大批农耕知识学校和农业学校。这个时期的农民教育属于自愿行为，并没有出现规范化的农业职业教育，是德国农业职业教育的雏形。

德国学校型的农业职业技术教育可以追溯到 19 世纪中后期的农业冬季学校，在冬季避开农忙时间的同时，提供农民全日制形式的农业知识教育。1885 年，德国农业借鉴手工业的学徒教育形式，是农业职业教育制度化和规范化的开始。1905 年，成立了"学徒事项特殊委员会"，对拥有培训资格的企业进行认定，并在 1909 年颁布了德国第一部《农业考试条例》。1934 年，农业职业教育细化为两大类：一类是以雇用农业工人为培养方向的农业工人培训，实施的主体为学制 2 学年的农业职业教育学校；另一类是以农业企业经营者为培养方向的农业学徒培训，实施主体为学制 2 学年的农业学校。1936 年，德国在全国范围内统一了农业职业学校的课程设置标准，并于 1938 年正式引入职业义务教育体系，涵盖了包括农业在内的各行各业。第二次世界大战后，德国各州联邦根据需要自主对农业职业教育进行规范，目的在于提高务农能力和传授务农知识。随着社会经济的发展，农业作为基础性产业的重要性愈发重要，农业职业教育的学制逐渐增长，促进了农民的农业专业化能力。1969 年颁布并实施的《职业教育法》，统一了各州联邦的农业职业教育框架，标志着现代意义上的德国农业职业教育体系的正式确立

农业职业教育是德国职业教育体系的重要组成部分。德国农业职业教育体系主要分为四部分：中等职业教育预备，传授相关基础知识；中等职业教育，培养职业能力，传授职业技能，使受教育者获得职业资格，为职业生涯做准备；职业进修教育，可以分为适应性进修和晋升性进修两种，适应性进修以适应因社会经济的不断发展而改变的工作内容为出发点，晋升性进修是为了拓展受教育者职业行为能力，以晋升为导向；职业转行教育，由于自身或企业原因，为进入其他行业做准备。经过长期发展，德国形成了独具特色的农业职业教育体系，农业领域的职业教育主要覆盖前三项内容。

以双元制为特色的农业中等职业教育是德国农业职业教育体系的中坚，以培养高素质的职业技术农民为目标，将理论知识的学习与实践相联

系，并以农业企业为重点。德国的双元制农业职业教育的优势主要体现在：教育联系实践，受教育者由学习向工作转变快；企业能够始终保持竞争力，适应生产技术的变化，降低了生产成本，能够适应技术和经济形势的变化。

第三节 日本

日本是一个岛国，国土面积37.77万平方千米，仅占世界陆地面积的0.27%，人口数1.239亿人，居世界第7位，是典型的人多地少国家，是世界人口密度较大的国家之一，同时日本的资源比较匮乏，山地和丘陵约占总面积的80%，多火山地震。由于面积狭小，自然灾害频发，日本走上了一条与欧美先进国家实现农业现代化不同的精细化发展的道路，取得了显著效果，被称为日本模式。日本农业由于地理环境的约束，有着小规模经营的特点，完全从事农业的农民不是很多，大部分是从事其他行业兼营农业生产。日本高度重视农业教育，大力发展各种层次的农业教育，注重农民进修培养，使得日本农民素质不断提高。农业科研和试验机构直接相互协作和配合，科研成果在各地得到应用与推广。

日本属于工业化后发国家，在其快速工业化和城市化的进程之中出现了农村人力资源的大量流失，农村劳动力兼业化、老龄化的问题十分严重，城乡差距逐渐拉大。针对这一问题，日本充分抓住了信息化机遇，制定相关方针政策，完善农村的基础设施建设，促进了人才的回流，为日本乡村振兴提供了充足的人力资源供给。在我国农村人力资源流失严重的现状下，研究日本的应对方式，对我国的乡村振兴，开发乡村人力资源，吸引乡村人才回流具有借鉴意义。

日本的乡村振兴战略实施可以分为三个阶段。

第一阶段（第二次世界大战至20世纪70年代中期），由于日本刚刚经历第二次世界大战，百废待兴，农业作为国民经济的基础型产业，是日本战后经济重建工作的重中之重。由于基础建设落后，缺乏发展农业必要的人力物力，该阶段以扩大土地规模经营、合并村庄和开展乡村基础建设为主要任务。

第二阶段（20世纪70年代中后期至90年代），经过了前一阶段的充分准备，日本农业发展势头转好。在继续鼓励和扩大农业生产经营规模的同时，由于国民经济水平的不断提高和日本本土发展大规模农业的先天缺陷，开始另辟蹊径，发展独具特色的乡村旅游农业，促进城乡交流。由于城市化的快速推进，逐渐出现了农村地区人力资源的流失。为保障本国农业人力资源的供给，日本开始采取促进人才回流的措施，促进城乡协调发展，缓和由于城乡差距过大所带来的社会矛盾。并且积极实施农业产业化方针，借助农业科学技术的不断提升，提高农产品的质量，发展高效率型农业。

由于对乡村地区的过度开发，也造成了一系列环境问题，并出现了投资过热和重复建设等问题。

第三阶段（21世纪后），日本出现了农业产值降低，农业劳动力进一步减少的问题，并且由于日本进入深度老龄化阶段，农村劳动力供给进一步减弱。这一阶段日本农业围绕可持续性农业和粮食安全、提高农村地区人力资源供给为主要工作方向。根据日本乡村振兴的案例经验，总结出以下日本乡村振兴过程中的特点。

一 全面详细的法律条例和规划指引

由于日本实施乡村振兴战略主要经过了三个阶段，因此，以三个阶段来划分，梳理日本为实施乡村振兴所颁布出台的相关政策法律中人力资源开发的相关内容。

1947年《农业协同组合法》的出台，开启了日本整顿农业经济，并以国家法律为手段来保障实施的乡村振兴战略。《农业协同组合法》宣布了日本农业协同组合制度的建立，目的是防止中间商的过度压价，提高日本农民的收入能力，保障农业生产者的生活，防止原本已经羸弱不堪的农业经济再度被挤压发展空间。同年出台的《地方自治法》宣布了各县与地方可以建立自治行政管理制度，为日本因地制宜发展农业提供了良好的政策环境，有利于乡村人才回流以及人才的吸引，为日本"一村一品"的乡村振兴政策打下了良好基础。

1952年出台的《农地法》规定了农户所拥有的土地上限，严格控制土地的出租买卖。1953年和1956年出台的《町村合并促进法》和《建设促进法》，将一些小村落进行合并重组，集中进行经济建设，提升城市化水平，缩小城乡差距。

　　1961年出台的《农业基本法》，是日本农业相关政策法规的基础性法律，以提高农业生产者劳动收入和缩小农业与其他产业在劳动生产率上的差距为主要任务，并扩大农业规模，促进农业的产业化进程。落后偏远地区的农业发展主要受限于自身的基础设施建设，日本政府针对此类地区在1953年和1965年出台了《离岛振兴法》和《山村振兴法》，在政策上首先满足落后地区人民的基础生活保障，随后根据自身资源和环境的禀赋，因地制宜发展相应产业，有效地促进了落后地区的经济发展和产业化，一定程度上缩小了城乡发展差距。1962年日本政府对《农业法》进行第一次修订，允许了农地的出租，增设了农业生产法人和农地信托事业，被认可的农业生产法人可以取得农地所有权和承担农地权。1967年出台的《结构政策的基本方针》强调了乡村振兴对区域经济的重要性，针对全国的农业政策进行了基础性的规定，确定了农业发展的基础目标。1969年日本政府出台了《农业振兴法》和《农业振兴地域整备法》，确定了进行农村振兴的地区，明确了农业在农村振兴的主体地位，确定了农业的健康可持续发展的主要目标，实施保护优良农地和保障农业基本用地的方法，促进土地资源的合理利用。这一时期的法律主要从外部环境保证乡村发展，虽然人力资源开发具体措施不多，但旨在保证农业基本发展的政策法规，一定程度上减少了乡村人才的外流。

　　进入20世纪70年代，随着国民经济水平的提高，顺应社会经济的发展，在1970年对《农地法》进行了第二次修订，在一定程度上放宽了土地流转的管制，农地可以通过农业法人进行流转买卖。同年出台《农业劳动者年金基金法》，针对农村地区的老年群体，提高农村老年人的福利，并引入企业年金制度，促进农业的产业化和规模经营，为乡村就业人口减少了后顾之忧。1971年出台《农村地域工业导入促进法》，寻求农业与工业的均衡发展，使社会上劳动力雇用结构合理化。1972年出台《过疏地域振兴特别措施法》，促进偏远地区的经济独立，提升居民福利，增加就业机会，缩小地区间差距，促进独特国土经济的形成与发展。1985年出台《半岛振兴法》，针对环海、基础设施明显落后、具有一定的经济规模和产业发展水平较低的地区进行政策扶持，促进经济均衡发展，提高经济水平，缩小城乡差距。1987年出台的《综合保养地区整备法》《聚落地域整备法》和1990年出台的《市民农园整备促进法》,对农村生产生活环境建设加强政策指导和扶持,促进地区居民生活幸福感,提高农村地区基础建设水平,按照当地居民的需求合理进行城市规划,增强农村地区吸引人才回流的能力,加强城市与农村的交流。1993年至1995年出台《农业经营基础强化促进法》与《农山渔村余暇法》等法律,通过进一步促进农地流转,提高农地的利用率,促进农业的规模化运营,将农地进行集中,促进农业经营的产业化,在加强农村地区基础建设的同时,促进农村林业、渔业和观光业等各行业健康发展。

进入21世纪后,日本的人口老龄化不断深化,农业产值降低,农村人力资源流失现象严重,劳动力不断减少,日本将农业发展的可持续性和促进农村地区发展活力作为主要目标,力图振兴农业经济,缩小城乡差距,留住乡村人才。1999年出台《可持续农业法》和《粮食、农业、农村基本法》,开始提倡可持续性的生产方式,强调振兴农业经济,以农业作为基础条件,改善农村生活环境,加强农村基础建设,为人才回流提供有利条件,促进城乡协调发展,并且在《粮食、农业、农村基本法》中正式提出了乡村振兴的概念。2003年对《农业法》进行修订,促进农业的市场化和产业化,鼓励农业技术和人才的开发。2005年日本政府针对劳动力不断流失的社会现状,对《农业基本法》进行修订,扶持农村地区人群稳定就业,扩大人力资源队伍,促进农村地区人才回流,保障农业人力资源的供给。2010年出台《六次产业化法》,促进农产品进入市场和规模生产,推进农业的六次产业化,开发新型农业,培育农业发展活力。2017年出台《农业竞争力强化支援法案》,推进农产品进出口自由化和国内农业的市场化,开展农地整合,进行农协改革,保护农民权利,服务农品生产。2020年日本政府制定的《粮食、农业、农村基本计划》,结合农业生产者的逐渐高龄化,突出了培养农业可持续发展人才的重要性,保障农业人力资源的供给,实行农业继承和培养职业农民的政策措施,促进年轻人口返乡扎根,支持以农业为主体的人才培养。

二 设置专门机构提升乡村人力资源开发水平

在日本发起乡村振兴运动之后,农林水产省组建了农村振兴局作为主要管理机构。农村振兴局下辖的三个机构分别是总务科、农村政策部和整备部，其主要任务为负责农村地区、山区和渔村等地区的振兴建设。虽然除了总务科下设与人力资源开发密切相关的内部机构，其他机构并不是与人力资源直接相关，但整个乡村振兴由专门机构负责。由此可以看出政府对乡村发展的重视，这无疑有利于乡村振兴，缩小城乡差距，为人力资源开发和人才回流创造条件。

总务科下辖有总括班、总务班、会计班和监察班。其中，总括班主要负责乡村振兴法令的规划和调整。总务班主要负责总务科的宣传、文件管理、信息公开、人事、工资和福利等内容，这是乡村人力资源开发的核心职能。会计班主要负责总务科的预算、决算、会计、食品稳定供给特别会计和国营土地改良事业科目。监察班主要负责国营土地改良事业等方面的业务监察、会计检查、行政监察。

农村政策部下设有农村计划课、地域振兴课、城乡交流课、农村环境课。农村计划课主要负责农村振兴的相关活动规划、立案、推进，制订国土利用计划与国土调查，对农村地区的振兴计划提出指导建议和相关补助，对农地的调整和未开垦的土地制订利用计划并指导土地的流转。地域振兴课的主要职责：针对日本特殊地区的农业进行扶持，如山区和半岛地区，针对振兴特殊地区的基础设施建设进行联络调整和指导，以及对这些地区的直接支付制度进行规划和调查。城乡交流课的主要职责：促进农村与城市之间的联系，推进农村与城市之间的人才回流和共同开发，促进老年人和残疾人活动的策划，对城乡交流事业的策划、联络和指导，推进与振兴城市农业相关的事业。农村环境课的主要职责：针对农村地区的地质调查、地下水开发、环境安全相关事件和农用排水水质调查，针对农村地区的动物对农业的损害调查以及在餐饮业和零售业中的利用进行调查，对农村地区动物多样性的保护，以及应对气候变化的相关政策规划和方针的制定，为乡村留住人才提供良好的外部条件。

整备部下设有设计课、土地改良策划课、水资源课、农地资源课、地域整备课和防灾课。设计课的主要职责：对农村国营土地改良事业计划的调查、规划、成果统计和综合调整，土地改良计划的工程设施建设、农用机械设施建设和电信基础设施建设等基础设施建设及其施工标准的制定，国营土地改良事业的相关手续办理，针对土地改良事业团体联合会的指导监督，农业基础设施建设资金的利用等。水资源课的主要职责：各地区的排水、治水和地域用水基础设施建设以及土地改良设施管理的技术支持。农地资源课的主要职责：农地资源课所管辖的国营事业的调查，农地开发事业和草地开发事业、农场经营的指导，特定地理地区的项目规划，农村振兴补助金、土地改良负担金和农地维持支付补助金等相关政策的调整。地域整备课的主要职责：农业环境和基础设施建设等相关事宜。防灾课的主要职责：对国营综合农地防灾事业、农村地区防灾减灾事业和灾害恢复项目进行指导，防灾事业中包括水质保护、公害防治、地质结构和农田保全等具体内容。这些机构的设置有利于强化促进乡村的经济发展，维持乡村的生态文明的主体责任，努力改善了农村地区的自然条件和生活条件，有利于增强乡村吸引力，有利于减少人才外流。

三 信息化建设推动

我国农村地区存在人口外流的问题，推进乡村振兴的人才支撑不足。日本在城市化和工业化快速推进的过程中也曾面临过如此困境，人口严重外流，农村地区人力资源不足，城乡差距逐渐扩大，出现乡村逐渐"衰败"景象，并随着日本逐渐进入深度老龄化社会，农村地区的人力资源很难维持乡村振兴要求。针对这一问题，日本充分抓住信息化机遇，完善农村地区基础建设，促进农业与信息化结合，加快农村地区人才回流，在为农业提供发展机遇的同时缓和社会矛盾。

信息化是技术不断更新换代带来的产物，主要通过扩散效应和融合效应对信息进行融合处理。在乡村振兴的进程中，信息化的不断发展能够促进社会主流意识的转变，使更多社会群体认识和接受乡村振兴的观点，信息化与农业相结合促进产业兴旺，并为城市和乡村人才交流提供契机，促进人才回流，为城乡一体化发展提供重要的基础条件。

在 20 世纪 50 年代，日本就开始了农村地区广播基础设施建设，随着信息技术不断发展，农村通信基础设施基本健全，为吸引人才回流提供了良好的大环境。21 世纪初，经过日本政府的国家信息化战略的实施，日本已经建成了发达的信息化社会，并随着信息化的持续推进，移动通信价格不断降低，信息化服务和设施等基本实现了全覆盖。

从农业方面看，早在 20 世纪 90 年代，日本政府已经开始农业与信息化结合。90 年代初期开始建立农业技术信息服务网络，促进了农业的信息交流，为社会各类主体提供了实时的农业信息。1994年日本启动"高度信息化农村系统计划"，着手建立农业综合信息服务平台，更新共享农业知识，并将国立农业科研机构、381个地方农业研究机构以及570个地方农业改良中心引入平台，极大地促进了农业科技与农业实践结合并向全国不断推广。随着人口老龄化的加剧和人工智能的兴起，为弥补农业劳动力不足的短板，日本开始尝试将人工智能引入农业生产，并鼓励各企业自主研发，引入市场化元素，在减轻农民劳动强度的同时，促进农业产值的提高。信息化建设使得乡村人才即使在农村也有同等的发展机会，进一步促进了乡村人才资源的开发。

四 健全农业教育体系

日本自20世纪50年代开始，农村劳动力外流现象不断加重，随着城市化的不断推进和人口老龄化的冲击，农村人力资源已经不能够满足乡村振兴战略的需要，农村地区面临着从事农业相关人口减少和劳动者逐渐高龄化的困境。除此之外，单一进行农业生产不能保证农民的基本生活需要，农户兼业化比较普遍，不得不从事其他产业来弥补农业收入的不足，并由于农业从事者的逐渐高龄化，农业的劳动生产率较低，农业技术得不到推广使用，造成了土地恶化，农业产值下降。产生这些问题的主要矛盾在于农村地区人力资源缺乏，农业生产者"后继无人"，农村地区生产面临着无以为继的困境。为解决农村地区人力资源困境，日本采取了一系列农业教育方面的措施，大力发展职业农民群体，通过教育推动农业人力资源困境的解决，激发农村地区的生产活力。

日本的农民教育培训体系以国家统筹规划和部门之间分工协作为主要特征，主要包括文部科学省教育系统和农林水产省教育系统两大部分。文部科学省教育系统由初等、中等和高等学校教育组成；农林水产省教育系统主要由各地区的农业大学和农业技术普及事业组成。除这两大主体外，日本的农业职业教育也积极发挥农协和其他民间组织的作用，为农业教育发展提供更多的平台、更好的大环境。

文部科学省是日本主管教育的政府管理部门，也是日本农业职业教育管理的重要主体。文部科学省主管的教育贯穿从初等到高等的教育，其中，中等和高等教育是农业教育实施的重点，即农业高中和大学农业教育。农业高中主要培养自营农业生产者和农业相关产业技术人员，主要受众是青年农业从事者。大学农业教育包括三种：第一类为大学正规农业专业教育，即农学学部、生物科学、园艺等类型；第二类为农业科学类大学所举办的专业性高等教育，在日本院校中比重较小；第三类是短期的农业技术培训。

农林水产省教育系统主要为农林水产省和各县所管辖的农业大学所举办的农业非学历培训，能够有效弥补文部科学省教育系统的遗漏，主要受众对象为初中毕业生，会传授初级农业知识，并进行实践性质的农业培训和相关知识教育。

日本农协开展农业教育是日本职业农民培训的特色。农协主要是由农业、农村、农户三类组织所组成的综合性农业社区组织，既是农业经营者，也扮演着政府农业政策执行者的角色，并在农民与农业市场之间起到联系作用。农协的业务广泛，涉及农民的生产、生活、职业教育和信贷等方方面面，能够根据各地区农民的切实利益开展相应的农业教育，扩大职业农民规模，推动农业的产业化进程。除农协外，还有一些自发的农业教育学习团体，如日本农村青少年教育振兴会等，拥有进行农业教育的资格，并能够推动青少年群体积极掌握农业生产技术。

日本政府主要从政策和财政支持、环境保护和农业者资格认定三部分对农业职业教育体系进行支持。1961年日本政府出台的《农业基本法》为农业职业教育设立了完整的价格支持和财政补贴体系，建立多项投入支持制度。20世纪90年代后，以1999年的《食品、农业、农村基本法》为标志，日本政府的财政投入的重点向农业科研、基础设施、结构调整方面转变，并开始了土地改良计划，保持对农业长期稳定的政策和财政支持。日本政府十分重视环保型农业，通过有机农产品认证和生态农户认证等手段，推进环保型农业的发展，通过环保认定的农户能够享受更大额度的无息贷款和对农业设施建设的补助等优惠政策。为引导农业的规模经营，日本政府对注册农户进行相应补贴，可以获得国家低利息的融资贷款，提供农业土地调整支援，可以接受农业管理等方面的进修学习，由此使农业的规模性经营不断得到推广，促进了职业农民队伍的不断扩大。

第四节　韩国

韩国农业是支撑韩国经济的基础型产业，建国之初韩国是典型的农业国家，全国有80%以上的人口从事农业生产。韩国农业的发展大致经历了四个阶段，第一阶段，韩国建国初期，在美国的经济援助下开始进行土地改革，但由于三年战争导致本国经济发展停滞不前，随之开始调整农业结构，农业劳动力比重下降。第二阶段，韩国经过战争之后，经济开始慢慢恢复，重点发展农业和工业，随后经济开始快速发展，至20世纪60年代，韩国奠定了自身的工业化基础，农业基本实现了现代化。第三阶段，韩国的主要作物实现了自给自足，农业实现了机械化，但由于韩国工业化的不断发展出现了类似我国的农村劳动力大量外流的情况，造成了严重的乡村衰败的现象，城乡差距不断拉大产生了诸多社会问题，此时韩国实行了以"脱贫、自立、实现现代化"为目标的"新村运动"，类似于我国的脱贫攻坚和乡村振兴战略规划，促进了农业经济的进一步提高。第四阶段，韩国进行产业调整和优化，农业在产业结构中的比重进一步下降。

在韩国的农业发展过程中可以看出，农业发展与农村人力资源开发密切相关，"新村运动"中富含农村人力资源开发的思想和举措，本节详细介绍韩国促进农业人力资源回流和解决农村人力资源短缺的方法措施，为我国乡村振兴过程中的人力资源开发提供经验借鉴。

一　开展新村运动

韩国建国初期确定了重点发展工业的经济政策，在较短时间内完成了工业化的转变，但却造成了农业经济的凋敝，城乡差距日益扩大，农业与农村的结构性矛盾突出，社会矛盾严重。为扭转农业日益衰败的局面，韩国政府发起了以"脱贫、自立、实现现代化"的为目标新农村建设运动，简称"新村运动"。

新村运动经历了30年，主要分为四个阶段。

第一阶段（1970—1973年）是基础建设阶段。主要任务为开始思想的引导，完善农村基础设施建设，提高农民生活质量。

第二阶段（1974—1976年）是建设发展阶段。将农业科技引入农村农业生产生活,加强农业科技的推广。

第三阶段(1977—1989年)是自主发展与政府引导阶段。通过政府强制力,探索开发农村工业道路,扩大农产品生产,促进农业产业化转型,着力提高农民收入,对农村事业进行综合性开发。与此同时,政府制定相关政策措施,减少直接干预,以市场为导向,激发农业经济活力。

第四阶段(1990年至今)是自我完善阶段。重点进行社区文明建设,加强农民道德与法制教育,综合开发利用农村资源,传承和发扬新村运动精神。

韩国在推行新村运动的过程中,不断出台相关法律,提供政策法律支持,涉及农村建设的方方面面,先后制定了《农村振兴法》《农村现代化法》《农渔民后继者育成基金法》《农渔村整顿法》《农渔村计划法》《农渔村发展特别措施法》《防潮堤管理法》《土地改良法》《农业教育法》《农渔村电气化促进法》等十多部法规。20世纪90年代以来,韩国不断进行针对乡村建设的立法工作,1994年韩国政府专题制定了14项40多条政策措施,促进农渔村发展,提高农村居民收入,推动农业现代化。1997年制定《环境亲和型农业育成法》,建立健全环保农业相关机构,积极扶持有机农业发展。1999年韩国政府出台《农业基本法》,提出保障粮食供给,提高农业生产力和综合竞争力,推进农业可持续发展。2005年韩国组织各大部委针对乡村建设问题制定了《城乡均衡发展、富有活力、舒适向往的农村建设》计划书,表明了韩国推进农业现代化的决心和力度。为促进人才回流,2009年韩国政府出台了《"归农与归村"定居补助方案》,通过构建人才回流促进体系,提高农村地区的定居率,提升农村建设活力,并以此为开始,此后每5年制订推进农村人才回流计划。2012年完善农村信息系统,对农村定居者进行补助,扩大归村与归农教育,加强社会宣传和法律援助等多项支持政策。2015年韩国将归农归村政策上升为法律,颁布《归农渔归村促进支援法》,明确扶持对象和范围,从立法层面促进农村地区人才回流,保障农业人力资源供给。

政府作为新村运动的启动者和组织者,为妥善落实新村运动相关政策,韩国政府建立了一整套组织领导体系。在中央政府层面,新村运动的主要领导部门是中央内务部,专门负责计划的策划和执行,主管部门为地方事务局,1978年后由新设立的地方行政局进行管理。中央政府其他各部各委，根据自身部门职能，在内部也设立新村运动的专门机构。1972年中央政府设立了各部门的协调机构，主要负责新村运动的政策制定工作，称为"中央新村运动咨询与协调委员会"。以下各级政府仿照中央政府形式建立相关部门机构。到乡村社区一级，由政府为每个社区任命新村运动领导人，各村也相应建立发展委员会，负责本村的新村发展计划和集体性工作的具体组织执行。

韩国政府在新村运动初期，对较为困难的农村地区无偿提供水泥、钢筋等基础设施建筑材料，并给予建设资金和相应的指导工作，极大地激发了农民建设新农村的积极性，激发了农民的自助、勤勉、合作精神。随着新村运动的不断发展，新农村建设项目开始由韩国中央内务部进行直接管理和领导，设立新村运动中央协议会，负责制定具体的推进新农村的政策方针和财政预算。同时，建立相关研修院，培养新农村建设相关的管理人才，在各地区积极开展新村教育，为各地区新农村建设补充必要的人力资源。在农业生产方面，为农户推荐优良种子，鼓励经济作物的栽种，为农民提供优惠贷款政策，进一步提高了农业生产力。在20世纪90年代后，新村运动逐渐由政府主导转向农民自发，政府的职能重点放在优化农业结构，提供财政、技术和人力资源等方面的支持，进一步提升农村生活水平。

经过新农村建设后，韩国农业经济逐渐转好，主要表现如下：农村基础设施得到了改善，提高了农民的生活质量，并增强了城乡一体化发展的进程，有效地提高了农村地区留住人才的能力，促进了人才回流；提高了农民收入，刺激农民消费的同时，为农业引入了各种农业科技产品，提高了农业产量，保证了韩国的粮食安全；基层农协得到了发展，并催生了一批农业金融机构，增加了农民的储蓄，促进了农业的融资发展，推动了农业经济的发展；村民会馆的广泛建立有效地改善了韩国农村地区的面貌，提高了农民的自我决策、自我管理的能力；在新村运动的过程中，政府始终把贯彻道德精神作为重要工作目标，培养积极向上的价值观，着重提高国民综合素质，为韩国农村发展奠定了文化基础。

二 健全农业职业教育体系

韩国农业职业教育体系的形成与工业化的不断推进关系密切。工业化的不断推进吸收了大量的农村劳动力,对韩国传统农业带来巨大冲击,最明显的问题便是农村地区人力资源的不断减少,劳动力外流现象严重,并且以核心劳动年龄的劳动力为主,农村地区面临严重的人力资源困境。对此,韩国政府确定了以普及农业职业教育来补充农村人力资源的政策方针。韩国的农业职业教育从农业职业高中和农业专科学校开始,一直延伸至本科制的农业大学和研究生阶段,主要为愿意从事农业生产者进行的教育,与常识教育有所区分。

新村运动之前,韩国的农业职业教育主要集中于粮食作物的增产、育种育苗、病虫害防治等方面。1961年省级乡村发展局成立,标志着韩国农业现代职业教育的开始。1970年后,随着新村运动的开始,农业职业教育发展的方向开始有所改变。1980年之前,韩国农业处于结构调整阶段,农业已经基本满足人们的温饱问题,人们的消费需求逐渐多元化,随着农业产业化的发展,许多新兴农业类型开始逐渐发展,农业职业教育的培训也逐渐向多元化和高效益方向转变。1971年,村民会馆逐渐兴起,有效普及了农业相关技术教育,农业职业教育体系逐渐完善。1978年,为了满足经济与社会发展对农业人力资源的要求,韩国政府将初级学院、专门学校、实业高等专科学校等进行调整合并,统一称为专科大学,招收高中毕业生,学制主要为两年制和三年制。同时提出了"产校协作"的政策,将学校作为实习基地,按照企业要求培养人才,企业会对学校进行投资,推进人力资源开发和农业技术进步,农业职业教育有了长足发展。90年代后,全球化不断推进,韩国开始推进高质量、高附加值的现代农业。为适应现代农业的发展要求,韩国政府不断加大农业职业教育力度,开设新兴农业专业,加速农业与其他产业的融合,培养职业农民队伍,提高农业国际竞争力。1995年韩国加入世贸组织,为韩国农业带来了冲击。1997年,韩国政府为培养农业精英人才,建立韩国农业学院,为农业输送了大批专业化职业农民,促进了农业技术的提高与推广,农业职业教育体系不断完善。以后,农业专业方向从农业生产转为生命科学等高科技化、多元化方向。同时,课程设置更加多元化,加强本土人力资源开发和人才培养。

三　农业产业化发展助力

由于在建国初期确定的优先发展工业的政策方针，韩国短时间内成为新兴工业化强国，而随着城市化的不断推进，韩国农村地区面临着严重的人口老龄化问题和农业经济凋敝的现象。同时，随着社会经济的不断发展，人们对于农产品的需求开始逐渐多样化，农产品消费市场逐渐活跃，人们已经不满足于温饱，并且科学技术的进步为农业产业化的进程提供了契机。对此，韩国采取了"六次产业化"的发展战略，推动农业与第二、第三产业融合，延长农业产业链，激发农业生产活力，振兴乡村经济。在促进农业产业化发展过程中，培育职业农民，强化农村人力资源开发。

将第一、第二和第三相加，正好是六，表示将农业与其他两大产业融合，由此产生了"六次产业"这一新兴名词。韩国为妥善落实"六次产业化"战略，制定了一系列相关法律，产业发展必然带动相关人才的开发与培育。2010年和2011年，韩国农林畜产食品部颁布了《传统酒等产业振兴法》《饮食服务产业振兴法》和《泡菜产业振兴法》。2013年分别提出了《农村产业培育及支援的相关法律提案》和《农民等经营体的农村复合产业促进及支援相关法律提案》。2014年制定《农业第六产业促进法》，标志着"第六产业化"战略拥有了一套完整的法律体系，并对内容做出了详细规划。

韩国的"六次产业化"战略有以下特点：政府政策扶持和财政保障为农业发展提供资金支持，为农村人才培育与开发奠定基础；构建完整的农业科研模式，为农业产业化发展提供先进技术和人力资源供给；加强与企业联系，引入市场经济活力，提高农产品竞争力，增强农村经济的社会发展能力。

通过六次产业化发展战略，韩国促进了农村产业化发展，延长了农业产业链，培养了一批理论和实践相结合的职业农民，并提高了农业科技推广效率和农业生产效率，推动了农村地区以前落后形象的改变。在促进产业化发展的同时，为农民提供了工作，提高了农民收入，并推动了农村基础设施建设，提高了农民的生活质量，缩小了城乡差距。与此同时，由于基础设施改善和就业机会增加，也促进了农村地区的人才回流。

四 信息化基础建设发展

经过持续稳定的发展和政府扶持，韩国农村地区的信息化水平已经成为农村经济的活力点，在提高农民生活水平的同时，提高了农产品的国家竞争力，为农村地区留住了一大批技术型人才，使农村经济蓬勃发展。

自20世纪80年代，韩国政府便开始发展农村地区的信息化基础建设，为鼓励市场主体参与，政府不断进行电信基础设施投资，1986年政府针对信息化基础建设的投资占政府投资总额的7.7%。1988年韩国农村地区开始建立电子信息网络平台，借助于电话平台和移动通信的发展，韩国农村的信息化水平不断提高。1994年韩国政府颁布《农渔业振兴计划和农业政策改革计划》，加强信息技术在农业农村领域的应用。到2010年韩国实现家庭计算机全覆盖。在建设信息化基础设施的同时，韩国对农村地区的农业信息进行整合，建立农业信息技术服务平台，加速农业科技推广，推动了农业生产力的不断提高。针对韩国城乡差距较大、城乡统筹难度较大的问题，由政府和企业共同出资，联合当地电信商，以信息化投资促进乡村振兴，有利于人才回流和开发。

在此过程中，政府在农业信息化中扮演了重要角色，并且为让韩国农业能够更好地参与国际竞争，积极引入大型企业和民间资本，为农村信息化基础建设提供了保证，也让农业人才有了新的发展机遇和更多发展机会；构建了完善的农业信息平台，有力促进了韩国农业技术推广，提高了农村地区的生产水平，并通过远程教育提高了农民素质，为农业人才开发提供了重要基础，为农业经济发展注入活力。

第五节 对我国乡村人才培育与促进乡村人才回流的启示

乡村人力资源开发或乡村人才培养与吸引对一个国家或地区的高质量发展具有重要意义。从以上四个国家乡村人才培育与促进人才回流的实践可看出，尽管各国实践历程不一，但在推动措施方面均离不开政策制度保证、资金支持、发展教育以及政府机构设置推动和市场主体多方参与等，其核心在于，在发展振兴农业过程的同时，大力发展农业职业教育，加大人才培育与开发,培养大量高素质的农民和农业技术人才。

一 健全完善的法律法规为乡村人才培养吸聚提供制度保障

不管是农业现代化的美国和德国,还是资源匮乏的韩国或日本,乡村人力资源开发,即乡村人才培养、引进与回流都取得了一系列突破性成效,一定程度上得益于在乡村人才培养和引进过程中较为健全和完善的法律体系和中央与地方配套的规划、政策体系保障。如美国早在1862年就以法律的形式明确了农民教育的重要性,日本也于1947年颁布了第一部农民教育法,并根据发展阶段以及所存在的实际问题,政策法规不断丰富完善。比较之下,作为人才培养的重要途径——教育,在我国的农民法律体系构建中起步较晚,1992年国家才下发《关于积极实行农科教结合,推动农村经济发展的通知》,第一次以政策的形式提及了农民教育在农村经济发展中的重要性。我国农民教育法律也缺乏系统性。尽管在现有的法律法规中,《教育法》《农业法》《农业技术推广法》等都在不同程度上涉及农民教育问题,但仍然存在教育培训制度不完善、缺乏系统性以及培训内容针对性不强等问题。

此外,美国、德国和日本具有较为完善的农村社会保障的法律法规,相关政策措施明确了农业生产者相应的资金与技术支持,以此来吸引青年劳动者进入农业领域。这一方面解决了农村人才的后顾之忧,另一方面也使人才来乡村工作更有动力。

乡村振兴,关键在人。因此,健全完善的法律法规以及与之相配套的政策体系是乡村人才培育与引进的制度保障,通过法律政策的引导,才能有效推进乡村人才培养和引进工作的顺利进行,有利于乡村人才的回流。

二 稳定充足的财政投入是乡村人才培养吸聚的经济保证

稳定充足的财政投入是乡村人力资源开发和人才回流的经济保障。其中,教育经费投入是重中之重。2000—2016年日本教育支出占政府财政支出一直维持在9%左右;美国2014年这一数值为13.5%,教育支出主要用于公立义务教育和职业教育领域。韩国将农村人力资源开发纳入整个国民经济发展进程中,1991—2001年教育经费按每年国民生产总值的0.5%逐年递增,强有力的经费投入,一方面确保韩国的"新村教育",

另一方面为培养乡村人才产生了非常积极的效果。德国 2015 年教育占政府财政支出的比例为 11%，且政府对农业科研长期以来都比较重视和支持，在政策制定和经费投入等方面都优先支持农业科研。德国的联邦农业和食品部每年确定农业科研重点，列支科研经费。2014 年经费预算中，农业科研经费占到 10% 左右。2011—2015 年德国农业和食品研发经费由 6.06 亿欧元增长到 7.37 亿欧元。德国的青年农民计划（Young Farmers Scheme），可以将不超过 2% 的直接支付资金用于支持 40 岁以下的青年农民，而且所有从事相关农业工作的人都可以获得年限不超过 5 年的额外津贴。比较而言，尽管近年来我国在农业、农村、农民有关的领域投入了大量的经费，尤其在教育领域投入规模最大，2018 年教育投资增长 6.7%，但数据显示，目前我国教育经费重在农村义务教育。借鉴发达国家经验，在教育和农业科研领域持续投入与支持，尤其在职业教育领域，可以极大提高乡村人才培育和乡村吸引力。

三 基础设施建设和生态环境治理为乡村人才培育吸聚提供"硬"条件

基础设施与公共服务改善是乡村人才留在农村或者人才回流的必要条件。如何培养乡村人才，如何留住乡村人才和吸引人才，除就业外，加强基础设施建设和生态环境治理，改善农村面貌和生产生活条件，增强乡村绿色生态也是德国、日本和韩国等国家为留住和吸引人才所采取的一项重要举措。如德国通过补贴、贷款、担保等方式支持乡村基础设施建设，保护乡村景观和自然环境，使乡村更加美丽宜居，并以基础设施的改善、农业和就业发展、生态和环境优化、社会和文化保护四方面为目标，实施村庄更新计划，旨在实现农村能够具有与城市同等的生活条件、交通条件、就业机会，让乡村更加具有吸引力。日本的造村运动和韩国的新村运动，同样是通过对乡村公路、桥梁、电网、农田水利、垃圾处理等基础设施建设和生态环境治理的投入，改善乡村的村容村貌和生产生活条件，增强乡村吸引力，使乡村和城市共享基础硬件，吸引产业和人口的流入，缩小城乡差距，为乡村人才培养与引进提供了"硬"条件。上述这些相关政策措施都值得我国学习和借鉴。

四 公平合理的激励机制为乡村人才培养吸聚提供"软"条件

除了从基础设施和生态环境建设入手，减少乡村与城市发展差距，增强乡村吸引力外，公平合理的激励机制是培养乡村人才、调动乡村人才积极性，吸引乡村人才回流的内在核心。只有设计科学的激励机制，人们才有意愿并采取行动成才，然后尽展其才。如韩国政府在贷款融资等方面对农业后继者和专业农户都有优惠政策。对农业后继者可以提供相当于2万至5万美元的资金援助，年息5%，5—10年内偿还；对专业农户提供约2万至10万美元的资金援助，年息4.5%，4—7年偿还，规模经营农户可20年偿还。德国政府为了鼓励年轻人到乡村去从事农业劳动生产，《促进农业投资纲要》规定，给予最高1万欧元的特别优惠贷款。韩国对立志从事农业的农业高中在校生，可经省教委主任推荐和担保提供无息贷款，贷款额度为100万韩币，2年后偿还，其偿还金收入"新村特别支援基金"继续作为支援农业经费。美国对农户的收入所得一直适用特别的征收手段，对农户的农具投资予以减免或者优惠。如针对小于5个雇员的乡村小型企业初创或扩大经营活动的投资需求，各州可制定相应的投资税收信贷细则，税收信贷额度可达小型企业投资额度的30%。蒙大拿州制定了针对乡村退休人员的收入税收激励措施，鼓励向乡村社区捐赠个人资产用于乡村社区的公共性事业发展。公平合理的激励机制，促进智力付出与业绩收益的连接通道畅通无阻，有助于人才更好使用、劳动和创造的活力充分释放。

五 目标多层次、功能多元化的教育培训体系是乡村人力资源开发培养的重要途径

纵观发达国家乡村人才培育的经验，制度化、规范化的农民教育培训体系构建起到了至关重要的作用。如美国有按阶段划分的初、中、高级农村人才教育；有按时间划分的短、中、长期培训；教学内容上，美国根据市场需求，通过突出实践性设置有关课程。农村人才不仅掌握农业科学知识，也学习农村建设、农产品营销、农业企业经营等方面的管理知识，另外还能掌握农业生产技巧，如种植、养殖、园艺、农机操控等。不仅有理论，学生还需要具有一定时间要求的农场或农业企业的工作经验，帮助解

决一个农场或企业的实际问题，才可以拿到国家认可的毕业文凭和专业技能鉴定书，成为一个名副其实的农村人才。

借鉴发达国家乡村人才教育培训开发体系，我国应加大力度支持农民职业培训，构建起由政府统筹规划，农业院校、农民合作社、农业企业等各类组织协调发力，目标多层次、功能多元化的农民教育培训体系。充分发挥政府在农村人才培养工作中的统筹规划作用，做好组织协调监督管理工作，同时确保对农村人才培养的财政支持。只有政府加大投入力度，才能更好地引导民间资本进入农业教育事业。培训主体可以发挥自身比较优势，做到权责分明、目标明确。通过构建目标多层次、功能多元化的教育培训体系能为乡村培育所需要的人才并有利于人才回流。

六 乡村人才培养吸聚与农业农村发展、农民增收协同并进

乡村人力资源开发和吸引人才的政策措施体系应将农业、农村、农民这三大主体有机综合考虑，不可分割对待。从发达国家的经验来看，乡村人才培养与促进人才乡村回流并不是孤立存在的，如日本在造村运动中，将人才培养和引进与当地的产业发展、民生保障、生态保护、文化建设、治理结构优化等多个方面相互联系、相互促进，彼此影响和制约。目前，日本强调生活优先发展，推动农业生产、加工、销售以及乡村观光旅游复合型的"六次产业"发展。韩国新村运动所推广的"以农业为基础的农工商＋政产学研"合作模式，将人才培养与产业培训、专项计划，生态保护等紧密联系，积极探索农村一二三产业融合发展。尤其是现在，无论是欧美还是日韩，在其振兴乡村的进程中，信息化功不可没，利用信息化促进乡村产业、文化、生态、人才等方面协同发展积累了一定的成功经验。乡村发展靠人才，人才作用发挥需要土壤。在乡村振兴战略下，推动现代化农业发展，推动一二三产业融合，推动农业成为盈利产业，才能进一步培养和吸引人才来到乡村，从事乡村发展建设。

七 乡村人力资源开发和人才吸聚应因地制宜分类推进

乡村地区的多样化决定了乡村人力资源开发和人才吸引与促进人才回流应该依据各地区的发展状况采取相应的政策手段。国外的经验告诉我们，发达国家乡村发展过程中的人才培养与吸引机制总是不断完善的。美

国从20世纪30年代开始构建包含支持乡村人才培育和吸引的乡村发展政策体系,到现在已经历经了80多年的时间,至今仍然处于不断调整完善中。日本将全国村庄划分为若干类型并选定不同的工作重点,对不同类型的农村人力资源开发进行分类指导并区别对待。我国地域辽阔,不同乡村的发展特征差异显著。因此,乡村人力资源开发与吸引人才回流不能搞一刀切,应根据地方特色,分类推进。

参考文献

中文

曹佳：《平台经济、就业与劳动用工》，中国出版集团研究出版社 2020 年版。

丁建定：《社会保障概论》，华东师范大学出版社 2006 年版。

菲利普·库姆斯：《世界教育危机》，人民教育出版社 2001 年版。

高慧斌：《乡村教师激励制度研究》，知识产权出版社 2020 年版。

高鸣：机遇与发展——乡村人才振兴的理论与政策，中国农业出版社 2021 年版。

郭宇强：《中国职业结构变迁研究》，首都经济贸易大学出版社 2008 年版。

国家职业分类大典修订工作委员会：《中华人民共和国职业分类大典（2015 年版）》，中国劳动社会保障出版社 2015 年版。

国家职业分类大典和职业资格工作委员会：《中华人民共和国职业分类大典》，中国劳动社会保障出版社 1999 年版。

国务院农民工办课题组：《中国农民工发展研究》，中国劳动社会保障出版社 2013 年版。

贺雪峰：《乡村治理的社会基础》，生活·读书·新知三联书店出版社 2020 年。

姜姝：《返乡创业群体研究：社会角色重构及其价值实现》，社会科学文献出版社 2021 年版。

李海金等：《脱贫攻坚与乡村振兴衔接：人才》，人民出版社 2020 年版。

刘锐：《我国农村劳动力就地就近转移就业问题研究》，经济管理出版社

2019年版。

卢媛, 孙娜娜《中国城乡居民养老保险制度与收支测度数量方法》, 经济管理出版社2019年版。

麦可思研究院：《中国本科生就业报告（2020年）》, 社会科学文献出版社2020年版。

麦可思研究院：《中国本科生就业报告（2021年）》, 社会科学文献出版社2021年版。

麦可思研究院：《中国高职生就业报告（2020年）》, 社会科学文献出版社2020年版。

麦可思研究院：《中国高职生就业报告（2021年）》, 社会科学文献出版社2021年版。

陶行知：《陶行知文集》, 江苏教育出版社1986年版。

习近平：《摆脱贫困》, 福建人民出版社2019年版。

习近平：《论"三农"工作》, 中央文献出版社2022年版。

肖璐：《新农村建设北京下搞笑毕业生农村就业行为研究》, 经济科学出版社2014年版。

杨燕绥：《社会保障》, 清华大学出版社2011年版。

俞贺楠：《新型城镇化下农民转移人口养老保险问题研究》, 中国言实出版社2016年版。

朱红根：《农民工返乡创业行为意愿、绩效评价与政策优化》, 经济科学出版社2013年版。

边作为、龚贤：《乡村振兴背景下地区农村剩余劳动力就业问题研究》,《农业经济》2021年第9期。

才凤伟：《农民工城市创业影响因素研究》,《西北农林科技大学学报（社会科学版）》2013年第6期。

陈芳：《民族地区农村创业环境对创业绩效的实证检验》,《内蒙古社会科学（汉文版）》2015年第4期。

陈浩天、蔡丽丽：《农户认知、政策信任与教育扶贫清单执行绩效——基于河南省20村1542户贫困农户的实证调查》,《教育与经济》2020年第1期。

陈习定、张芳芳、黄庆华等：《基础设施对农户创业的影响研究》,《农业技术经济》2018年第4期。

陈永光:《高师院校教师教育技术能力培训实践及绩效评价研究》,《现代教育技术》2011年第6期。

陈昭玖、周波、唐卫东、苏昌平:《韩国新村运动的实践及对我国新农村建设的启示》,《农业经济问题》2006年第2期。

储节旺、刘秉玉:《乡村振兴背景下农村人力资源开发研究》,《理论建设》2019年第6期。

董磊明、郭俊霞:《乡土社会中的面子观与乡村治理》,《中国社会科学》2017年第8期。

段成荣、马学阳:《我国农民工的代际差异状况分析》,《劳动经济评论》2011年第0期。

方鸣、詹寒飞:《返乡农民工对创业培训政策满意度的影响因素分析》,《财贸研究》2016年第6期。

冯川:《日本"一村一品"运动的推动机制与农村社会自主性》,《世界农业》2021年第10期。

冯献、李瑾:《信息化促进乡村振兴的国际经验与借鉴》,《科技管理研究》2020年第3期。

冯勇、刘志颐、吴瑞成:《乡村振兴国际经验比较与启示——以日本、韩国、欧盟为例》,《世界农业》2019年第1期。

浮永梅:《乡村振兴战略背景下农村人力资源开发策略分析》,《乡村科技》2019年6月(中)。

高鸣、武昀寰、邱楠:《乡村振兴战略下农村人才培养:国际经验视角》,《世界农业》2018年第8期。

高小锋、魏凤:《创业环境对农民新创企业绩效的影响》,《贵州农业科学》2014年第3期。

郭铖、何安华:《培训对农民涉农创业绩效的影响——考虑创业者人力资本禀赋调节效应的实证研究》,《农业经济与管理》2019年第1期。

郭铖、何安华:《社会资本、创业环境与农民涉农创业绩效》,《上海财经大学学报》2017年第2期。

郭文娟:《乡村振兴视角下我国农村人力资源管理问题及对策探析》,《经营管理》2019年第1期。

郭笑然、周李、虞虎、吴殿廷、徐琳琳：《日本乡村振兴政策演变及其效果分析》，《世界地理研究》2020年第5期。

郭智奇、齐国、杨慧、赵娉、白瑜：《培育新型职业农民问题的研究》，《中国职业技术教育》2012年第15期。

郝慧娟：《我国农村人力资源管理与开发探究》，《区域经济》2014年第4期。

何晓斌、柳建坤：《政府支持对返乡创业绩效的影响》，《北京工业大学学报（社会科学版）》2021年第5期。

贺雪峰：《关于实施乡村振兴战略的几个问题》，《南京农业大学学报（社会科学版）》2018年第3期。

胡豹：《浅析返乡农民工创业意愿影响因素》，《企业经济》2010年第12期。

胡月、田志宏：《如何实现乡村的振兴？——基于美国乡村发展政策演变的经验借鉴》，《中国农村经济》2019年第3期。

胡永万：《统筹推进农业农村人才队伍建设聚力乡村人才振兴》，《农民科技培训》2018年第12期。

黄璜、杨贵庆、菲利普·米塞尔维茨、汉内斯·朗古特：《"后乡村城镇化"与乡村振兴——当代德国乡村规划探索及对中国的启示》，《城市规划》2017年第11期。

黄洁、蔡根女、买忆媛：《谁对返乡农民工创业机会识别更具影响力：强连带还是弱连带》，《农业技术经济》2010年第4期。

黄祖辉、王雨祥、刘炎周、胡伟斌：《消费替代还是信任补偿？——转移支付收入对农民公共品供给意愿的影响研究》，《管理世界》2020年第9期。

霍春龙：《认知分歧与共享现实：公共政策绩效损失是如何产生的？》，《兰州大学学报（社会科学版）》2017年第3期。

姜大源：《德国"双元制"职业教育再解读》，《中国职业技术教育》2013年第33期。

金光春、单忠纪、翟绪军、韩光鹤、季颖：《韩国"农业第六产业化"发展事业对中国的启示》，《世界农业》2016年第3期。

雷正光：《德国双元制模式的三个层面及其可借鉴的若干经验》，《外国教育资料》2000 年第 1 期。

李长生、黄季焜：《异质性信贷约束对农民创业绩效的影响》，《财贸经济》2020 年第 3 期。

李贵成：《返乡农民工创业扶贫模式的理念、困境和实现思路》，《学习论坛》2018 年第 11 期。

李瑾、郭美荣、马晨：《三网融合与农村信息化：国际经验与启示》，《情报杂志》2012 年第 9 期。

李梦卿、余静：《德国"双元制"大学的运行逻辑、机制与启示》，《教育与职业》2021 年第 17 期。

李胜利：《乡村振兴背景下我国农村人力资源开发研究》，《农村经济与科技》2021 年第 23 期。

李思经、牛坤玉、钟钰：《日本乡村振兴政策体系演变与借鉴》，《世界农业》2018 年第 11 期。

李向光：《为乡村振兴锻造农业技能人才》，《中国人才》2018 年第 11 期。

李小静：《乡村振兴战略视角下农村人力资源开发探析》，《农业经济》2018 年第 7 期。

李艳华：《构建完善的农民工返乡创业支撑体系》，《人民论坛》2019 年第 100 期。

李志更、奉莹：《社会实践促进大学生就业状况评估与优化对策》，《中国人事科学》2019 年第 1 期。

李志更、王琳：《创业孵化机构发展政策分析》，《中国人事科学》2018 年第 1、2 合刊。

林乐芬、顾庆康：《农户入股农村土地股份合作社决策和绩效评价分析——基于江苏 1831 份农户调查》，《农业技术经济》2017 年第 11 期。

林龙飞、陈传波：《外出创业经历有助于提升返乡创业绩效吗？》，《现代经济探讨》2019 年第 9 期。

刘斌：《同群效应对创业及创业路径的影响——来自中国劳动力动态调查的经验证据》，《中国经济问题》2020 年第 3 期。

刘立新：《德国职业教育产教融合的经验及对我国的启示》，《中国职业技术教育》2015 年第 30 期。

刘平：《日本的创意农业与新农村建设》，《现代日本经济》2009 年第 3 期。

刘影、魏凤：《微观环境与农民创业绩效关系研究——基于陕西省 223 名农民创业者的实证分析》，《华东经济管理》2014 年第 9 期。

刘宇娜、张秀娥：《金融支持对新生代农民工创业意愿的影响分析》，《经济问题探索》2013 年第 12 期。

刘玉侠、任丹丹：《返乡创业农民工政策获得的影响因素分析——基于浙江的实证》，《浙江社会科学》2019 年第 11 期。

柳建坤、何晓斌、王轶：《乡村振兴背景下特殊信任对返乡创业过程的影响》，《华中农业大学学报（社会科学版）》2020 年第 5 期。

柳建坤、何晓斌、张云亮：《农户创业何以成功？——基于人力资本与社会资本双重视角的实证研究》，《社会学评论》2020 年第 3 期。

柳一桥：《德国农业职业教育对我国新型职业农民培育的启示》，《农业经济》2018 年第 4 期。

卢珊：《浅谈农村人力资源开发低效的成因及应对策略》，《农业经济》2019 年第 6 期。

芦千文、姜长云：《欧盟农业农村政策的演变及其对中国实施乡村振兴战略的启示》，《中国农村经济》2018 年第 10 期。

马建富、郭耿玉：《乡村振兴战略背景下农村职业教育培训的功能定位及支持策略》，《理论经纬》2018 年第 10 期。

马隽、江雨：《国外农村人力资源开发经验及对我国的启示》，《改革与战略》2017 年第 8 期。

苗晓丹、刘立新、刘杰：《德国农业职业教育体系及其主要特点》，《中国农村经济》2015 年第 6 期。

聂飞：《农民工返乡困境的制度分析——基于河南 H 村的调查》，《湖北社会科学》2018 年第 3 期。

戚迪明、刘玉侠：《人力资本、政策获取与返乡农民工创业绩效——基于浙江的调查》，《浙江学刊》2018 年第 2 期。

秦芳、李晓、吴雨、李洁娟：《省外务工经历、家庭创业决策及机制分析》，《当代经济科学》2018 年第 4 期。

邵珂硕、范衬衬：《农村人力资源开发助推乡村振兴：实践困境与治理路径》,《中国成人教育》2020 年第 1 期。

石洪斌:《谁来振兴乡村?——乡村振兴人力资源支撑体系的构建》,《治理研究》2019 年第 6 期。

史主生:《城乡差距现状及对策研究》,《北方经济》2018 年第 7 期。

孙诚:《我国农村劳动力就业现状、挑战与有效措施》,《职教论坛》2018 年第 7 期。

孙学立:《农村人力资源供给视角下乡村振兴问题研究》,《理论月刊》2018 年第 5 期。

谭宇:《民族地区返乡农民工的创业动机与方向——来自湖北省恩施州的调查》,《贵州民族研究》2011 年第 2 期。

汤继伦、芦刚:《韩国新村运动对我国农村人力资源开发的启示》,《东疆学刊》2007 年第 1 期。

唐相龙:《韩国的乡村建设管理制度及其法律保障》,《城乡建设》2011 年第 4 期。

田园、王铮:《非正式制度因素对创业的影响作用探讨》,《中国软科学》2016 年第 3 期。

陶厚永、陈邵嘉:《数字化赋能乡村人力资源开发利用的思考》,《山西农经》2022 年第 3 期。

万蕾、刘小舟:《培育新型职业农民:美国经验及对中国的思考》,《农学学报》2014 年第 6 期。

万伟平:《产业转型期农民工职业教育培训现状、需求与对策研究——基于中山市的实证分析》,《职教通讯》2016 年第 7 期。

万忠、杨小平:《国外农村人力资源开发典型经验及启示》,《广东农业科学》2009 年第 11 期。

王洁琼、孙泽厚:《新型农业创业人才三维资本、创业环境与创业企业绩效》,《中国农村经济》2018 年第 2 期。

王轶、熊文:《返乡创业:实施乡村振兴战略的重要抓手》,《中国高校社会科学》2018 年第 6 期。

王玉峰、李丹:《国外农村人力资源开发研究的文献计量分析》,《江淮论坛》2019 年第 1 期。

王转弟、马红玉:《创业环境、创业精神与农村女性创业绩效》,《科学学研究》2020年第5期。

巫锐、陈洪捷：《德国〈职业教育法〉修订的新动向及其争议》，《比较教育研究》2020年第3期。

吴本健、王蕾、罗玲：《金融支持乡村振兴的国际镜鉴》，《世界农业》2020年第1期。

吴昊：《日本乡村人居环境建设对中国乡村振兴的启示》，《世界农业》2018年第10期。

吴茜：《新生代农民工返乡创业行为的影响因素研究》，《环渤海经济瞭望》2020年第8期。

吴溪溪、吴南南、马红玉：《社会资本、创业自我效能感与农民工创业绩效研究——基于陕西省722份调研问卷》，《世界农业》2020年第1期。

吴肖数、徐又佳、池艺、张俊超：《经济动能转换下的新生代农民工职业培训现状以及政策研究》，《中国市场》2016年第25期。

肖卫东：《美国日本财政支持乡村振兴的基本经验与有益启示》，《理论学刊》2019年第5期。

肖无双、安阿彪、倪治铭：《浅谈安徽省农村人力资源开发》，《金融经济》2019年第14期。

萧鸣政、张睿超：《中国后扶贫时代中的返贫风险控制策略——基于风险源分析与人力资源开发视角》，《中共中央党校（国家行政学院）学报》2021年第2期

谢玲红：《"十四五"时期农村劳动力就业：形势展望、结构预测和对策思路》，《农业经济问题》2021年第3期。

谢勇、杨倩：《外出务工经历、创业行为与创业绩效》，《经济评论》2020年第1期。

徐超、吴玲萍、孙文平：《外出务工经历、社会资本与返乡农民工创业——来自CHIPS数据的证据》，《财经研究》2017年第12期。

徐辉、陈芳：《公共支持政策对新生代农民工创业绩效影响评价及其影响因素分析》，《农村经济》2015年第8期。

许明：《外出务工经历与返乡农民工创业成功率——基于倾向得分匹配法的反事实估计》，《首都经济贸易大学学报》2020年第4期。

许晟、邵云云、徐梅珍等：《政府支持、家庭支持对新生代农民创业行为

的影响机制研究》,《农林经济管理学报》2020年第2期。

晏艳阳、邓嘉宜、文丹艳:《同群效应对创业活动影响的模型构建与实证》,《中国管理科学》2018年第5期。

杨舸:《留城务工或永久返乡:人力资本、社会资本对老年农民工抉择的影响》,《江西社会科学》2020年第2期。

杨希:《日本乡村振兴中价值观层面的突破:以能登里山里海地区为例》,《国际城市规划》2016年第5期。

杨子砚、文峰:《从务工到创业——农地流转与农村劳动力转移形式升级》,《管理世界》2020年第7期。

叶雨寒、高强:《日韩经验对中国农村空心化治理的启示》,《湖北农业科学》2021年第10期。

易鑫、克里斯蒂安·施耐德:《德国的整合性乡村更新规划与地方文化认同构建》,《现代城市研究》2013年第6期。

尹志超、刘泰星、王晓全:《农村收入差距抑制了农户创业吗?——基于流动性约束与人力资本投资视角的实证分析》,《中国农村经济》2020年第5期。

于震:《乡村振兴战略背景下农村人力资源开发途径研究》,《乡村科技》2019年第6期。

余丽甜、詹宇波:《家庭教育支出存在邻里效应吗?》,《财经研究》2018年第8期。

袁方、史清华:《从返乡到创业——互联网接入对农民工决策影响的实证分析》,《南方经济》2019年第10期。

曾亿武、陈永富、郭红东:《先前经验、社会资本与农户电商采纳行为》,《农业技术经济》2019年第3期。

张婷、尹健:《农业现代化视角下乡村人力资源开发探究》,《现代农业装备》2020年第6期。

张海鹏:《乡村振兴战略思想的理论渊源、主要创新和实现路径》,《中国农村经济》2018年第11期。

张红宇:《乡村振兴战略的新时代意义》,《国际人才》2018年第8期。

张剑宇、任丹丹:《坚守还是转型——回流农民工的发展选择》,《河北农业大学学报(社会科学版)》2021年第1期。

张晶晶：《美国职业教育经费投入与来源分析》，《职教论坛》2016年第28期。

张军霞、陈鹏：《新型城镇化进程中农民工职业培训的政策供给与制度变革》，《职教论坛》2017年第7期。

张立新、段慧昱、戚晓妮：《创业环境对返乡农民工创业意愿的影响》，《农业经济与管理》2019年第1期。

张亮、李亚军：《就近就业、带动脱贫与农民工返乡创业的政策环境》，《改革》2017年第6期。

张伶、何建华：《培训系统与农民工职业培训绩效关系的实证研究》，《经济管理》2011年第11期。

张思敏、薛永基、冯潇：《创业态度、创业环境影响农民创业行为的机理研究——基于结构方程模型的农民创业调查分析》，《调研世界》2018年第7期。

张婉新：《金融支持乡村振兴战略的国际经验及其借鉴》，《农村实用技术》2020年第2期。

张秀娥、张峥、刘洋：《返乡农民工创业动机及激励因素分析》，《经济纵横》2010年第6期。

张忠德：《美、日、韩农业和农村信息化建设的经验及启示》，《科技管理研究》2009年第10期。

赵德昭：《农民工返乡创业绩效的影响因素研究》，《经济学家》2016年第7期。

赵浩兴、张巧文：《返乡创业农民工人力资本与创业企业成长关系研究——基于江西、贵州两省的实证分析》，《华东经济管理》2013年第1期。

赵蓉蓉、温小婷、陈秋华：《日韩乡村"六次产业化"经验及其启示》，《亚太经济》2021年第4期。

郑东亮、曹佳：《完善适应新业态特点的劳动用工和社会保障制度相关问题研究》，2017年度人社部重大研究课题2017年10月。

郑兴明：《乡村振兴的东亚经验及其对中国的启示——以日本韩国为例》，《兰州学刊》2019年第11期。

郑秀芝、邱乐志、张益丰：《农民创业绩效影响因素分析和实证检验》，

《统计与决策》2019年第15期。

郑真真：《中国流动人口变迁及政策启示》，《中国人口科学》2013年第1期。

中国农业银行三农政策与业务创新部课题组、李润平：《发达国家推动乡村发展的经验借鉴》，《宏观经济管理》2018年第9期。

钟春艳、张斌：《德国农业农村科研管理及创新政策》，《科学管理研究》2019年第6期。

朱红根：《政策资源获取对农民工返乡创业绩效的影响——基于江西调查数据》，《财贸研究》2012年第1期。

朱红根、康兰媛：《家庭资本禀赋与农民创业绩效实证分析》，《商业研究》2016年第7期。

朱丽蓉：《农村人力资源管理浅析》，《农民培训》2018年第5期。

张薇：《韩国新村运动研究》，博士学位论文，吉林大学，2014年。

外文

A Century of Service: Land – Grant Colleges and Universities, 1890 – 1990. *American Journal of Agricultural Economics*, 1992, 74 (3).

EUN C. S., WANG L., XIAO S. C. Culture and R2. *Journal of Financial Economics*, 2015, 115 (2).

GROVE M. Population Ddensity, Mobility, and Cultural Transmission. *Journal of Archaeological Science*, 2016, 74: 75 – 84.

Mitchellrk, Busenitzlw, Birdb, et al. The Central Question in Entrepreneurial Cognition Research. *Entrepreneurship Theory and Practice*, 2007 (1).

Nelson R. R., Phelps E. S. Investment in Humans, Technological Diffusion, and Economic Growth. Cowles Foundation Discussion Papers, 1966, 56 (1 – 2).

USA House. Federal Agriculture Reform and Risk Management Act of 2013. http://agriculture.house.gov/farmbill.

后　　记

本书是中国人事科学研究院承担的部级课题"乡村振兴战略实施中的人力资源开发"的研究成果。

乡村现代化是人类文明发展的必然结果和过程。当前，我国实施乡村振兴战略是构建新发展格局，实现高质量发展的重要选择，是促进和推动平衡发展和充分发展必然举措，是全面建设社会主义现代化国家的重大历史任务，本质上是乡村现代化的具体过程。截至目前，在现代化进程中，与城市相比，乡村在人力资源发展方面处于劣势地位，激励引导优质人力资源向乡村流动，建立健全并不断优化乡村优质人力资源持续供应机制和保留机制一直是各国乡村人力资源开发的重要政策选择。

我国激励引导人才向乡村流动政策已经取得了显著成效，但不可否认的是，截至目前，我国乡村人才的供需矛盾仍然十分突出，人才不足与招人困难并存、优质人力资源外流严重和回流乏力并存，乡村人力资源现状远远不能满足乡村振兴的现实需求。这除有发展的共性路径因素外，我国的城乡二元结构也是其中的重要影响因素。

乡村振兴，人才是关键。扩大乡村高素质人力资源规模，优化乡村人力资源结构分布，提升乡村人力资源质量，充分发挥乡村人力资源效能，不仅是乡村振兴的题中应有之义，更是乡村振兴的有力支撑和保障。面对当前乡村振兴中的人才瓶颈，加强乡村人力资源开发，破解乡村人才供应不足难题极为迫切。这也正是开展本课题研究的初衷和价值所在。课题研究从2021年4月启动，到最后形成书稿，持续时间一年多。课题组成员来自中国人事科学研究院等多家单位。在前期研究基础，课题组综合运用多种研究方法，开展了大量的基础研究工作，兼顾宏观层面和重点领域、重点群体视角，分析形势、总结现状、剖析问题、提出对策。

本书各章的执笔人如下：绪论、第一章：李志更；第二章：曹佳；第三章：谢晶；第四章：朱祝霞；第五章：吴帅；第六章：黄梅；第七章：高慧斌；第八章：张光鹏、闫丽娜；第九章：杜明鸣；第十章：肖周燕、马昌群。李志更主持课题研究工作，确定研究思路、内容架构、写作体例和基本观点，通审全稿。课题执行组长吴帅在会议安排、调研联系、组织协调等方面承担了大量工作。

在研究过程中，中国人事科学研究院院长余兴安研究员在立项选题、研究思路等方面给予悉心指导；麦可思数据（北京）有限公司提供大学毕业生创业相关数据；国务院发展研究中心的龙海波研究员、中国教育科学研究院的杜云英副研究员参加课题研讨；有关地区人力资源社会保障部门在实地典型调研方面给予大力支持；中国人事科学研究院科研处的黄梅、郭越君、柏玉林对课题研究和书稿出版给予很多帮助；在脱产学习期间，共同学习的有关同志和专家对课题报告提出了宝贵意见；中国社会科学出版社的责任编辑孔继萍同志为此书的出版付出大量辛勤劳动；在书稿写作过程中，我们参考了很多专家学者的相关著述。在此一并表示感谢！

乡村人力资源开发需要持续关注并不断深化研究。由于相关积累有限，书中难免存在不当之处，恳请读者批评指正。

李志更
2022 年 10 月

中国人事科学研究院学术文库
已出版书目

《人才工作支撑创新驱动发展评价、激励、能力建设与国际化》
《劳动力市场发展及测量》
《当代中国的行政改革》
《外国公职人员行为及道德准则》
《国家人才安全问题研究》
《可持续治理能力建设探索——国际行政科学学会暨国际行政院校联合会2016年联合大会论文集》
《澜湄国家人力资源开发合作研究》
《职称制度的历史与发展》
《强化公益属性的事业单位工资制度改革研究》
《人事制度改革与人才队伍建设（1978—2018）》
《人才创新创业生态系统案例研究》
《科研事业单位人事制度改革研究》
《哲学与公共行政》
《人力资源市场信息监测——逻辑、技术与策略》
《事业单位工资制度建构与实践探索》
《文献计量视角下的全球基础研究人才发展报告（2019）》
《职业社会学》
《职业管理制度研究》
《干部选拔任用制度发展历程与改革研究》
《人力资源开发法制建设研究》
《当代中国的退休制度》

《中国人才政策环境比较分析（省域篇）》
《中国人才政策环境比较分析（市域篇）》
《当代中国人事制度》
《社会力量动员探索》
《英国文官制度文献选译》
《企业用工灵活化研究》
《中国福利制度发展解析》
《外国公务员分类制度》
《国有企业人事制度改革与发展》
《大学生实习中的权益保护》
《数字化转型与工作变革》
《乡村人力资源开发》